隐媒体论

李鹏 —— 著

人民东方出版传媒
People's Oriental Publishing & Media

东方出版社
The Oriental Press

未来已来：人工智能助推媒体转型创新之路

任贤良

当前，信息技术革命正加速向经济社会各领域广泛渗透，数字化、网络化、智能化加速演进，数字经济对经济发展的稳定器、加速器作用更加凸显，数字技术正在成为重组全球要素资源、重塑全球经济结构、改变全球竞争格局的关键力量。党的十八大以来，以习近平同志为核心的党中央准确把握信息时代的时与势，全面布局、统筹推进网络强国建设，引领网信事业取得历史性成就、发生历史性变革，网络强国建设迈出了新步伐。

党的二十大擘画了全面建设社会主义现代化国家、以中国式现代化全面推进中华民族伟大复兴的宏伟蓝图，对网络强国建设作出了一系列新论断、新部署、新要求。数字经济、数字技术具有高创新性、强渗透性、广覆盖性，为推进中国式现代化提供了强大的发展动能、重要的高质量发展路径。推进中国式现代化、加快建设网络强国，需要充分发挥数字技术的支撑作用。

党的二十届三中全会对健全因地制宜发展新质生产力体制机制

作出了全面部署，提出要加强关键共性技术、前沿引领技术、现代工程技术、颠覆性技术创新，加强新领域新赛道制度供给，建立未来产业投入增长机制，完善推动新一代信息技术、人工智能、量子科技等战略性产业发展政策和治理体系，引导新兴产业健康有序发展。党的二十届三中全会还明确提出了构建适应全媒体生产传播工作机制和评价体系，推进主流媒体系统性变革。在信息技术革命环境下，加快推动主流媒体互联网化，加快运用人工智能技术推动媒体系统性变革，刻不容缓。

迈向主战场：坚持互联网思维

回首人类社会的发展，还没有任何一项科技发明像互联网一样，广泛深刻地影响人类的生产生活。数据资源成为"新生产要素"，信息技术领域成为"新创新高地"，互联网、工业互联网、物联网等成为"新基础设施"，数字经济成为"新经济引擎"，信息化成为"新治理手段"。

互联网日益成为创新驱动发展的先导力量，带来了媒体格局的深刻调整和舆论生态的重大变化。加快推动媒体深度融合发展，是党中央着眼巩固宣传文化阵地、壮大主流思想舆论作出的重大战略部署。对此，主流媒体首先要提升对互联网规律的把握能力：不了解互联网的发展规律，就无法提升工作的前瞻性、预见性，既不能把握互联网发展带来的机遇，也难以规避互联网发展带来的风险。不了解互联网传播规律，就无法在网上有效开展正面宣传和舆论引导，再好的内容也说不出、讲不透、传不开。只有掌握了规律，才能提升驾驭复杂局面的能力，才能解决问题，推动事业发展。

我们很高兴地看到，近年来，一些勇于创新变革的主流媒体敢于打破"坛坛罐罐"，以互联网为主导推动媒体融合，以互联网为主战场、主驱动实现转型发展。本书的作者李鹏及其带领的封面新闻、川观新闻就是在这条道路上阔步前行的代表。

我印象深刻的是2016年7月带队去封面新闻调研时，李鹏跟我介绍，他们要以互联网重新连接世界，并将"构建人工智能时代的泛内容生态平台"的愿景刻在了办公室的墙上。当时，人工智能技术还不像如今这样被全面应用于各行业，他们就已经提出了全面进军互联网，并瞄准人工智能时代出发了。这是非常可贵的，在国内媒体中也不多见。正是由于他们这种超前的勇气、志气和清晰的战略、战术，国家网信办在封面新闻上线一个月就给他们颁发了一类互联网新闻信息服务许可证。封面新闻是中国西部第一个、全国第二个获得国家一类新闻信息服务资质的客户端。我当时表示，寄语封面新闻"要成为大家的'封面'"。李鹏在本书中回顾了那段创业史，比如，为什么一开始就要选择"互联网+传统媒体"的模式，一开始就把封面传媒定义为互联网公司，等等。创业者的这种心路历程值得主流媒体学习借鉴。

紧跟主方向：智媒体是必然的

2019年1月25日，习近平总书记在主持十九届中央政治局第十二次集体学习时指出："从全球范围看，媒体智能化进入快速发展阶段。我们要增强紧迫感和使命感，推动关键核心技术自主创新不断实现突破，探索将人工智能运用在新闻采集、生产、分发、接收、反馈中，用主流价值导向驾驭'算法'，全面提高舆论引导能力。"

近年来，得益于模型、数据、算力等方面的不断提升，生成式人工智能技术在文本、代码、图像、音视频等内容的理解与生成方面取得了突破性进展，展现出了惊人的创造能力与生成能力。在此背景下，用 AI 推动媒体转型发展也成为一道必答题。如果说 9 年前我去封面调研时，李鹏对此给出的还是一个设想，那么如今这个设想已然成为现实。过去 9 年，李鹏矢志不渝地提出智媒体理念、推进智媒体建设、拓宽智媒体路径，以创新实践不断地紧跟时代脉搏、回应时代挑战。如今，以 ChatGPT 为代表的生成式人工智能技术的快速发展证明，智媒体是主流媒体转型发展的必然之路。

在本书中，李鹏非常全面系统地阐述了智媒体是怎么来的，智媒体是什么，智媒体怎么建，智媒体将走向何方。

通读下来，我认为本书是国内较为系统、全面地论述智媒体建设，也是颇具实操性的业界著作。比如，在《智媒体观》一章中，李鹏全面展示了国内新闻传播知名学者对智媒体的研究与观点，阐述了智媒体的定义，首创性地提出了"智媒体等式"，认为智媒体综合实力 = 智能技术 ×（智慧内容 + 智库服务 + 数据运营 + 管理文化 + 团队能力）。全书以此为脉络展开，分章节对智能技术怎么运用、智慧内容怎么生产，智库媒体怎么打造，数据驱动怎么实现，"123456"管理文化怎么营造，团队能力怎么构建，一一深入论述。可以说，本书既是智媒体理论的上乘之作，又是一本媒体迈向人工智能时代的操作手册。

新征程上，主流媒体只有把握数字化、网络化、智能化方向，利用数字技术对传统业务进行全方位、全链条的改造，提高全要素生产率，充分发挥数字技术对新闻传播的放大、叠加、倍增作用，才能真正实现系统性变革。

上述这些内容，都将在本书中出现。作者用丰富且前沿的著述为我们提供了新的思考方向，期待本书能为宣传思想文化的工作者，在运用人工智能驱动文化事业产业高质量发展的新征程上提供新的启迪。

（作者系第十三届全国人大社会建设委员会副主任委员，中国网络社会组织联合会第一届会长，世界互联网大会秘书长，曾任中央网络安全和信息化领导小组办公室副主任、国家互联网信息办公室副主任）

序言 2

拥抱转型变革的时代

梅宏

人类社会正在进入一个巨变的时代！其核心驱动力是以计算机和互联网为代表的信息技术。数字化转型、网络化重构、智能化提升已成为各行各业发展的主流趋势，数字经济作为继农业经济和工业经济之后的一种新经济形态，正处于成形展开期。在这一轮变革中，传媒无疑是受影响最早也最大的行业之一。在我看来，传媒行业甚至可被称为这个时代转型发展的先锋。也是基于这个认识，当老朋友——国家数据局张望司长——嘱我为李鹏先生的著作《智媒体论》作序时，虽是传媒外行，亦大胆允之，也是借此机会分享自己对转型变革时代的粗浅认识。

如果从人类历史发展的大跨度来考察当今时代，应该如何认识和定义呢？我们经历了几千年的农业社会和不到 300 年的工业社会。在农业社会，社会经济形态基本保持不变，也不存在经济增长一说。工业革命为人类社会带来了巨大而深刻的变化，创造了极大的物质财富，人类终于摆脱了靠天、靠自然"吃饭"的宿命，经济增长成为常态。当前，我们正在经历新一轮转型变革已经成为共识，不同的是对其本质内涵的认识！很多人将其视为工业社会的延续，是新一轮的工业革命。也有包括我自己在内的少数人，认为这一轮转型变革很可能是颠覆性的，将催生出全新的社会经济形态，使人类从工业社会进入信息社会，从工业文明走向数字文明。

即使将当前的转型变革归为新一轮工业革命，也有"第三次"和"第四次"两种说法，说"第四次"的是大多数。"第一次工业革命"和"第二次工业革命"在历史上已有共识和定论，但并没有"第三次工业革命"的共识，而是直接跳到了"第四次工业革命"。我理解，"第四次"的提法源自德国于 2013 年在汉诺威工业博览会上推出的工业 4.0（Industry 4.0）概念，他们将过去的工业发展历程划分为从早期的 1.0（即基于蒸汽动力的机械化）到 2.0（即基于电力的电气化）再到 3.0（即基于电子信息技术的自动化），认为即将开启工业 4.0，即工业生产将进入基于信息物理系统的网络化阶段。而历史上提出"第三次工业革命"的代表性人物是美国趋势学家杰里米·里夫金。2012 年，他出版了《第三次工业革命：新经济模式如何改变世界》一书，将经济和社会变革归结为源自新能源与新通信方式的结合，历史上两次重大的社会经济革命都是发生在新的通信技术和新的能源系统结合之际。例如 19 世纪煤炭和蒸汽机与印刷品相结合，20 世纪石油和内燃机与电话及广播电视相结合。他认为，21 世纪将是新能源和互联网的结合（可再生能源的互联网），这一结合将为第三次工业革命带来强大的新基础设施。我个人是认同"第三次"这个提法的。可以看到，在杰里米·里夫金的描述中，传媒技术及其行业发挥了推动转型变革的重要作用！

考察这一轮转型变革的源头，始自 20 世纪 90 年代中期互联网的大规模商用，经过近30年的高速发展，互联网已经广泛延伸到人类社会的方方面面并被深度应用，引发了一场社会经济"革命"，深刻地改变了人类社会。数据资源大规模聚集，其基础性、战略性凸显，数字经济应运而生。数字经济将涉及对社会经济各行各业的全覆盖，成为"以数据资源为关键要素，以现代信息网络为主要载体，以信息通信技术融合应用、全要素数字化转型为重要推动力，促进公平与效率更加统一的新经济形态"。无疑，以互联网为代表的新一代信息技术带来的这场社会经济革命是颠覆性的，在广度、深度和速度上都是空前的，在很多方面都远远超出了我们在工业社会形成的常识和认知，也远远超出了我们的预期。就这个意义而言，面向数字经济时代的转型变革必然也是颠覆性的。

事实上，在当前的数字经济研究和实践中，已经面临诸多无法用工业经济理论解释和指导的问题。我更愿意相信，数字经济新形态将有可能对人类社会结构，甚至是人类文明造成长远和深刻的影响。也许，我们已经站在了信息社会的门口，正在走向数字文明。

撇开认识和定义的差异，数字化转型带来的这一轮变革是时代大势所趋。有两个基本观察：一是各业态将围绕信息化主线深度协作、融合，完成自身转型、提升和变革，并不断催生新业态。当然，也会使一些传统业态走向消亡。是凤凰涅槃还是浴火重生，将是各行业、各企业必须面临的选择。二是"转型"将是一个长期的过程，考察过去社会经济发展的周期律，这个转型阶段将可能长达数十年。我们需要从范式变迁（Paradigm Shift）的高度来看待数字化转型，解放思想，转换观念，跨出既有模式，通过基本观念和实践方法的根本改变，走好转型变革之路。过去的信息化范式，基本上是针对既有组织架构、沿袭既有业务流程，将信息技术作为提质增效的工具，信息技术扮演的是助手角色。未来的信息化范式中，信息技术将扮演"主导"角色，深入渗透各个行业，对其生产模式、生产组织方式和产业形态造成颠覆性影响，并"引领"社会经济的转型发展。

推动数字化转型已成为世界很多国家的国家战略，也是世界范围内各行业企业讨论的重要议题。埃森哲全球颠覆指数[①]显示，2017年至2022年间，全球颠覆性指数从30分增至89分，即全球不确定性在过去5年内飙升了2倍，表明外部环境正在经历结构性、多维度、深层次的转变。埃森哲对全球近2000家市值较高企业的财报会议进行的自然语言处理分析显示，自2019年一季度至2023年一季度，约八成企业提到了"转型加速"一词[②]。在我国，实施国家大数据战略，建设数字中国，发展数字经济成为新时代的战略选择，其途径即加快推进各行各业的数字化转型，其中，重点是制造业的转型发展。自党的十九大报告提出建设数字中国，拉开数字化转型帷幕起，国家层面已出台多个关于推进数字化转型的政策文件。2024年5月，国家发展和改革委员会（国家发展改革委）、国家数据局等四部委又联合发布了推进城市全域数字化转型的指导意见。可以说，转型变革正渐入佳境。

《智媒体论》正是一本讨论传媒行业数字化转型的著作。作者李鹏是四川日报报业集团的总编辑，一位从事媒体行业30年的资深新闻人，参与了都市报狂飙突进的20年风云历程，又经历了主

---

① 埃森哲全球颠覆指数（Global Disruption Index，GDI）。
② S&P 财报电话会议数据库（N=1968，2019 Q1—2023 Q1），埃森哲商业研究院分析。

流媒体数字化转型的 10 年变革突围。在此过程中，作者敏锐地把握到新一代信息技术，特别是人工智能突飞猛进的发展态势，大胆拥抱人工智能，积极运用人工智能赋能媒体转型，探索将人工智能运用在新闻采集、生产、分发、接收、反馈中，孕育了"智媒体"这一新观点和新思想，拓宽了人工智能对媒体发展的应用场景。

主流媒体的智媒体化，与传统的传播介质、生产方式、传播途径完全不同，面临颠覆式的转型。过去十余年，作者努力推动所在媒体开展系统性变革，除了建设智媒体，打造生态型智媒平台，还在传统内容产品、业务流程、管理架构、经营方式等方面进行了重构，这是主流媒体数字化转型的一次成功实践。本书源于实践，高于实践，提出了智媒体建设的理念、方法、路径，基于作者"智能、智慧、智库"三位一体的智媒体理念，叠加了智媒体等式，即智媒体 = 智能技术 ×（智慧内容 + 智库服务）。在该等式中，作者将人工智能技术视为智媒体的引擎，以充分赋能智慧内容生产和智库服务工作；智慧内容是智媒体的灵魂所在，须用价值观引领内容生产，规制人工智能技术赋能；智库服务则是基于内容、运用技术，推动媒体整体转型成为智库，服务国家治理能力现代化。这样的理念，在主流媒体遭遇前所未有挑战的背景下，颇具想象力。

从书中我们还可以看到作者有很强的"自我革命"意识。他反复呼吁主流媒体要站在技术革命的潮头，将推动媒体深度融合转型作为媒体人的使命，充分认识新的传播方式前所未有的颠覆性和革命性，培育全新能力，以适应这场媒体革命和深层次的信息传播革命。

我近几年一直关注数字经济发展和数字化转型，呼吁各行各业主动拥抱这个转型变革的时代。但我和团队的关注点主要在工业领域，对传媒行业鲜有涉足。本书给我提供了一个生动的案例，拓宽了视野，丰富了理解。我相信，本书的出版能够为其他主流媒体的转型变革提供有价值的参考和借鉴。

是为序。

（作者系中国科学院院士，北京大学信息科学与技术部主任）

目 录
CONTENTS

写在前面的话：我的智媒体简史

回想起来，从 2015 年 3 月 "智媒体" 萌芽开始，已有十年光景。

十年，不过是时间长河里的惊鸿一瞥，却是事物成长的一段重要旅程。

唐代诗人贾岛在《剑客》中写道："十年磨一剑，霜刃未曾试。"诗人托物言志、直抒胸臆，抒写了作者十年寒窗磨炼才干的生涯和远大的理想抱负。

然而，幸运的是，我的十年智媒体简史，却是在奔腾浩荡的媒体融合变革和蓬勃发展中得以生根发芽和茁壮成长的，可以算是一次奇妙的思想和行动之旅吧。生逢这样的伟大时代，梦想和远方，都在我们脚下，历历在目，清晰可见，唾手可得。

特别值得书写的一件大事是：2019 年 1 月 25 日，习近平总书记主持中共中央政治局第十二次集体学习，学习的主题就是推动媒体融合向纵深发展。这次集体学习的会场就在人民日报社。习近平总书记发表了重要讲话，他说："全媒体不断发展，出现了全程媒体、全息媒体、全员媒体、全效媒体，信息无处不在、无所不及、无人不用，导致舆论生态、媒体格局、传播方式发生深刻变化，新闻舆论工作面临新的挑战。"

习近平总书记还特别指出："从全球范围看，媒体智能化进入快速发展阶段。我们要增强紧迫感和使命感，推动关键核心技术自主创新不断实现突破，探索将人工智能运用在新闻采集、生产、分发、接收、反馈中，用主流价值导向驾驭'算法'，全面提高舆论引导能力。"①

习近平总书记的重要讲话，指明了加快推动媒体融合发展的方向，不仅给我们擘画了奋斗的蓝图，还给了我们巨大的信心和鼓舞。主流媒体积极投身媒体深度融合的伟大实践，书写无愧于新时代的改革发展新篇章。沿着总书记指引的方向，我在努力践行媒体深度融合的过程中，继续研究人工智能如何赋能主流媒体转型发展，探索全媒体时代下的智媒体建设路径。

1. "智媒体"概念发轫于 2015 年 3 月

当时，移动新媒体大行其道，逼得传统媒体喘不过气来，特别是以市场运作为显著标志的都市报，进入了持续的断崖式下滑阶段。媒体融合作为挽救媒体的顶层设计的重要行动，已经在实践层面大刀阔斧地推行了。然而，在方法和路径上，很多媒体采取的是"传统媒体 + 互联网"的思维，把互联网看作是传统媒体业务的延伸，并没有意识到这一轮技术变革背后的底层逻辑，没有认识到移动互联网带来的颠覆性变化。

《华西都市报》也不例外，在遭遇了前所未有的冲击和挑战之

---

① 习近平：《论党的宣传思想工作》，中央文献出版社 2020 年版，第 354—355 页。

后，我们从 2012 年开始，进行了一系列的应对和尝试，然而市场并不买账，下滑形势依旧十分严峻。媒体的出路在哪里呢？在密集的走访调研之后，我们意识到不能走"＋互联网"的老路了，而是要走"互联网＋"的新路，并提出了创办移动新媒体客户端的思路。那个时候已经有一些先行者停办了都市报，创办了移动客户端，采取了一种决绝的坚定转型态度，向死而生。上海的《澎湃新闻》就是代表案例，也引来热议和追捧。

在构思《华西都市报》的移动客户端的过程中，我们强烈地意识到，这一轮的变革由移动互联网引发，移动新技术是这一轮媒体变革的幕后推手。特别是当时盛行的"今日头条"客户端，其智能算法技术带来的颠覆性信息获取方式，改变了信息传播生态。移动新媒体技术成了制约的关键因素。而我们的现实是，报业长期以来在技术方面的人才储备，以及由此带来的管理和文化，都是很欠缺和落后的。要赶上移动新媒体技术的时代浪潮，谈何容易？"弯道超车"搞不好会导致"弯道翻车"。关山阻隔，困难重重。

困难和挑战也往往孕育着机遇和发展。既然发展移动新媒体技术无法避免，我们何不欣然前往呢？2015 年 3 月，在密集调研国内主流商业平台并确定了将移动新媒体技术作为主攻方向之后，我们又进一步明确了人工智能时代是媒体变革的大背景和大趋势。之所以提出我们要面向人工智能时代这个话题，是缘于在市场调研过程中，我们发现人工智能作为当今时代最为显著的新技术之一，正在改变社会，也在改变世界。新媒体必须面向人工智能时代，必须紧跟人工智能时代，否则，就会被新时代所淘汰。

在 2015 年 10 月 28 日封面传媒公司成立的大会上，我们宣布打造"因人而异、千人千面"的封面新闻客户端,强化封面新闻的技术驱动,高度重视技术精英的招募。所以,我们把封面传媒公司定义为互联网技术公司,构建人工智能时代独一无二的封面。我们把封面传媒公司的使命确定为重新连接世界,愿景为引领人工智能时代的泛内容生态平台。从此,"智媒体"种子就在新生的封面传媒这片沃土中萌芽了。

2. "智媒体"概念的正式提出是在 2016 年 10 月

2015 年也是移动互联网时代向人工智能时代迁徙的初始阶段,人工智能技术赋能社会各领域发展,方兴未艾,大潮涌动。在信息传播领域,人工智能技术被运用在线索收集、新闻写作、信息推送、内容交互、反馈改进等各环节,形成了人和机器共同生产的新场景。这是史无前例的大变革。

早在 1993 年,美国科幻作家弗诺·文奇在《即将到来的技术奇点:后人类时代生存指南》一文中便写道:"在未来 30 年间,我们将有技术手段来创造超人的智慧。不久后,人类的时代将结束。"凯文·凯利也在预测未来 30 年时指出,人工智能、虚拟现实和追踪是未来 30 年的三大发展趋势。我们可以梳理发现,人类社会的每一次改变,都是技术进步和技术推动的结果。

在那个时候,移动互联网给媒体带来的红利已经消失,新的技术红利在哪里呢?可以说,发展和应用人工智能技术,就是跟上了一个新时代的风口,也就可以获得这个时代的红利。在人工智能时代,技术会以指数级增长,而非线性发展,未来人工智能将呈现爆炸式的发展,更多超出我们想象的事物也会出现。

在 2016 年 10 月 28 日的 2016 C+ 移动媒体大会上,我作了题为"未来智媒体，打开新封面"的演讲。我说："对于信息传播领域来讲，未来的传播形式是怎样的呢？'智媒体'或许就是一个答案。它以人工智能为核心，突出'智能+智慧'，既是智能媒体，更是智慧媒体。"这是我第一次明确提出并阐释"智媒体"的概念，引起了业界关注。"智媒体"也作为一个新名词，越来越快速地走进传播业界和学界的视野。

在 2016 年 12 月 9 日举办的"预见未来，与凯文·凯利巅峰对话"中，我再一次分享了对"智媒体"的理解，并与凯文·凯利就信息传播的智能化革命展开对话交流。

在 2017 年 11 月，封面新闻研究院成立，我把"智媒体"的内容扩展为"三智"媒体，增加了智库媒体，这样做是基于新型主流媒体的角色定位和职责使命。主流媒体天然地要服务于国家治理体系，必然要融入国家治理能力现代化的进程。这样，"智媒体"就变成了"三智"媒体：既是智能媒体，又是智慧媒体，还是智库媒体，形成了比较完整的智媒体内涵架构，也就是由智能技术、智慧内容和智库服务共同构成"智媒体"。

3. "智媒体"概念的内涵日渐成熟于 2024 年 5 月

2022 年年底，就在我到四川日报报业集团的新岗位工作了两年半之后，当我重新思考"智媒体"的时候，人工智能发展历史上一件里程碑式的大事件发生了，它就是 ChatGPT 的横空出世。它太超出人们的想象了。ChatGPT 的诞生，标志着生成式人工智能时代的到来，也就是人工智能的 2.0 版，这预示着硅基生命与碳基生命共同创造新世界的大幕已经拉开。正如凯文·凯利所说，"科技体会成熟为一个物种……常常按照自己的需求自作主张"。人工智能的进化也如同重力，一定有一个确定的方向，会一直沿着自己的路径发展。

我愈加坚定地认为，真正的人工智能时代已经到来了。

在这样一个前所未有的新时代里，我们能做些什么呢？智能技术还只是以原来的方式存在吗？智能技术的驱动力量到底该如何体现呢？我们该如何看待智能传播和智媒体建设呢？种种问题一直萦绕在心头。惊喜，迷茫，焦虑，亢奋，各种情绪交织在一起，挥之不去，促使我不停地思考和研究。

实际上，在最近的四年时间里，我一直在探索"三智"媒体理念在主流媒体的实践与运用。我惊喜地发现，智能技术、智慧内容和智库服务对于党报而言，显得尤为契合，也尤为重要和紧迫。而在实践中，特别是生成式人工智能出现后，我发现这三者并不是并行关系。我对自己之前提出的"智媒体＝智能媒体＋智慧媒体＋智库媒体"公式产生了强烈的质疑。

我终于意识到，智能技术更具有基础性和驱动性，也更具有颠覆性，它才是智媒体的引擎。

我把智媒体的等式正式确定为：智媒体＝智能技术 ×（智慧内容＋智库服务）。

与此同时，另外一个问题又来了：应该如何评估智媒体建设的成效呢？或者说，智媒体综合实力又该如何定义呢？

我结合自己这些年来的媒体管理工作体会，提出了管理文化和团队能力是构成智媒体综合实力的重要因素。同时，智媒体运营也是不可或缺的重要环节，其本质是数据运营。它们应该和智慧内容、智库服务一样，是智媒体建设不可或缺的重要部分。

于是，关于智媒体综合实力的等式关系就是：

智媒体综合实力 = 智能技术 × (智慧内容 + 智库服务 + 数据运营 + 管理文化 + 团队能力)。

这样的等式关系无疑是一个大胆的确定，也是对自我的一次挑战。

写下这个等式的时间是：2024 年 5 月 25 日晚上 11 时左右。

4. 我的智媒体简史如同一次诗和远方的征途

这些年来，主流媒体一直走在变革的路上，走在追求梦想的路上，力求通过深度融合来占领主流舆论阵地，实现重新连接世界的使命。这样一种求索，这样一种革新，本质上是主流媒体进军互联网主阵地的一次远征，是主流媒体一次凤凰涅槃式的脱胎换骨。概括起来就是数字化转型、网络化生存和智能化革命。

2025 年 1 月，来自中国杭州的 DeepSeek 刷屏美国各大主流媒体和社交网站，继而引发全社会的广泛关注和热烈讨论。可以预见，人工智能的发展在好奇心和资本的驱动下将呈现日新月异的图景，这又将如何深刻地改变内容的生产与传播呢？一切都在急速地变化中。我们身处其中，只有张开双臂，热情地拥抱。

2025 年 2 月，我的工作岗位也发生了变动，离开从事了 30 年的报业，转战广电视听领域。这次转身无疑是一次全新的挑战与机遇。广电视听主流媒体正处在深度变革的进程中，我的智媒体理念在新的赛道里又将焕发怎样的生机与活力？我也将持续地实践并寻求最新的答案。这些新的思考与探索将在以后的修订版中与大家见面。

党的二十届三中全会对主流媒体的改革寄予厚望："构建适应全媒体生产传播工作机制和评价体系，推进主流媒体系统性变革。"

生逢这样的伟大时代，我们再一次开启媒体发展与变革的新征程。

在远征途中，新闻实践前线的同行者给了我坚定的鼓舞，令我感动。整个行业呈现出来的气象万千，给智媒体研究提供了生动鲜活的案例，也提升了业界史无前例的创新高度。

在远征途中，新闻研究领域的学者们给了我坚持的支撑和力量。整个学界务实关注实践前沿的探索，给智媒体建设提供真知灼见，在理论和实践的融合中开启了崭新篇章。

在远征途中，衷心感谢四川日报报业集团的领导和同事们对我的栽培与不弃，那些温暖明澈的目光一直伴随着我前行。衷心感谢"天府青城计划"项目资金的扶持与助力，为我的研究注入破土而出的力量。

在远征途中，衷心感谢我的家人，他们的巨大支持让我心无旁骛地专注于新闻事业和智媒体研究。

在远征途中，我深知虽有风雨，也会有泥泞，但是只要阳光照耀，我们携手并肩，终会抵达繁花盛开的远方。

在远征途中，我写下这些敝帚自珍的文字，期待与您共勉。

时候正是初夏，果实就要成熟为耀眼的光芒，阅读和码字的情绪像灌浆的麦穗，变得饱满起来。祝福您，亲爱的读者，愿您越过万水千山，依然保持初心和热爱。

李 鹏

2025 年 5 月

第一章

智媒体时代

从都市报到智媒体
开创智媒体封面新闻
省级党报的智媒进化
风起云涌的智媒体时代
一场浩荡的智能化革命

2023 年 1 月 1 日，在新年的晨光中，当我坐在电脑前敲下第一个字的时候，我强烈地意识到，时代的列车已经呼啸而过，再也不会回头。我们告别了艰难的 2022 年，每一个人都相当不容易。在这样的时刻，我们都在期待新的未来，规划新的目标。

成都此时的窗外，大街上车水马龙，熙熙攘攘的人群如潮似的流动。成都冬天的天气还有些潮湿阴冷，但节气临近小寒，距离立春就已经不远了。春暖花开的明媚时光，总是令人心驰神往。然而所有的改变一直在路上，不确定性也在酝酿。我们必须秉持热爱和向往，才能抵御寒冬和突如其来的变化。

就在一个月前，即 2022 年 11 月 30 日，一款聊天机器人横空出世，它就是人们津津乐道的 ChatGPT！它是一款集信息搜索、聊天对话、内容生产等功能于一体的智能化机器人！无疑，它的出现是人工智能发展史上一个令人感到惊艳的事件，它再一次证明了人工智能技术一直在向前发展！虽有起伏，但是在某个拐弯处，它又呈现出跳跃式的巨变！毫无疑问，它将被深度运用到信息生产与传播行业中，改变传播，定义媒体。而 AIGC（人工智能生成内容）将成为这个时代重要的生产力和驱动力，它将无时不在，无处不在。

信息传播方式的变革是这些年我们经历的最重要的事件之一和最热烈讨论的话题之一。信息传播的载体随着技术的发展处于快速演进状态。15 世纪，由于谷登堡印刷术的发明，诞生了最早的媒介：报纸和杂志。直到 20 世纪，人类才发明了世界上重要的两种媒介：广播和电视。但是，传统媒体使信息的接收一直处于割裂状态，人类的大脑、耳朵、眼睛，分别属于不同的媒体：报纸、杂志、广播、电视。媒体融合的过程，就是要把这些被理性割裂的信息和感知重新组合起来，让用户接收信息的视、听、读、聊全过程统一起来。这个过程目力可见，几乎每天都在发生着典型的代表性事件。互动性、大容量、即时性的传播方式，大数据、云计算、人工智能的媒体技术，直观化、沉浸式、全感知的传播体验，早已将传统媒体时代的割裂、抽象、理性冲击得风雨飘摇。

在激烈讨论中，我们总会想起一位令人仰慕的学者的经典观点，他就是麦克卢汉。20世纪60年代，麦克卢汉出版了著作《理解媒介：论人的延伸》，提出了"媒介是人的延伸"的著名观点。他认为，媒介是人的感觉能力的延伸或扩展。文字和印刷媒介是人的视觉能力的延伸，广播是人的听觉能力的延伸，电视则是人的视觉、听觉和触觉能力的综合延伸。麦克卢汉还提出了"媒介即讯息"的观点。麦克卢汉成功预言了互联网的诞生，美国《连线》杂志在创刊号上尊其为"先知"。可以说，麦克卢汉的观点影响了无数研究者和创业者。后来一系列前赴后继的大量实践，证明了麦克卢汉观点的超前和正确。

我从20世纪90年代中期开始接触麦克卢汉的观点。那个时候，国内书店里已经有麦克卢汉的译作售卖，虽然还很稀少。我读到的第一本麦克卢汉的书，是四川人民出版社1992年1月出版的《理解媒介》，是何道宽翻译的第一本麦克卢汉的书。何道宽一直是中国麦克卢汉译著和研究的引路人，在纪念麦克卢汉百年诞辰的文章中，他写道："人类对媒介的影响，常常是浑然不觉。麦克卢汉喜欢引用希腊神话中自恋麻木、憔悴而死的那喀索斯，以唤起世人警惕技术环境即媒介的深重影响。我们研究麦克卢汉，就要像他那样，以超前的、后现代的意识，站在技术革命的潮头，驾驭惊涛骇浪，把这个小小的挪亚方舟驶向未知的彼岸。"但是，当时的我还不能完全理解这些前沿的观点，只是觉得是很遥远的一种预测，能不能实现还不一定呢。现在看来，那个时候的自己是多么无知和浅薄。

报纸在 20 世纪 90 年代风行一时。我所供职的《华西都市报》，是中国第一张都市报，一系列先进的办报理念和市场化操作方法引领了中国报纸改革和发展的潮流，开创了中国的"都市报时代"。此后，报纸的黄金岁月持续了 20 年。尽管在这个进程中诞生了互联网，产生了互联网媒体，也就是门户网站，但是中国的报纸依然高歌猛进，那些金子一般的闪亮日子，至今仍然值得回味和收藏，也成了中国报业的辉煌篇章和从业者的集体记忆。

第一节　从都市报到智媒体

一切都在悄悄地发生，改变从来就没有停下脚步，历史发展的步履匆忙而坚定。变革的前夜似乎没有什么征兆，但滚滚潮流还是汹涌而至。看似瞬间的突变，实则酝酿已久。2012 年，注定是一个标志性的具有分水岭意义的年份。在这一年，传统媒体的营收特别是市场化运作程度很高的都市媒体，开始出现小幅度的下滑，这是近几十年来没有出现过的情况，尽管只是一部分媒体和个别地区。

事实上，在 2005 年上半年，随着国内一些主要大报营收的下滑和以门户网站为代表的网络媒体营收的大幅增长，一种悲观论调和情绪在中国报业弥漫。时任京华时报社社长吴海民就提出了"报业寒冬论"。他说，报业的冬天提前到了，不仅是都市报的冬天，也是整个报业的冬天。吴海民主要是基于两个方面的事实得出的判断：一是媒体的生态环境和结构布局已经发生巨变；二是媒体的生产方式和传播方式正在发生质变。特别是互联网的发展，将彻底颠覆原有的媒体格局，这个后来居上的第四媒体被誉为"一网天下"。

针对"寒冬论"的提出，业内支持者有之，反对者也有之。时任南方报业传媒集团董事长范以锦认为，"改革创新才能迎来报业春天，报业作为一个产业，将在外部压力下迸发出内部整合和创新的激情，迎来真正稳定发展的春天。如果硬要说'寒冬'，也不过是'倒春寒'，是暂时的"。北京日报报业集团原社长梅宁华认为，"没有理由唱衰纸媒，相反，纸媒将会发挥自己得天独厚的优势，与新媒体共荣共存，迎来新的发展契机"。在这样的反复争论中，中国报业迎来了一个发展的"小阳春"，不仅克服了外部环境的不利因素，也克服了全球金融危机的冲击，特别是区域报业的翘楚，实现了逆势上扬和强劲增长，获得了很好的发展和突破。

今天，我们再来看报业这一段关于"寒冬论"的争论，不免莞尔。很显然，这一场争论对于业界和学界都有积极的预警意义。无独有偶，2005年7月，美国北卡罗来纳大学新闻学与大众传播学院教授菲利普·迈耶对报纸寿命作出预判，他在《正在消失的报纸——如何拯救信息时代的新闻业》一书中说："到2043年春季的某一天，美国一位读者把最后一张报纸扔进了垃圾桶——从此，报纸就消失了。"当时业内普遍认为，将在美国发生的事情距离我们还较远，并没有足够重视。而国内人士提出的观点所引发的争论，事实上起到了关于媒体数字化转型发展的教育和警示作用。后来，传统媒体和新媒体的"恩怨情仇""相亲相杀"的故事不断上演，成为媒体融合发展的前奏。

寒冬与破冰

时代向前发展的洪流终究无法阻挡。2012 年的营收下滑无疑使都市类媒体走上了不可逆转的衰退之路。衰退的背后是读者的流失和广告客户的远离，市场的选择对人们普遍争论的话题作出了回答。我们把 2012 年定义为中国报业发展的转折点，有其现实依据和趋势判断的标本价值。也就是在这一年，智能手机开始在中国普及。报纸的生死存亡问题不再是仅供人们讨论的话题，而是迫在眉睫地需要人们解决的现实课题。在业内，奋起者有之，观望者有之，悲观者有之。但是大多数业内人士认为，报纸的数字化转型是一道必答题，不可回避。

这是一个多事之秋。2013 年岁末，来自上海的一则消息打破了人们的迟疑和犹豫：新组建的上海报业集团宣布，旗下的《新闻晚报》自 2014 年 1 月 1 日起休刊，这家创刊了 14 年的都市类晚报"寿终正寝"。"潘多拉盒子"已然打开，此后的每一年都有一批生存艰难的都市类媒体陆续休刊或者停刊，包括北京的《京华时报》、上海的《东方早报》等，令业界一片唏嘘。一些传媒学者认为，休刊大潮开启，那些竞争力较弱、创新力不够的媒体在互联网媒体的冲击下必将倒下。

生存环境的恶化也倒逼传统媒体加速互联网化转型。于是，创办新媒体，或与互联网商业平台企业加大合作力度，成为传统媒体的必选之路。2014 年 1 月 1 日，上海报业集团《解放日报》新媒体客户端上海观察上线，最初为付费移动客户端，于 2016 年改为免费客户端，并更名为"上观新闻"，同年 12 月与解放网合并。2014 年 6 月 12 日，人民日报客户端上线，这是中央媒体开先河之举。时任人民日报社社长杨振武说，在融合发展的战略布局中，人民日报客户端是一个重要的切入点，并且带来三个改变：正在改变传统报纸的采编流程，正在改变与用户之间的连接模式，正在改变单纯提供内容的运营模式。2014 年 7 月 22 日，上海报业集团又宣布，《东方早报》新媒体客户端澎湃新闻上线，其发刊词这样写道："我们是一个专注时政与思想的新闻客户端。中国人对时政信息的渴求从未像今天这样迫切，我们正为此而生，并立志成为中国第一时政品牌。"这三大新媒体客户端的上线是具有风向标意义的事件，在业界引发了广泛关注和积极好评。在这一轮新媒体特别是移动新媒体的"跑马圈地"中，上海媒体在地方媒体中拔得头筹，异军突起，成为领军者。

2014 年注定是值得大书特书的一年。2014 年 8 月 18 日，中央全面深化改革领导小组第四次会议审议通过了《关于推动传统媒体和新兴媒体融合发展的指导意见》，对新形势下如何推动媒体融合发展提出了明确要求，作出了具体部署。这无疑是一个十分重要的信号，不仅体现了党中央把握媒体舆论环境和新闻传播规律，下好改革先手棋的远见卓识，也开启了主流媒体变革图强，在舆论新格局中掌握主动权、抢占制高点的战略征程。至此，媒体融合发展战略第一次正式上升至国家层面，媒体融合从上至下在神州大地如火如荼地迅速展开。

在 2014 年，传统媒体和新兴媒体必须融合发展，这已成为媒体人的普遍共识。对于融不融合这个根本问题，不再犹豫和徘徊。但是怎么融合、如何发展？什么才是正确的融合模式？很显然，国内外并没有放之四海而皆准的范例，也没有可资借鉴的成功样本，大家都在积极探索适合自己发展的路径。中国媒体数量庞大、层次丰富、情况复杂，既要解决在互联网上传播力、影响力较弱的问题，也要破解生存发展的现实难题，媒体融合发展可以说是任重而道远。

再次"敢为天下先"

四川日报报业集团也一直在积极地探索媒体融合发展之路。2014年12月16日，《四川日报》新媒体客户端川报观察正式上线运营，成为最初一批上线的党报新媒体客户端之一，后来川报观察客户端更名为"川观新闻"，并把定位确立为"看四川，观天下"。可以说，《四川日报》在省级党报移动传播浪潮中步履铿锵，在塑造主流舆论新格局中始终走在前列。

然而，受新一代信息技术冲击最大也最直接的都市类媒体如何融合转型，一直是压在我心头的一块巨石，压得我喘不过气来。2009年8月，我担任《华西都市报》总经理，此时，都市报正值鼎盛时期，营收一度达到10亿元人民币左右，可谓风景这边独好。《华西都市报》市场化运营程度很高，可谓"春江水暖鸭先知"，自2012年营收小幅下降以来，每年《华西都市报》的营收都呈现断崖式下降，深不见底，无法回转。2013年和2014年，《华西都市报》先后尝试了多种转型方式，比如，组建华西传媒集群，以媒体矩阵的方式应对报业寒冬；又如，探索战略投资非媒体产业，以期获取良好的经济收益，等等。这些转型试水没有带来根本的变化，依然看不到美好的未来，因为还没有找到一条正确的融合发展路径。

当时业界流行一句话，叫"不转型是等死，转型是找死"，十分形象地描述了一部分媒体人的无奈和纠结。理想是丰满的，而现实却是骨感的。融合发展的远大前程，呼唤媒体人用饱满的热情和创新精神去浇灌含苞待放的新媒体之花。

从市场中来，到市场中去。1995年1月1日，《华西都市报》就是市场经济大潮的产物，"全心全意为读者服务"，创刊号上的发刊词宣示了明确的办报宗旨。回归媒体主业，回归读者本位，回归市场主体。在经历了一阵痛苦的挣扎与纠结之后，我们终于坚定了"三个回归"的融合转型发展思路。报纸的市场丢失了，是因为读者抛弃了报纸。为什么读者会抛弃报纸？因为市场上有更好的替代产品，这个更好的替代产品就是移动新媒体。智能手机已经普及，手机随身携带方便好用，信息量很丰富，而且可供用户即时互动。就如同20世纪60年代麦克卢汉所预测的那样，"媒介是人的延伸"，"媒介即讯息"。为什么移动新媒体能够盛行？那是因为技术的发展与进步，特别是大数据、人工智能和算法技术日新月异的发展与成熟，以前所未有的速度颠覆了旧有的信息传播方式，实现了从"人找信息"到"信息找人"的质的飞跃，推动了智能化传播新时代的到来。

这是一个多么令人激动而向往的新时代！我们必须热烈地拥抱这个新时代！媒体是时代的晴雨表，是舆论的风向标，媒体人就是时代的瞭望者。在这样一个新的时代里，我们没有理由退缩，必须与时俱进，到互联网上去，发展移动新媒体，占领互联网新空间。这是我们的使命与责任，也是新时代交给我们的重任。

在一系列跌跌撞撞的探索和试错中，我们逐渐明白了这个道理，也明晰了融合发展的方向。可是，接下来的难题是移动新媒体又该怎么创办？当时业界的情况是，大多数媒体采用的是"传统媒体＋互联网"的模式，即在传统媒体架构里设置一个新媒体部门，这部分人专门从事新媒体工作，而其他人还是从事传统报纸工作。很显然，这样的做法不符合移动互联网传播规律。移动互联网作为互联网进化的高阶形态，已经进化到了智能化传播新境界，集合了文字、图片、视频、音频以及实时双向互动等信息传播的各种形态和全部功能，是目前最高维度的互联网，可以对其他媒体形态和传播方式实施降维打击。

最终，我们选择的模式是"互联网＋传统媒体"，即单独创办移动新媒体，打造市场主体和新媒体平台，并把它作为融合发展的主平台、主阵地、主驱动和主引擎。

在建设移动新媒体平台的过程中，有一个重要工作无法绕开，那就是技术怎么解决。是购买技术还是自建技术团队？是采用技术合作方式还是自主研发核心技术？当时业界大多数媒体是以采购技术的方式来解决传统媒体没有移动互联网技术的难题的。这样做的好处，一是见效快，二是节约成本，当然也可能是迫于无奈的一种选择吧。

如果要自建技术团队，那么将面临很多棘手的问题：传统媒体没有真正的互联网技术研发团队，尤其缺乏移动互联网技术团队，团队从哪里来？组建一支专业的移动互联网媒体技术团队需要多长时间，能否赶上这一波发展的窗口期？传统媒体是企业化管理的事业单位，在文化和管理上和真正的市场化互联网企业有很大差距，技术团队能否适应国有媒体单位？由于中国的互联网企业发展迅猛，互联网企业已经形成了一套成熟的高度市场化的技术人才薪酬体系，媒体单位能否匹配合适的薪酬待遇？等等。

这些问题，每一个都是现实的，有些问题可能还是"天问"。但是我们必须作出回答，无路可逃。经过一番观念斗争和思想挣扎，我们还是决定走自建技术团队的路子，并自主研发移动互联网媒体所需要的关键核心技术。

移动新媒体建设路径进一步明晰之后，我们立即着手进行市场调研。在走访了几家主流媒体和互联网商业公司之后，我们撰写了可行性建设方案。很快，四川日报报业集团（以下简称"集团"）批准了我们的方案。

在这里，我不得不说，集团整个决策过程相当快速，态度相当坚决。特别值得一提的是，集团还完全赞同我们提出的建设新媒体市场主体、自建技术团队的想法，以及按照市场规则建立一套适合技术团队发展的薪酬体系。据我们了解，这样的市场理念和超前意识、这样的决策效率和创业气魄，在国内主流媒体集团中还十分罕见。这样的体制和机制建立，确保了移动新媒体平台建设一开始就符合市场化运作的逻辑和方向，确保了少折腾和少内耗，也少走很多弯路。

一切都是开风气之先，这也是对四川日报报业集团"敢为天下先"基因的再一次写照。虽然地处西部和盆地，但我们一直心存跨越高山、奔赴山海的信心和决心。

将封面传媒定义为互联网公司

在确定新媒体客户端名字的时候，我们也是颇费了一番思量。在筛选了近50个名字之后，我们把视线落在了"封面新闻"四个字上面。封面，这是一个既大气包容又自然平静的名字，还天生具有媒体属性。对，就是这个名字了！后来的事实证明，这个名字一经发布，就获得了无数的点赞和好评，为其后的顺利发展增色不少。

调研论证是必经程序。在这个过程中，学界专家给予了筹备中的封面新闻以高度评价和建设性的意见。时任北京师范大学新闻传播学院执行院长喻国明教授参与了论证，他说，封面新闻诞生在西部，脱胎于《华西都市报》，不是意料之外的事情，但也相当不易。从某种程度上说，封面新闻成功了，才更加具有示范性和可复制的价值。他评价《华西都市报》从来没有把自己定位于一家西部的区域媒体，在报纸发展的黄金时代就是传媒发展的推动者和变革者。时任中山大学传播与设计学院院长张志安教授也给予了可行性建议，热情地寄语封面新闻要立志做业界融合发展的样本和标杆，特别是要在用技术推动媒体发展方面探索可资借鉴的成功路径。

很快，主管部门也批准并同意了创建封面新闻客户端的方案。可以说，《华西都市报》继1995年创刊并引领都市报时代之后，又一次站在了时代的潮头。2015年9月25日，整体运营封面新闻客户端的公司成功注册为封面传媒公司。万事俱备，就差定一个日子对外宣布了。

2015年10月28日，终于，我们来了！四川日报报业集团举行了封面传媒成立暨封面新闻全球人才招募发布会。这是封面新闻第一次公开亮相，刷爆了整个媒体圈。除了领导致辞和合作签约以外，我们还对外发布了人才招募计划。在发布会上，我满怀激情地说，这是一个最坏的时代，也是一个最好的时代，还是媒体人的新时代。我们把封面传媒公司定义为互联网公司，定义为创业公司，这样的公司既有媒体人的理想和情怀，也有现代互联网企业的创新基因和制度安排。我们把封面新闻客户端定义为技术驱动型产品，强调机器算法和智能推荐，每个人都可以拥有自己的专属封面新闻。我说，机器比人可靠，人比机器重要，故面向海内外招募150人的团队。作为高度重视技术的新平台，封面传媒公司在技术精英招募上花了很大力气。首批招募50位技术牛人，涉及多个领域，此后也将保持技术团队在公司内部的较大比例。我还特别强调，封面传媒公司的员工必须具备创业勇气、创新精神、创造禀赋和超常付出，简称"三创一超"。我们宣告，封面新闻将书写互联网媒体的新篇章。

现在回想起这场发布会，我仍然记忆犹新，连很多细节都历历在目，往事并不如烟。这无疑是一场令人荡气回肠、激动万分的发布会。这场发布会标志着一个属于我们的新征程已经真正开启。

招兵买马组建团队，制订计划倒排工期，研发产品确立规则，接下来就是马不停蹄地筹备封面新闻客户端上线。2016年5月4日，冬去夏来，经过半年多紧锣密鼓的筹备之后，在青年节这一天，封面新闻正式上线了。

在上线前夕，我们召开了一次内部动员会。我在动员会上说，封面传媒的使命是重新连接世界，以科技为核心驱动，以原创为显著特征，以用户为动力源泉，以资本为强大支撑，以分享为价值基点。封面新闻的愿景是打造人工智能时代的泛内容生态平台，目标用户是网络原住民，价值定位是传播正能量，战略空间是"一带一路"和长江经济带，商业追求是打造泛内容生态平台。我说，我们感恩这个伟大的时代，这是最好的时代；我们感激一路上的阳光和雨露，以及温暖的春风；我们感谢不断加入封面新闻的小伙伴，携手前行的感觉真好。我们的创业巨轮将驶出红星路70号港湾，开启星辰大海。

第二节　开创智媒体封面新闻

在上线之初，我们就把封面新闻发展所处的时代，十分明确地定义为人工智能时代，并不遗余力地加大技术研发和投入。我们招募了第一批初成建制的技术研发团队，配套市场化的薪酬待遇，制定了与互联网企业匹配的业绩考评制度和职业晋升机制，并尝试培养先进的互联网企业文化。

在自主研发核心技术方面，我们把人工智能、推荐算法、大数据作为我们的首选领域和攻坚目标，发誓要将这些技术掌握在自己团队手里。封面新闻的核心技术一开始就是自己的团队研发并拥有，虽然技术研发的道路并不平坦，我们也踩过很多坑，摔过很多跟头，但是无怨无悔，挫折和教训给予我们更多历练和积累，也让我们愈挫愈勇，越战越坚强。

我们确立封面新闻客户端的成长法则是"小步快跑"，一个月一次小幅迭代升级，一年一次大幅度的迭代升级。在这样高强度的更新节奏中，产品不断满足用户需求，技术不断进步，技术与内容、运营、销售等团队不断磨合、不断成熟。

2016 年 6 月 14 日，刚刚上线一个多月的封面新闻迎来了一个好消息：国家网信办正式给封面新闻颁发了一类互联网新闻信息服务许可证。这意味着封面新闻拥有了原创采编权。创办自地方的新闻客户端获得国家网信办一类资质的情况相当少见，之前只有上海的澎湃新闻。这无疑是对封面新闻的巨大肯定和支持，像被打了一剂强心针一样，封面的小伙伴无不欢欣鼓舞。

未来媒体是智媒体

2016 年 10 月 28 日，在封面传媒公司成立一周年的日子，"创联未来——2016（中国）C+ 移动媒体大会"如期举行。在这次大会上，我做了《未来"智媒体"打开新封面》的主题演讲。我说，在人工智能时代，技术会以指数级增长，而非线性级发展，未来

15—30年，人工智能将呈爆炸式的突破，更多超乎我们想象的事物也会出现。我还进一步阐述了对于未来媒体的理念：对于信息传播领域来讲，未来的传播形式是怎样的呢？"智媒体"或许是一个答案，它以人工智能为核心，突出"智能＋智慧"，既是智能媒体，更是智慧媒体。对于建设智媒体，我们提出，让技术唱主角，尤其是面向未来的人工智能技术，把机器学习算法、机器人写作、语音识别与人机交互、虚拟现实、人工神经网络等，作为封面新闻打造智媒体的主攻方向。同时我们提出，机器不能解决所有的问题，一家负责任的主流媒体，一定是通过专业、权威的信息，帮助受众形成认知，这是智媒体更重要的意义，也就是做智慧媒体。这是封面新闻正式对外提出的"智媒体"理念，并进行了初步的阐释。

在"创联未来——2016（中国）C+移动媒体大会"上，作者以《未来"智媒体"打开新封面》为题作主题演讲

事实上，封面新闻不仅率先意识到媒体发展的新趋势，也一直在尝试不断探索媒体发展的新路径，特别是在科技赋能信息传播和媒体转型方面坚定不移，步履铿锵。

2016 年 12 月 9 日，在"遇见未来，与凯文·凯利巅峰对话"活动上，我再一次阐述了封面新闻要做的是"智媒体"，它以人工智能技术为核心，既是智能媒体，更是智慧媒体。在对话环节，凯文·凯利称赞封面新闻找到了一条正确的代表方向的发展路径。（凯文·凯利是《连线》杂志创始主编，被看作是"网络文化"的发言人和观察者，有"硅谷精神之父"之称。）

2017 年 5 月 4 日，在封面新闻上线一周年举办的"智创颠'封'——2017AI+ 移动媒体大会"上，我分享了人工智能改变传媒的新进展。这个时候，封面新闻已经迭代到了 3.0，算法技术更加成熟和优化，拥有了机器人写作技术，自主开发的"小封机器人"1.0 版也已上线。封面新闻用 AI 技术推动新闻生产流程的智能化变革，打造了"封面云"，一个新闻垂直领域的人工智能开放平台，将 AI 技术开放给转型中的传统媒体，成为媒体转型的技术提供者，并且力求做最懂媒体的 AI 支持平台之一。可以说，上线才一年的封面新闻就把发展目标确定为做行业的技术输出者，这是一次大飞跃，也是一次自我挑战。我们已经看到了未来媒体行业潜藏的巨大技术产业价值，并且赶上了弯道超车的大好机遇。

2017 年 9 月 16 日，封面新闻联合微软、北京师范大学，在北京成立了人工智能与未来媒体实验室。这也是全国首个致力于"AI+媒体"领域的实验室。实验室致力于推动人工智能与传媒的创新性融合，建立人工智能与媒体的研究合作平台。我们把三方的优势结合在一起，主要的工作有四个。一是普及"AI+ 媒体"，让 AI 技术在媒体领域得到广泛应用，助推媒体行业转型；二是开展讲座研讨，举办人工智能与未来媒体系列大讲堂；三是打造学术刊物，出版 AM 杂志（内部学术交流刊物），聚焦人工智能与未来媒体的前沿研究；四是开展产品研发，采取项目制的办法来推进 AI 技术的研发和应用，不断开拓智媒体发展空间，其中的 5 个重点项目是：微软小冰、小封机器人、机器写作、封面云、硬件机器人。这是媒体与技术公司、教学研究机构的一次跨领域合作，表明封面新闻着眼未来趋势、发力人工智能的决心，力争用"黑科技"来改写媒体发展路径，重塑发展优势，做人工智能与媒体应用的探索者和引领者。

2017 年 10 月 28 日，封面传媒公司成立两周年。这一天，封面新闻上线了"封巢智媒体"系统，致力于用 AI 技术来推动新闻信息生产流程的智能化变革。这是主流媒体自主研发的第一个改造生产流程的软件系统。我们当时提出，做类似报纸时代的"北大方正"排版系统和"清华紫光"排版系统。当然，现在看来，这个系统远远超越了排版系统单一的功能和简单的效果，它是一个权威立体式的改造生产流程，也是倒逼员工转型的技术应用，它所带来的是革命性的生产变化。

封巢智媒体系统主要是以人工智能技术为支撑，涵盖了"智能技术平台、智慧内容平台、智识管理平台"三大平台。它的主要功能有三个：一是以人工智能技术驱动应用创新，如对机器写作、人机交互、智能"三屏合一"等"AI+ 媒体"的应用探索；二是价值主导与驱动的内容生产流程再造，如热点监控、全网采集、内容管理；三是数据驱动下的传播效果智能化监测、版权追踪追溯、考核建模与自动化等。我们希望这个系统的持续迭代升级，能够促进人工智能时代媒体、技术和用户进一步交互式融合创新。

2017年11月16日，封面传媒公司宣布，小封机器人正式成为第240号员工。这是主流媒体单位的第一个机器人员工。从2016年12月20日小封机器人发布第一篇商业资讯后，在接近1年的时间里，小封机器人的写稿能力越来越强，每日写稿量可以达到100篇，写稿的领域涉及体育、财经、生活、娱乐、科技等，既有快讯速报，也有热点资讯。在2017年9月30日四川青川县发生5.4级地震后，小封机器人仅用时8.09秒就完成了写作，稿件近1300字，并配有相关图片。小封机器人也在不断迭代，2019年在《互联网周刊》发布的机器写作产品排名中位列第九，不断满足网络信息的海量需求。

在带领封面传媒公司的小伙伴大力进军智媒体的过程中，我在各种论坛和研讨会上还不遗余力地"鼓吹"我的智媒体观，与业界同行和学界专家共同探讨智媒体发展的前景，即便偶尔争论得面红耳赤也在所不辞，以至于有业界同人认为我作为传统媒体人"叛变"了，认为我是纯粹的"技术派"。

其实，我哪里是什么"技术派"，分明就是数字技术革了我们媒体人的命，是科技把我们逼到了墙角，连呼吸都很困难了，我们怎么能不起来反抗呢？

我始终坚定地认为，未来媒体首先是智媒体，信息传播的智能化革命时代已经到来。人机协同是趋势和潮流，在媒体领域，媒体人的专业主义优势和AI的高效智能生产将会更趋完美地结合。

当然，智媒体也将不断进化，依托智能手机的媒体也不是最终的未来媒体，而且新生媒介诞生的速度会越来越快，第六、第七媒介肯定就在不远处。

我们看到了光亮

2018年5月4日，封面新闻App上线两周年，这是封面新闻的一个重要日子。在"第二届AI+移动媒体大会"上，我把智媒体理念进行了升级，第一次把智媒体完整表述为"智能、智慧、智库"，智能技术、智慧内容、智库服务三位一体，就是"三智媒体"。所谓智库媒体，就是要利用智能技术和智慧内容的媒体特色优势，为整个社会提供智力支撑和服务，全面参与到智慧城市建设和社会治理体系中，成为社会治理的参与者和协同者，成为政企机构、媒体、用户的连接点。这样，关于智媒体所包含的三大内容体系已经初步形成。在智能、智慧、智库三位一体的支撑下，封面新闻在努力成为一家人工智能媒体公司，打破时间性媒介和空间性媒介的界限，融合所有媒介形式，创造更多未知的智媒体形态。

智媒体领域的拓宽，使智媒体如同进入了辽阔的大海，也驶入了发展的新赛道。对于主流媒体而言，如何走上这个广阔的舞台大展身手，才是真正的挑战与考验，当然这中间也蕴藏着传媒业发展的巨大机遇。在2018年4月23日首届"数字中国"建设峰会电子政务分论坛上，我提出了坚持"三个视野"的工作思路，即面向未来的技术视野、面向大众的主流视野、面向政府的服务视野。把这三个方面结合起来，找准政府与群众的连接点，更好地助力移动政务，积极参与社会治理。比如，封面新闻每年都要举办的C21论坛，就是特色鲜明的智库媒体项目，在政府、企业和公众之间架起了沟通与合作的桥梁。比如，利用封面新闻的智媒技术，参与县级融媒体中心的建设，助力县域经济和社会发展。比如，依托封面新闻的大数据技术和媒资库，提供舆情服务，更好地满足机构、企业和公众的舆情刚性需求，在区域治理体系中发挥主流媒体作用。

智媒体理念的迭代优化和完整提出，来源于整个业界同行的创新实践和大胆探索，是业界同行集体创造的结果和集体智慧的结晶，是业界同行面向未来发展作出的可贵努力和迈出的第一小步。这一步虽然有些蹒跚，但也还算坚定而执着，如同在暗夜里看到了一丝光亮，令人欣喜和欢呼。

2018年5月4日，在封面新闻上线两周年大会上，我十分笃定地说，迈向智媒体，我们看到了光亮。走在AI+移动媒体的大道上，我们深感这个时代的美好。有荆棘，更有鲜花；有风雨，更有阳光。穿过泥泞，转过拐角，别有洞天。光亮温暖，春风化雨，新生力量强劲向上，没有什么可以阻挡。整个演讲满怀激情，充满期待，却是现实和内心最真实的写照，也是封面新闻团队一起走过两年多历程的深情表达。

媒体融合按下快进键

2019年是媒体融合进入关键期具有特殊且重要意义的一个年份。1月25日，十九届中共中央政治局第十二次集体学习在人民日报社举行，会议的主题就是全媒体时代和媒体融合发展，并把集体学习的"课堂"设在了媒体融合发展的第一线，采取调研、讲解、讨论相结合的形式进行。这次政治局集体学习，着眼党的宣传思想工作全局和全媒体时代大势，明确提出了推动媒体融合向纵深发展的重大要求，标志着媒体融合进入了新阶段，也按下了推动媒体深度融合的快进键。2020年9月，中央印发了《关于加快推进媒体深度融合发展的意见》（以下简称《意见》）。《意见》指出，要以先进技术引领并驱动融合发展，用好5G、大数据、云计算、物联网、区块链、人工智能等信息技术革命成果，加强新技术在新闻传播领域的前瞻性研究和应用，推动关键核心技术自主创新。这份文件无疑给正在推进媒体融合的媒体界提出了新要求，也指明了新方向，令人备受鼓舞。

第三节　省级党报的智媒进化

四川日报报业集团对封面新闻的支持，不仅在于项目成立过程中的报批、政策、资金等支持，还在于兄弟媒体的信任和关照，四川日报新媒体客户端川观新闻在迭代改造过程中，采购了封面团队的技术服务，这次采购成了封面新闻技术输出赚到的"第一桶金"，为后续全国各地媒体打了个样。封面新闻的智媒体技术也因此被运用到了党报客户端当中。

2020年4月，受组织安排，我的岗位发生了变动，负责主持四川日报社编委会的工作。2020年9月18日，四川日报全媒体（以下简称"川报全媒体"）启动改版迭代计划，明确了川报全媒体深度融合思路：立足全媒体时代，以四川日报为引领，以川观新闻为驱动，以四川在线为协同，打造"智能＋智慧＋智库"的智媒体。9月，是《四川日报》诞生的重要节点，也是迭代的重要节点。在这个收获的季节，我们从未停止努力奔跑的脚步，我们一直保持未雨绸缪的姿态，播种新生，播种未来。我们充分利用人工智能技术赋能川报全媒体改版迭代，让川观新闻、四川在线的传播体系都更加智能化。

以"智媒+"引领新型主流媒体建设

我们将人工智能作为一个整体来应用，而不只是用于改造传播的分发方式，采、编、审、发、效果反馈的各个环节都要应用人工智能技术。这次我们在党报探索机器写作工具的应用，推动"大川机器人"上线，对程序化、模板化、套路化的文件信息、法律法规、政策法规快速进行机器发布，以求提升发布的时效性。

我们对智媒体的追求一直没有停步。2021年，在第三届媒体融合与社会治理天府论坛上，川报全媒体发布了"打造智能编辑部赋能省域治理"的宣言。把"科技强媒"作为战略考量，以"智媒+"引领新型主流媒体建设，持续打造智能、智慧、智库的智媒体，用人工智能技术重构新闻信息生产与传播全流程。除此之外，川报全媒体还持续推动智媒体升级迭代，全力打造"智能编辑部"，建设"智媒大脑"，以此作为建强新型传播平台的核心，从主流信息传播的生产起点到效果反馈整个闭环，都赋予人工智能的科技基因，既引领传播关系变革，又助力国家治理体系和治理能力现代化。

具体而言，川报全媒体智能编辑部将启动实施"2345计划"，通过主流信息的智能化生产与传播，赋能省域治理。"2"即通过民情、问政两大品牌践行网上群众路线，"3"即通过四川云"21183+N"赋能三级省域治理体系，"4"即通过川观智库提供四类高质量智力服务，"5"即通过川观算法首创的主流价值五层算法体系重新定义算法。在这样一个科技引领、人机互动、高度智能化的生态编辑部的支撑下，既能实现自身融合发展，推动传播能力迈上新台阶，又能主动深度融入省域治理，做强智媒赋能治理的新优势，在新发展理念的指引下开展协同式"大治理"，成为未来省域治理现代化的重要协作平台。

在第三届媒体融合与社会治理天府论坛上，川报全媒体发布了智能编辑部建设框架

　　研发主流媒体算法是我们的发力重点，我们一直在进化，以此区别于简单的以兴趣推送为主的算法机制。川报全媒体智能编辑部把主流媒体算法作为智能驱动引擎，研发推出了自主可控的"川观算法"，通过把控内容质量、加深内容认知、优化智能分发、追踪传播效果四个方面，用主流价值导向驾驭"算法"。不同于商业平台算法，川观算法首创性地把主流价值融入了"12235"的5层算法体系，利用自然语言处理、大数据、知识图谱等技术，从算法架构、标签体系、应用场景等方面提出了一站式解决方案，打破了"信息茧房"壁垒。这样既能满足用户个性化需求，又能体现主流价值导向，更好地实现优质信息"找人"。

在趋势面前没有例外

2022 年 9 月，《四川日报》创刊 70 周年，我们制造了一个新员工——小观数字人。小观数字人是充分依托人工智能、深度学习、卷积神经网络学习等先进技术打造的川观新闻数字记者，拥有如同真人的情感表情、形象气质、语音语调、口唇表情、肢体动作等。作为我们的新同事，小观数字人将拥有播报新闻、虚拟主持、互动直播、交互搜索、用户服务等全智能视频服务能力，让新闻"活"起来，为大家带来突破次元壁的智能新体验。

来自虚拟，关注现实，小观数字人将综合运用 5G、AI、AR/VR 等技术，带来融媒新闻资讯，提供令人耳目一新的内容体验。同时，小观数字人还会在主页上进行 24 小时热点新闻推荐，带大家高效浏览新鲜资讯，精准触达实时热点。除了参与智慧内容生产，小观数字人还将侧重于用户服务功能：作为语音搜索助理，以人工智能和情景对话的形式奉上贴心的互动搜索服务；用户点击首页搜索框内小观的头像，即可唤起小观并与其进行面对面的实时对话。

省级党报的智媒体建设，其难度相对要大一点。一是因为党报的日子普遍好过，市场压力比较小，要改变的外部环境比较平和；二是因为技术观念相对保守，对技术对媒体的驱动作用认识还不到位，技术在信息生产传播环节还处于辅助地位。

我是一个悲观的乐观主义者，也是一个现实的理想主义者。这是我对自己的认知。主持四川日报社编委会工作后，我还是力主推动打造党报的智媒体。因为我一直认为，在趋势面前没有例外，党报必须加入技术改变世界的行列之中，成为先行者和示范者。为此我们做了大量探索，相关内容将在后文详述。

《四川日报》"智能＋智慧＋智库"智媒体创新实践在中国国家版本馆中央总馆播放。
拍摄于 2024 年 5 月 22 日

第四节　风起云涌的智媒体时代

从融媒体到智媒体，人工智能正深入传媒行业的肌体，给整个传媒行业带来深刻的变革。智能化方向是媒体融合发展的重大机遇，也在加速推进媒体的深度融合发展。中央媒体（以下简称"央媒"）作为中国媒体的排头兵和领头羊，也在这一场声势浩大的智能化革命中张开双臂，热情地拥抱人工智能等新兴技术。

走在智媒体发展的道路上，我们并不孤单，同行的队伍很壮阔。而央媒的生动实践，在行业里更加具有风向标的意义，更加具有引领作用。我们欣喜地看到，在智媒体时代到来之际，人民日报社、新华社、中央广播电视总台通过智能技术改造自身肌体，创新流程机制，释放新闻生产力，新技术产品推陈出新，新技术应用让人眼花缭乱，大大提高了央媒的传播力和影响力，形成了一道亮丽的风景线。

新华社：建设智能化编辑部

新华社在央媒中率先发力，着力智能媒体建设。2017 年 6 月，新华社和阿里巴巴集团共同投资，在浙江成立了大数据人工智能科技公司——新华智云科技有限公司，旨在用智能技术赋能内容行业，帮助内容生产者更好更快地采集和处理新闻资源。2017 年 12 月，新华社发布了中国第一个媒体人工智能平台——"媒体大脑"。"媒体大脑"提供基于云计算、物联网、大数据、人工智能等技术的八大功能，覆盖报道线索、策划、采访、生产、分发、反馈等全新闻链路。新华社还发布了第一条 MGC（机器生产内容）视频新闻，这条时长 2 分 08 秒的视频由"媒体大脑"中的"智能媒体生产平台"制作，计算耗时只有 10.3 秒。时任新华社副社长刘思扬表示，把握数据是未来媒体发展的重要基础，要从"消息总汇"向"数据总汇"跨越。

写到这里，我不得不说一句，在央媒里面，刘思扬副社长一直积极鼓励技术创新，带头建设"新华智云"，多次在论坛活动上发布新华社技术创新的新成果，促进新华社的智能化变革走在业界前列。2016 年 8 月 3 日，我在封面传媒公司接待了时任新华社副社长刘思扬一行，带领他们参观了封面传媒的大数据中心、未来媒体实验室。刘思扬副社长一行与封面传媒年轻的员工交流了人机协作带来的好处，并鼓励我们大胆探索。2017 年 12 月 7 日，我到北京新华社拜访了刘思扬副社长，参观了新华智云公司，并就智能媒体发展现状和未来等话题与刘思扬副社长进行了沟通，收获很大，也很振奋。

2018 年 11 月，在第五届世界互联网大会上，新华社联合搜狗发布了全球首个合成新闻主播——AI 合成主播，开创了新闻领域实时音频与 AI 真人形象合成的先河，只要输入需要发布的文本内容，计算机就会自动生成相应的 AI 合成主播播报的新闻视频。这样便降低了生产成本，提高了制作效率，提升了报道的时效性和质量，也让普通受众第一次近距离地直观感受到了人工智能在新闻场景中的应用。新华社 AI 合成主播先后有"新小浩""新小萌"上岗，参与了春运、春节、全国两会等重要事件的新闻报道。

与此同时，新华社提出了"建设以智能技术为基础、以人机协作为特征、以大幅度提高生产传播效率为重点的智能化编辑部"。新华智云推出了"MAGIC 短视频智能生产平台"，在国内首次发布了 25 款媒体机器人，成为中国最大的媒体机器人生产商和服务商之一。打造智能化编辑部，推出一系列智能化的平台和产品，是新华社媒体深度融合转型的重要举措和抓手。

新华社还建立了"现场云"新闻直播平台和"媒体创意工场"，它集约媒体行业资源，重塑了 PUGC（专业用户生产内容）新业态。"现场云"以互联网产品和运营模式，联合主流媒体和党政机构，聚合新华社和国内媒体直播资源，实现了全流程在线采集、加工、传播。"媒体创意工场"则通过提供智能化平台和技术，整合专业性的传媒资源，打造了 PUGC 新业态，促进了内容供给侧结构性改革，探索了符合移动互联网规律的融合发展模式。"媒体创意工场"建构了"MR 智能演播厅"、"MOCO 交互式智能视频摄制平台"和"生物智能用户评测实验室"三大利器，为系统化创意创新提供了有力支撑和保障。

2019 年 2 月 19 日，新华社全球视频智媒体平台上线，实现了从为电视播出制作视频向为互联网点播制作视频产品的重大转变。时任新华社国家高端智库学术委员会专职副主任陆小华在《媒体融合运作体系构建方法与实现路径》一文中，以新华社全球视频智媒体平台与相关运作体系为研究样本，深入分析阐述了平台总体设计以及相关媒体融合运作体系的建立，并研究了其理论基础、设计原则、制度安排及相融性问题的解决方案，探讨了媒体融合运作体系的构建方法和实现路径。陆小华就是这个平台的负责人，既负责音视频业务报道，又负责这个技术平台的搭建，还长期研究媒体融合，这种条件给技术平台建设和体系构建带来了明显优势。

2019 年 11 月 26 日，新华智云发布了"媒体大脑 3.0 融媒中心智能化解决方案"。该方案以区块链技术和 AI 审核为显著特征，是中国首个面向融媒中心的智能化解决方案。2019 年 12 月 12 日，新华社宣布建成智能化编辑部并投入使用，智能化编辑部可以通过一次采集、N 次加工、多元分发的方式，实现在线新闻生产方式的全新变革。时任新华社社长蔡名照表示，设立智能化编辑部是加快建设国际一流的新型世界性通讯社、推动媒体融合走向纵深发展的关键举措。

新华社发布的消息称，新华社建成的智能化编辑部已经初步形成全流程技术创新体系，包括智能技术体系、智能产品体系、智能硬件体系、数据支撑体系和制度机制体系。在采集环节，智能化编辑部利用"媒体大脑"摄像头——新闻机器人——和"鹰眼"智能监测系统，能够超早期记录突发事件、发现新闻热点；记者应用"现场云"移动采集系统和智能手机、AR 智能眼镜、智能录音笔等智能硬件，能够随时发起"现场新闻"全息直播，并同步采集文字、图片、短视频等全体形态新闻素材。在生产环节，智能化编辑部利用"媒体大脑"、AI 合成主播、时政动漫平台等智能化工具和平台，能够对新闻素材进行自动分类和标引，智能化生产文字、图片、AI 主播视频、短视频、地图新闻、数据新闻、卫星新闻、VR、AR、MR 等 30 余个品类的全媒体产品，实现全程人机协作、人工审签。在分发环节，智能化编辑部面向新华社的媒体用户和新华社客户端等终端受众，能够基于用户画像技术，实现对象化精准推送。在反馈环节，智能化编辑部依托智能版权评价系统和区块链技术，能够精准评估传播效果。在大步推进技术革新的同时，智能化编辑部还在同步探索重塑适应融合发展的"编辑部"生产流程、组织架构和制度机制。

《人民日报》：媒体方阵走向智能化

人民日报社在探索智能化转型方面也一直坚定不移，成为业界学习的楷模。2018 年 6 月，人民日报社推出了"人民日报创作大脑"平台，集成了智能写作、智能引擎、语音转写、数据魔方和视频搜索等五大功能，使媒体内容生产更加高效、便捷，是人工智能时代媒体工作者的生产力工具平台。据介绍，"人民日报创作大脑"将为内容生产者提供以下工具和服务：智能写作通过内容理解、语言生成、知识推理、机器学习等方面的技术积累，为用户提供内容纠错、发文助手、自动封面三项主要创作服务。

2018 年 9 月，人民日报新媒体中心启动了"人民号 1000+"计划。截至 2019 年 6 月，人民号平台入驻了包括《光明日报》、中国青年网等 2000 余家主流媒体，以及最高人民法院、最高人民检察院、教育部等 6000 多个机关部委政务账号，还有十点读书、果壳等 1.2 万家各类创作领域的头部自媒体。

2018 年 10 月，在 2018 "一带一路" 媒体合作论坛上，时任人民日报社副总编辑卢新宁说，人工智能给媒体带来的改变将是全方位的，媒体从业者有必要思考以下几个问题：第一，理解和感知世界的方式在发生怎样的改变？第二，个性需求与群体价值如何实现新的平衡？第三，媒体平台如何实现信息汇集与信息甄别的同步？第四，智能化的机器同专业化的人如何实现协同？

2019 年 7 月 25 日，人民网党委书记、董事长、总裁叶蓁蓁在《深度融合发展三年规划（纲要）》中提出了 "内容科技" 的概念。他指出，"内容科技" 主要是指对内容产品的供给与消费链条和内容产业的组织与分工模式产生重大影响的 AI、大数据、区块链、云计算、物联网等各种新兴技术，以及由这些技术所催生的新业态、新应用、新服务。人民网 "内容科技" 对应基础层、平台层和应用层三个方面。在基础层，人民网已经成立人工智能研究院、区块链研究院，并正式启动运行传播内容认知国家重点实验室；在平台层，人民网已经发布 "网络游戏适龄提示" 平台，研发基于人工智能的 "风控大脑"，在聚合主流媒体、各类机构、社会创作力量优质内容的同时，做好内容风险管理；在应用层，人民网于内容原创、内容风控、内容聚合分发、内容运营等方面发力，努力提升赋能价值，实现整个行业生态的重构和自身商业模式的蜕变。

顺便需要提及一句的是，叶蓁蓁董事长是我见过的央媒管理者里面最年轻的 "少帅"，沉稳而睿智。我多次在论坛和活动现场与他有过沟通交流，也听过他的经验分享，特别是对于他提出的 "党管数据" 的观点深有同感，这是对媒体数据作用最为经典的表述。他认为，党管数据既是趋势也是必然：第一，党管数据首先是管发展，媒体具有血缘优势；第二，党管数据是管规则，媒体具有沟通优势；第三，党管数据是管安全，媒体具有监督优势。而今天，我们对于大数据在媒体发展中的作用认知还很浅，实践中的操作应用更是模糊不清、摇摆不定。很显然，大数据在媒体中还没有被提高到应有的地位并加以重视。

2019 年 9 月 20 日，人民日报智慧媒体研究院宣告成立，体现主流算法的人民日报客户端 7.0 版本、短视频客户端"人民日报+"、人工智能媒体实验室、全媒体智慧云，以及融媒体创新产品研发与孵化项目正式亮相。这是人民日报社推进媒体深度融合、加快构建全媒体传播体系的积极探索。以研究院成立为契机，人民日报社把人工智能等新技术运用在新闻采集、生产、分发、接收、反馈各环节，实现内容传播与先进技术的融通共享；探索催化融为一体、合而为一的体制机制，并通过与企业、机构合作，加快资源整合、技术融合、项目联合、人才聚合，形成化学反应，催化融合质变。

2019 年 11 月，科技部批准人民日报社主管，依托人民网建设传播内容认知国家重点实验室。12 月 7 日，实验室举行了学术委员会会议，参会人员围绕"如何建设运行好国家重点实验室"和"技术驱动能力如何助力媒体融合纵深发展"两个议题建言献策，这标志着实验室正式启动运行。实验室主要围绕三个方向开展应用基础研究，即主流价值观算法、内容智能审核以及基于内容传播的网络空间治理，致力于推动人工智能在传播认知领域的突破和创新，并努力探索智能计算设施在内容传播领域的应用，为媒体深度融合提供技术支撑、理论依据、发展指引和决策参考。

2020 年 12 月 24 日，人民日报社举办了"2020 智慧媒体高峰论坛"，发布了人民日报"创作大脑"，这是人民日报社第二次发布"创作大脑"。"创作大脑"由人民日报智慧媒体研究院研发，百度公司提供技术支持，助力智能编辑部建设，开启智能媒体新时代。

人民日报"创作大脑"是集直播智能拆条、在线视频快编、图片智能处理、智能字幕制作、可视化大数据、智能写作、知识社区、开放生态于一身的一站式智能创作平台。它的背后是百度智能云提供的"云+AI"技术支持，基于百度智能媒体中台，助力新闻生产的策、采、编、审、发全流程。智能媒体中台的基础是媒体云，包括存储、计算、网络等基础设施，提供 EB 级别数据的稳定存储、云边端一体的网络接入能力，百度自主研发的云端 AI 通用芯片提供适配语音、语言、视觉算法的算力；通过媒体知识中台、智能创作平台和智慧视频平台，开放知识图谱、自然语言处理、视觉等 AI 能力，将人工智能技术应用于新闻策划、采编、审校、分发等各个环节，构建全媒体智能生态。人民日报"创作大脑"体现了新技术与媒体深度融合的时代特征，致力于推动媒体行业智能化升级。

人民日报还特别注重在智能视听行业的布局。随着技术的进步，智能视听已经深度融入经济社会文化生活，成为舆论场的新阵地，也是智慧城市的基础设施。而短视频还在深入地向电商、直播、教育、文旅、体育等领域不断渗透，推动各行业格局的深刻变化和产业升级。2020 年人民网参与投资和出品的电影《金刚川》，累计票房突破 10 亿元人民币；2019 年参与出品的电影《我和我的祖国》票房超过 30 亿元人民币。2020 年，人民网人民视频发起的网络直播节目《人民战"疫"》，联动 300 多家媒体直播 65 期节目，观看量超过 8 亿人次，成为网络直播现象级产品。人民网还把人民视频注册总部落户于山东省青岛市高新区，积极参与智能视听产业的发展。

2022 年 12 月 30 日，人民日报社视频客户端"视界"正式上线。人民日报把视界客户端的上线看作是加强全媒体传播体系建设、塑造主流舆论新格局的重要举措，标志着人民日报社推进媒体深度融合发展取得新进展。视界客户端将增强原创和聚合能力，激发创新活力，扩大视频产能，汇聚优质视频，同时探索建立"新闻＋政务服务"新模式。同时，在视听呈现上，应用妙播、8K、人工智能等新技术，力求满足用户多元需求，服务经济社会发展。

中央广播电视总台：形成"5G+4K/8K+AI"战略布局

中央广播电视总台在媒体融合发展中强化技术引领，通过在5G、4K、AI 等方面的技术实践，创新构建"5G+4K/8K+AI"全新战略格局，着力打造自主可控、具有强传播力和影响力的新媒体平台，走在改革创新的前列。

2018 年 5 月，中央广播电视总台发布了 4K 超高清电视发展规划，到 2022 年，基本完成 4K 超高清电视技术体系建设。2018 年 12 月 28 日，中央广播电视总台（以下简称"总台"）、中国电信、中国移动、中国联通、华为公司共同签订了《合作建设 5G 新媒体平台框架协议》，五方决定在总台联合建设"5G 媒体应用实验室"，共同推动 5G 媒体应用研究。为方便记者通过网络开展 4K 超高清直播，总台联合华为公司共同开发 5G+4K 传输背包，并将其成功应用于 2019 年全国两会 4K 超高清电视直播。

在 AI 技术应用方面，总台联合科大讯飞、阿里巴巴、腾讯和百度公司开展 AI 媒体应用实践。比如，在《经典咏流传》第二季，采用智能主播技术，真假撒贝宁同时在电视中呈现和对话；在纪录片《创新中国》中，采用智能语音技术，惟妙惟肖地"复活"了已故配音演员李易老师的声音；在 2019 年全国两会上，AI 记者助理"小白"实现了对白岩松声音的复制；在 2019 年央视春晚中，采用智能语音技术进行春晚小品字幕制作，效率提高了近 10 倍。2019 年 4 月，总台在北京举办了"一带一路"媒体传播创新论坛 5G+4K 技术展览。在智能主播展区，采用 4K 摄像机进行拍摄，参观者可以坐在主播台播报一段主持词，然后通过语音识别技术将语音转换成文字，再把文字通过总台私有云平台的智能语音模块转换成康辉、海霞等知名主持人的声音，并与 4K 摄像机拍摄的 4K 超高清视频合成。

通过这些鲜活而生动的案例，我们可以看到人工智能技术在电视媒体的广泛应用。将语音识别、图像识别、文字识别技术和大数据分析技术应用于电视和新媒体制播中，极大地丰富了电视和新媒体的表现形式，大幅度提升了节目制作效率，不断满足用户的收视体验，从而提升了电视媒体的传播力和影响力。

2019 年，总台推出短视频平台——央视频 App，成为业界的标志性事件。央视频融媒体发展有限公司于 2019 年 5 月 30 日注册成立，注册资本为 10 亿元人民币。其中，总台占股比例为 90%，央视国际网络公司（央视网）占股比例为 10%。2019 年 11 月 20 日，央视频 5G 新媒体平台宣布上线，平台建设基于"5G+4K/8K+AI"技术，是中国首个国家级 5G 新媒体平台。央视频 App 以高品质区别于其他短视频 App，以"泛文体、泛资讯、泛知识"为主要定位。在内容方面，央视频以短视频为主，依托总台视频资源、品牌节目大 IP、知名主持人，并联合央视频号进一步拓展内容生态。对入驻央视频号的创作者，央视频将聚合总台"5G+4K+AI+VR"的核心技术优势以及视频资源富矿，为其提供品质推动、流量激励、渠道加持，同时创作者的内容将有机会登上总台的大屏。在技术层面，互联网巨头腾讯公司也加入了央视频的开发工作，为其提供技术和人力支持。

2019 年 12 月 25 日，央视网发布了"人工智能编辑部"系列创新产品，打造了引领主流媒体"智慧 +"变革的新引擎。中宣部副部长——中央广播电视总台台长慎海雄在发布仪式上表示，"人工智能编辑部"的建设，是贯彻落实习近平总书记关于推动媒体融合向纵深发展的重要指示精神、积极构建"5G+4K/8K+AI"全新战略格局的具体举措。通过建设"人工智能编辑部"，深入探索将 AI 技术全面应用在新闻采集、生产、分发、接收、反馈之中，致力打造独具总台"智造"特色的产品创新基地。"人工智能编辑部"创新产品发布活动，标志着总台向智慧全媒体的转型升级又迈出了重要一步。慎海雄台长还在多个场合表示，总台要以"大象也要学会跳街舞"的精神风貌拥抱互联网，加快推动总台从传统广播电视媒体向国际一流原创视音频制作发布的全媒体机构转变，从传统节目制播模式向深化内容生产供给侧结构性改革转变，从传统技术布局向"5G+4K/8K+AI"战略格局转变。

央视网"人工智能编辑部"技术平台的建设工作，依托人工智能技术去"盘活"海量历史视频资源，用 AI 赋能业务工作场景，逐渐形成集智能创作、智能分析、智能搜索、智能推荐、智能审核（"五智"）于一体的人工智能集成服务平台，构建全媒体传播体系的"智慧中枢"，为用户和编辑提供智能化的多场景服务。从央视网"人工智能编辑部"的建设工作规划来看，"人工智能编辑部"将打造媒体行业的 AI 中台，并面向用户推出一系列令人耳目一新的 AI 产品。AI 中台将给央视网各项业务带来深刻变革，对采编播工作进行全流程的赋能优化，为全面提升传播力、影响力提供强有力的技术支撑。

按照总台的部署，央视网、央广网、国际在线三网将落实总台"5G+4K/8K+AI"战略布局，共同建设"人工智能编辑部"，对总台时政报道资源和优质视频资源进行智能化创新开发。央视网已经建成具备日均 100 亿次计算能力的大数据平台，将用 AI 技术，唤醒海量的视频素材资源。"人工智能编辑部"致力打造成为中国主流媒体最大规模的视听内容 AI 处理加工平台、独具总台"智造"特色的产品创新基地、面向行业输出各种视频 AI 工具包技术产品服务的赋能平台。总台还联合中国人工智能产业发展联盟，共同组建了"媒体＋人工智能"深度融合委员会，充分发挥该联盟的产业研发与整合优势，推动"媒体行业人工智能技术应用"的发展，制定"人工智能编辑部"生产标准并将其应用到全国媒体行业中，避免人工智能被恶意使用，以促进"媒体＋AI"的健康发展。

2019 年 7 月 17 日，央视网还与百度智能云达成战略合作，双方共建人工智能媒体研发中心，联合打造媒体产业人工智能产品，将"云＋AI"能力深入应用到央视网各个场景中。根据合作协议，此次合作主要集中在三个方面：一是共同建立人工智能媒体研发中心；二是联合打造媒体产业人工智能软硬件产品；三是百度智能云为央视网提供云主机、内容加速、安全等多项云计算服务。借助百度智能云领先的"云＋AI"技术，央视网可以实现从基础设施层面到 AI 中台统一建设，打造出技术领先、安全可靠的智能新媒体平台。

2019 年 12 月 6 日，超高清视音频制播呈现国家重点实验室在上海启动建设，这是中国首个超高清视音频国家重点实验室。实验室聚焦宽带互联网环境下的先进视音频技术，特别是超高清视音频、虚拟现实以及人工智能技术，围绕超高清视音频技术、视音频媒体传播技术和视音频服务安全关键技术等三大研究方向开展基础研究、应用示范和应用实践。除此之外，该实验室还与上海交通大学、国家广播电视总局广播电视规划院等单位签订了合作协议。

上海报业集团：布局智媒体，创造新传奇

上海，不仅是中国第一大都市，也是中国媒体业最发达的城市，没有之一。上海这些年以组建上海报业集团为标志，各项改革发展在媒体领域都具有风向标的意义，尤其是在新媒体建设和媒体深度融合发展方面走在全国前列。我们说，风从东方起，上海这些年一直在引领风气之先，站在潮头，成为业界标杆和榜样示范。

2019年2月21日，上海报业集团召开"推动媒体融合向纵深发展动员大会"暨2019年度工作会议。本来，这就是一个单位内部的会议，这些年各家媒体都在召开推动媒体融合发展的内部会议，但是，上海报业集团这次会议透露的信息传递出强烈的信号，备受业界关注。时任上海报业集团党委书记、社长裘新在"未来已来，相信未来——创造上海报业改革新传奇"的讲话中指出，新媒体发展要避免重蹈传统媒体的覆辙，并透露上海报业集团将在今后重点布局以人工智能、大数据等技术为代表的"智媒体矩阵"，强调"算法也要有价值观"。裘新认为，单纯的内容驱动新媒体发展的模式已经进入红海时代，"内容＋技术＋运营"叠加驱动的新媒体产品已显现机遇期，"从融媒体到智媒体，是推动媒体融合向纵深发展的必然方向"。

这次内部讲话在互联网上广为流传。在裘新看来，智媒体首先

是"智能"媒体，通过人工智能重新赋予媒体技术基因，改造媒体生产、传播全流程，让传播更自动、更精准、更高效。其次，智媒体还是"智慧"媒体，通过价值主导，更加突出信息背后的价值匹配，算法也要有价值观。他透露，从 2018 年第四季度开始，上海报业集团汇集了各方力量，围绕"新技术、新产品、新运营"主体，进行了技术创新专题大调研，梳理出 8 类引领媒体变革的创新技术。然后将 8 类技术作为行元素，把新闻传播的采集、生产、分发、接收和反馈等 5 个流程作为列元素，从中衍生出 20 个智媒体单元。这些单元蕴含着这一轮技术创新有可能在新媒体领域得到应用、嫁接出果实的机会空间。上海报业集团各媒体已经在这些智媒体单元中初步完成 27 个项目的布局，还将新规划布局 23 个项目，共计 50 个。20 个单元、50 个项目，就构成了全媒体时代的上海报业集团的"智媒体矩阵"。

事实上，上海报业集团旗下的上观、文汇、新民等主流新媒体阵地，澎湃新闻、界面·财联社等现象级新型传播平台，以及第六声、摩尔金融、唔哩、周到等特色新媒体集群，共同组成了"三二四"全媒体传播格局，影响日益扩大。从"三二四"融媒体布局到"20，50"智媒体矩阵，就成为上海报业集团深度融合发展的新选择。

那么，上海报业集团的 20 个智媒体单元到底是什么呢？它们是指智能硬件，智能融媒体中心，自媒体聚合平台，机器新闻，机器翻译，智能金融数据平台，政务新媒体平台，新闻内容可视化与视频化，AI 娱乐，用户平台与智能分发系统，互联网新媒体内容标签系统，新媒体内容智能审核、认证、分发、交易平台，国际传播平台，沉浸式新闻体验，VR 娱乐，纸媒有"声"化，虚拟主播与互动式新闻，智能营销，内容的新触达空间，舆情监测系统与新媒体传播力指数。上海报业集团提出，将聚焦六大核心智媒体单元，推出一批拳头产品，包括自媒体聚合平台、内容有声化、内容视频化、智能金融数据平台、机器翻译、内容标签系统以及智能审核。

上海报业集团这一次在网络上的惊艳亮相，引起全国同行的羡慕与追捧。在大多数人看来，裘新无疑是传媒领域的一位改革者，他以前瞻性的战略眼光和无惧无畏的改革勇气推动了上海报业集团的又一次革故鼎新和涅槃重生。我在几个场合与时任社长裘新聊起上海报业集团的巨大变化，从中感受到了他推动上海报业集团改革创新的务实与智慧，也感受到了他作为中国第一大报业集团操盘手的使命与责任。

2019年6月6日，上海报业集团与华为公司签订了战略合作协议，共同推进"智媒体"建设。根据协议，双方将以产品及解决方案、项目、信息资源等为主要载体，围绕基于华为云和AI能力助力"智媒体矩阵"建设、云上联合创新实验室、5G媒体应用探索、新媒体渠道及内容合作、智慧园区建设等五个方面开展合作，携手拓展新的市场空间和发展业态。可以说，上海报业集团在媒体融合发展和新一轮媒体技术创新方面拔得头筹、风头正劲。

南方报业传媒集团：智慧转型，由"融媒"向"智媒"提升

南方报业传媒集团（以下简称"南方报业"）在智能传播时代，始终坚持走智慧转型之路，在智媒体发展方面创新了一条具有南方特色的道路，为打造新型主流舆论阵地作出了"硬核"示范。

2015 年 10 月 23 日，南方报业旗下"南方 +"客户端上线。经过持续不断的发展，已建成集 App、手机站、小程序、数字报、"两微"于一体的移动产品矩阵，成为广东省委、省政府的权威信息发布平台。"南方 +"凭借独特的南方党媒算法、突出的"新闻 + 政务服务商务"能力、稳定的"三高"（高素质、高影响力、高消费力）用户群，在省级党端、大湾区传播平台中占据第一权威移动发布平台地位，与《南方日报》、南方新闻网共同构成了广东"一报、一刊、一网、一端"的主流传播格局，报网端传播矩阵覆盖受众约 1.7 亿人次。"南方 +"客户端连续在省级党端传播力排名中位列第一；"南方 +"移动发布平台被评为国家新闻出版署 2020 年中国报业时代融合发展创新案例；基于大数据的"南方 +"移动融媒体平台获王选新闻科学技术奖一等奖，自主研发能力获得业界认可。

南方报业坚持一体化发展，以"内容一体化生产、技术一体化支撑、经营一体化统筹"带动传统媒体和新兴媒体"此长彼长"，形成结构合理、差异发展、协同高效的"报、刊、网、端、微、屏"全媒体传播体系。2020 年正式上线的南方都市报 N 视频，依托"大美广东、港澳传真、热点追踪、民生监督、创意视频"五大内容板块，形成了多层次多圈层的原创内容矩阵，日均生产原创视频约 80 条，日均播放量超过 3000 万人次。N 视频以优质视频内容密集覆盖华南地区年轻用户，新闻精品不断刷屏，传播力、影响力不断提升，视频化政务发布功能和社会服务功能显著提升，成为构建粤港澳大湾区舆论新生态的重要力量。

南方报业在智慧转型方面极具成功亮点。例如，实施党报功能提升计划，顺应分众化、差异化传播趋势，推出个性化、对象化、定制化的内容产品，为政府公共决策与社会有效治理提供智慧服务，将媒体功能由单纯的信息传播向思想挖掘、战略研判、方案供给、价值传递延伸，推动主流媒体通过智慧转型，实现"深度与广度并存、研究与传播并重"，更好地服务国家治理体系和治理能力现代化建设，等等。2018年，由南方党建智库、南方经济智库、南方法治智库、南方教育智库、南方城市智库、南方数字政府研究院、广东乡村振兴服务中心、南都大数据研究院、南方周末研究院、南方舆情数据研究院、南方产业智库、南方文化产业智库组成的南方传媒智库矩阵揭牌成立。目前，各个智库已经深度参与到广东改革发展的关键领域，围绕各自领域推出了一批代表性产品，构建起层次高端、规模庞大的专家库，形成了媒体智库的强大思想库和高参群，持续为广东推进治理体系与治理能力现代化作出积极贡献。

南方报业智慧媒体转型的另一重大举措是坚持数据优化，实现从技术运维到技术引领的跨越，通过平台搭建、数据库建设、数据开发与应用等，打造独树一帜的数据型智慧媒体。南方报业基于南方网丰富的建设政府网站的经验积累及对政府网站运营工作痛点的精准把握，规划设计并建设完成全省统一的政府网站集约化平台，构建起"横向到边、纵向到底"，覆盖支撑省、市、县（区）、镇街6000多个政府机构、近600家政府网站、3000多个政务新媒体，运行监控超过100T政务动态大数据的统一业务闭环系统平台；同时还与广东政务服务网等网站数据库实现连通，平台数据融入广东"数字政府"底层资源池，与各方共建共享政务信息和政务服务大数据，为广东省"数字政府"建设提供了有力支撑。

南方报业发起主办"媒体大数据应用实验室"，并于2016年12月经中宣部出版局批准成立。该实验室主要致力于探索大数据如何为媒体行业融合转型、创新发展赋能。实验室拥有25名研究员、七大研究团队、13 名学术委员，主要研究数据管理与治理、数据价值挖掘、数据开发流通等，还取得了南方数据门户、南方数据智能分析系统、南方数智中心、媒体数据价值评估标准、传播趋势分析等科研成果。2020 年 6 月，粤港澳大湾区信息资讯中心正式揭牌成立，由南方报业与广东省大湾区办共建。该中心充分整合南方报业和广东省大湾区办优势资源，建设粤港澳大湾区门户网，打造广东省推进大湾区建设的新闻首发平台、决策服务平台和数据支撑平台，推动更多创新要素加速聚集到大湾区，成为大湾区信息流的管理者、数据平台的服务商和创新资源的连接器。

2022 年，《南方都市报》新口号正式发布："智媒领跑者，价值传承者"。在报纸发展的黄金时代，《南方都市报》作为都市报的代表性报纸之一，创造了很多令业界大为惊叹的传奇。同样，在智能传播新时代，《南方都市报》也和其他市场报的遭遇一样，在传统业务上断崖式下滑。《南方都市报》成功转型的关键，就是抓住了智能传播时代新技术赋能信息传播的本质，实施数据型智媒转型，走上了快速迭代的发展道路。经过 25 年的发展，《南方都市报》从一张"小报"成长壮大为中国都市类报纸的领军者、传统新闻信息生产机构向数据智库机构转型的领跑者。而同时我们也看到，市场上的同类报纸正面临着十分艰难的困境，有的甚至已经休刊停业，退出了激烈征战的传媒江湖。

齐鲁壹点：以智能传媒驱动融合转型

山东《齐鲁晚报》也是较早启动智媒转型的都市类报纸。2019 年 7 月 23 日，齐鲁壹点客户端 8.0 版本上线，集中发布了齐鲁壹点智媒、智云、智库，更加突出了在线化、智能化、智慧化三大特点。这次版本迭代实现了"四个在线"与用户实时连接，即记者在线、用户在线、内容在线、服务在线。2020年11月，齐鲁壹点正式推出了"中台战略"，包括内容、数据、技术三大中台，智慧化水平进一步提升。2022年8月12日，齐鲁壹点自主研发的元宇宙产品"天元发布厅"正式上线。从齐鲁壹点这几年的发展轨迹可以看到，《齐鲁晚报》在向智媒体转型的道路上态度十分坚决。《齐鲁晚报》的智媒转型是通过搭建以齐鲁壹点为核心的智能化生产平台、以齐鲁智云为核心的智能化大数据应用平台、以壹点智库为核心的智慧化资源整合平台来实现的。

在智能化方向，齐鲁壹点客户端主要体现在智能采集、智能生产、智能分发、智能接收和智能反馈等五个方面。在智慧化方向，主要体现在智慧推荐、智能引领和智慧引导等三个方面。齐鲁壹点还坚持视频优先战略，重点打造的项目如新闻类视频栏目《果然视频》、经营类视频栏目《壹视频》，以及直播栏目《壹直播》。齐鲁壹点于2020年8月底打造完成壹点视频电商基地，基地面积达到3000平方米，同时还创办了齐鲁壹点MCN机构。

时任《齐鲁晚报》常务副总经理、齐鲁壹点公司董事长魏传强认为，智媒、智云、智库的最终目的，是通过对新产品、新业态、新模式的打造，与用户建立新的连接，构建起全新的媒体影响力与经营力。三大平台既相互独立，又相互补充、相互赋能。以齐鲁壹点为核心的智能化内容生产平台，是齐鲁智云和齐鲁智库发展的基础，它可以通过自身用户与影响力的不断增长，丰富齐鲁智云的数据库和齐鲁智库的变现能力；以齐鲁智云为核心的智能化大数据应用平台的不断做大做强，可以提升齐鲁壹点和齐鲁智库的内容、服务的精准度；以壹点智库为核心的智慧化资源整合平台，可以在提升齐鲁壹点经营力的同时，为齐鲁智云不断提供数据资产的源头活水。

长兴县融媒体中心：从全媒体、融媒体走向智媒体

2011年4月15日，全国首个县级全媒体传媒集团——长兴传媒集团诞生。这个位于浙江省的县级传媒集团，整合了长兴广播电视台、长兴宣传信息中心、县委报道组、"中国长兴"政府门户网站（新闻板块），主动融合转型，快速完成了从平台简单相加的"全媒体"向系统深度相融的"融媒体"的转变，并逐步向多元智能生态的"智媒体"迈进，为全国县级融媒体中心的建设提供了实践案例和优秀范本。

从全媒体走向融媒体。长兴县于2011年4月率先把县级媒体改革作为全县文化体制改革的破题之举，决定对县域内的媒体资源进行整合，组建全国首个县级全媒体传媒集团，在融合发展道路上抢占了先机。长兴县全力支持融媒体中心建设，先后出台了系列扶持政策。在转型过程中，抓住融合机遇趋势，创新中心组织框架，不断改革机制制度，实现了融合共生发展的初步目标。

随着人工智能、大数据等新技术应用的不断深入，长兴县融媒体中心提出，主动参与县域数字化改革，坚持以大数据为引擎，以媒体融合为推动力，推进新型智媒体建设，完成从融媒体走向智媒体的转变和跨越。这是中国首个提出建设智媒体的县级融媒体中心。据长兴县融媒体中心总编辑王晓伟介绍，为加快迈向新型智媒体，他们的具体做法是：突出意识形态主阵地，全力构建舆论传播新体系；突出移动传播主战场，全力打造深度融合新标杆；突出市场竞争主基调，全力培育产业升级新功能；突出人才强企主战略，

全力优化公司管理新举措。

根据 2021 年的数据，长兴县融媒体中心的版图已经颇具规模，旗下有电视、广播、报纸、网站、App，其中移动端用户近 500 万，数字电视用户 18 万。2018 年 9 月，中宣部在长兴县召开了全国县级融媒体中心建设现场推进会；2020 年 7 月，长兴县融媒体中心被列为国家广电总局在浙江省开展广播电视基本公共服务标准化试点。长兴县融媒体中心在融合转型方面走在全国前列，并已实现了融合模式的对外输出。

除了国内各地媒体积极探索智媒体发展之路，在我所处的成都，成都传媒集团也在 2019 年提出，把发展智媒体作为其战略目标：建设立足中国影响世界的新型智媒体集团。为了实现这一战略目标，成都传媒集团进行了大量探索实践。成都传媒集团党委书记、董事长母涛说，集团研究制定了全面深化改革方案，出台了100 多项改革举措，坚定地向"智媒体集团"迈进。母涛认为，从传统媒体到融媒体再到智媒体，主流媒体集团该如何实现智能化、智慧化转型呢？成都传媒集团多年来转型升级的历程，可以划分为三大阶段，即传统媒体时代、融媒体时代、智媒体时代。

成都传媒集团建设"智媒体集团"超越了单个媒体建设的局限，探寻媒体集团层面的整体智能化、智慧化转型升级的路径和策略。母涛介绍，融合发展的本质，是技术驱动的媒体迭代升级。但是媒体集团并不会因为建成几个"智媒体"，就自然地成为"智媒体集团"，而是需要从媒体集团的战略目标、技术支撑、物理空间、运行平台、人才队伍等方面，全面体现"智"的特征和内涵。成都传媒集团的智媒体发展是以集团化、产业化的思路在推进，更加凸显其广度、深度和宽度。

第五节　一场浩荡的智能化革命

2013年以来，主流媒体已加快与新兴媒体融合发展，大步挺进互联网主战场，从纸上、屏里、电波中来到网上、端上，从"你中有我，我中有你"变为"你就是我，我就是你"，实现了从低维到高维、从单一媒体到全媒体形态的嬗变。十余年间，媒体被重新定义，传播规律被重新改写，发展逻辑被重新建构。

回顾十来年的融合之路，一个不容争辩的事实是，推进媒体深度融合，建设智媒体，不是媒介的聚合，不是机构的整合，不是人员的捏合。深度融合与整体转型是连在一起的。整体转型，不是局部转，是整个思维观念、传播载体、内容形式、生产技能都转，是系统化的。在具体工作上，各个方面都要进行转变，按照中央推进媒体深度融合发展的要求来做，实现整体转型。

说老实话，报纸乃至广播、电视等传统媒体被大众抛弃已经是不争的事实。报纸作为一个载体的衰落，还会持续，从都市报的衰落可以看出报纸的命运。党报还有阶段性的发行保护措施，如果一夜之间，保护消失，可能会比市面上的其他报纸更被动。

党中央数次就媒体融合发文部署。顶层设计的时间表、路线图、任务书都有，主流媒体不能再犹豫，不能再抱残守缺，不能再以为媒介聚合了、机构整合了、人员捏合了就完成了任务。

媒体深度融合一定是以互联网，尤其是以智能互联网为我们工作和认识的出发点、落脚点。思考问题、采编内容、打造产品，一定要摆脱传统传播方式、发展路径，把握媒体深度融合的本质，在智能互联网的框架内加快推进数字化转型、网络化生存、智能化革命，形成新型发展质态。

数字化转型

走过融合发展"长征"，主流媒体把更多优质内容、先进技术、专业人才、项目资金向互联网主阵地汇集、向移动端倾斜，让分散在网下的力量尽快进军网上、深入网上，做大做强新型传播平台，构建全媒体传播体系，实际上是一场以互联网思维优化资源配置的数字化转型。

与传统的报纸相比，"智媒体"是一个革命性的"新物种"。虽然这个比喻和说法不是很准确，但它一定是以技术为引擎、以数据为驱动的新媒体概念。有了技术才会有数据，没有技术，智媒体寸步难行，而技术的背后，是数据的支撑。

数字化不只是传播媒介的数字化，更关键也更基础的在于数据化基座的建设。有人说报纸时代没有技术也有数据。但事实是，纸媒时代的数据与当下相比，只是一些零散的信息，这种信息不成系统，若没有技术的话，从这些数据中不可能看出用户行为的轨迹，我们的传播路径、轨迹等信息就无法构成。这些信息的背后都需要海量的数据处理作为支撑。而如果没有这些信息，我们就无法实现内容的精准投送，进而就无法实现精准的营销，更无法介入到治理体系当中。

总之，主流媒体要摆脱传统路径依赖，把自身作为网络舆论阵地的数字基础设施，加快转变为真正的数字媒体；要把数据驱动作为数字化转型的核心战略和首位战略，用数据驱动决策谋划、产品迭代、用户运营、收入增长、安全保护、组织变革等工作，全面培养数据驱动文化。目前各个媒体集团都在探索数据驱动。

网络化生存

第 53 次《中国互联网络发展状况统计报告》显示，截至 2023 年 12 月，我国网民规模达 10.92 亿人，手机网民规模达 10.91 亿人，网民使用手机上网的比例达 99.9%。毫无疑问，我们已进入网络化时代，从信息传播到吃穿住行都离不开网络。

面对网络化环境，主流媒体必须实现网络化生存，到网上去传播主流舆论、放大主流声音，这是加快全媒体传播体系建设的基本要义。

在网络化环境中，报纸处于什么位置？报纸处于全媒传播链条的一个环节。报纸不是我们思维的起点，也不是终点、落脚点，只是我们 24 小时网络化传播进程当中的一个部分。我们现在每天编排的报纸内容，严格讲应该是这一天所发布的网络化内容的精编版本，相当于移动传播终端和全媒传播矩阵的一个精练文摘版本。

在日常工作中，我们的稿子的文本处理和内容表达，要适应网络环境的语言表达、形式创新，不再是原来的"豆腐块"。特别是在技术赋能之后，引发了传播形式和话语表达体系的一系列变革。中央的文件也说得很具体，包括音视频、海报各个方面。作为内容供给侧新的增长点和竞争力，这些都需要我们和新技术结合，而不再是一个本子一支笔。我们需要打破这些习惯，回到深度融合的要求中，进入到网络化生产的要求中。

我们要掌握网络化传播规律，坚持群众至上，倾听用户声音，把握用户需求，创新话语表达方式，生产用户爱看的优质内容，加上智媒算法赋能，把主流内容更精准地传递到用户面前。要用好网络化传播平台，发挥主流媒体有理论高度、思想深度、内容温度的原创优势，嫁接互联网商业平台渠道优势、流量优势，共同扩大主流价值影响力，做好网络舆论引导。

智能化革命

2024 年 2 月，Sora 横空出世，成为继 ChatGPT 之后的又一重磅炸弹，人类在迈向 AGI（通用人工智能）的道路上又前进了一步。作为媒体，我们经历了从"媒介即信息"到"平台即信息"的历史转变，正在进入"模型即信息"的新阶段，智能化是必须过的一道坎儿。

以智能制造为主导的第四次工业革命，深度推动了各行各业智能化转型，媒体行业则进入智能传播时代，以人工智能、大数据、区块链、物联网、云计算、5G 等（即"ABCDGI"）为代表的新技术，成为通向未来的关键密码。

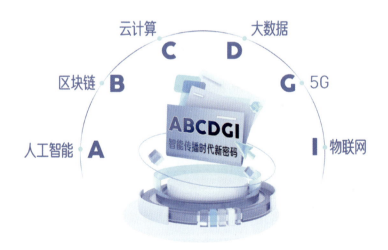

"A"是人工智能，"AI+"改变新闻生产传播。人工智能催生的新物种，在今天呈现爆发式增长。在这个大趋势下，媒体被深度

重构。人工智能已经全链条参与到新闻生产流程中，大力推动了新闻生产智能化变革。

"B"是区块链，区块链为媒体赋能。目前区块链技术在版权保护、数字资产管理、内容集约化生产、内容质量提升以及可寻址的广告营销方面，已经初具成效。比如 NFT，近两年很多媒体都在 NFT 领域锐意探索，推出数字藏品，取得良好效果。

"C"是云计算，媒体从媒介之中走到了云端。云计算虽然是一种底层技术架构，但它是媒体迈向互联网主阵地的重要基础支撑。它对媒体的改变主要体现在三个方面，包括建立基层技术架构，驱动网络业务的发展，拓展产业转型。

"D"是大数据，数据提升信息传播效率。数据驱动是媒体融合转型成功的重要标志，被运用于多个方面。比如，用户数据运营、信息数据挖掘、生产数据存储、技术数据开发等。

"G"是 5G，5G 催生新的数字革命。5G 更为 AR、VR、MR 这些新视频内容提供了有力支持，带来视频和信息交互的革新，迭代出更多新产品，催生了更多产业新生态。元宇宙就是 5G 支撑的一个变革趋势。

"I"是物联网，让传播无处不在。物联网技术将让我们进入万物互联的时代。将物联网应用到信息传播领域，传感器新闻将逐渐增多；信息传播主体将增多，更多来自物联网企业的信息将被传播；终端覆盖也将更加广泛，今后信息生产的关系还将被深度改变。

以上这些技术，在发展过程中相互作用，形成强烈的叠加效应。可以预见，整个传媒生态、传媒生产关系必将呈现巨大变化，智媒体将是新型主流媒体的发展样态。主流媒体必须瞄准前沿，在数字化、网络化基础上加快推动自身的智能化革命，赶上时代步伐。

智媒体时代已经拉开大幕

如果我们把 2016 年 5 月封面新闻上线视为智媒体建设的开端，那么中国媒体行业的智媒体之路已经整整走过 9 个年头（至本书出版前）。在这 9 年里，中国媒体同行对媒体技术的重视开了先河，从此迈进了一个风起云涌、波澜壮阔的智媒体时代。今天，我们回过头去梳理智媒体发展之路，虽然多有艰难和不易，但是也更加清晰和坚定。

这是一个已经确定的智媒体时代。毫无疑问，我们正在进入一个超级智能的时代，这是科技发展的必然趋势。对于整个社会和每一个人而言，我们要做的就是顺势而为，使自己的期待、产品服从于科技发展的轨迹和趋势。放眼望去，智能已经深入我们的工作和生活，我们已经走过了新奇、陌生和担心的阶段，进入热烈地拥抱和正确而友好地相处的新阶段。这样的认知和实践是确定的事件。对于媒体而言，人机协同已经成为现实，成为我们工作的真实场景。信息找人成为现实，机器写作成为现实，智能审核成为现实，数字主播成为现实。这样的现实很快就到了我们身边，我们必须认真面对，没有选择，也无法回避。

这是一个不断成长的智媒体时代。很显然，今天的智能化水平并不能代表未来，一切都处于前行和上升的状态。现在只是一个开始，如同一粒种子刚刚发芽，生长的最初可能并不那么高大，还显得很稚嫩，但是成长具有无限可能和想象空间。智能化的大门已经洞开，我们刚刚抵达智媒体的大门，里面还有无数的宝藏等待我们去发现和开采。智媒体还处在不断成熟的过程中，我们要有耐心去浇灌和呵护，这棵树最终才能长成参天大树，枝繁叶茂。智媒体本身随着科技的进步会成长，但是并不意味着从业者会自然成长，这个过程也需要整个行业共同去关注，任何部分都无法代表全部，只有集体成长才有未来。

这是一个与时俱进的智媒体时代。我们今天目力所及的智媒体形态，不可能是未来的智媒体。智媒体存在的媒介会变，会出现更多的媒介，第六、第七媒介会很快到来，特别是物联网技术成熟以后，媒介的迭代和多样是今天的我们所无法想象的。智媒体的组织形态会变，对于主流媒体而言，智媒体的未来形态可能不再是单纯的机构组织，更加灵活的聚集会出现，人们不再热衷于一种媒体发展形态。智媒体表达的方式会变，适合新媒介表达的新语言、新玩法会层出不穷，新近出现的元宇宙的各种表达只是发展过程中的一个阶段，新表达总是伴随科技的进步应运而生。因此我们需要培养一种不断适应变化的能力。

这是一个充满惊喜的智媒体时代。惊喜代表果实，也代表收获，同时意味着未来。在智媒体发展的道路上，惊喜不断地涌现，新技术不断爆发，各种不可能变成了可能，各种新的挑战也随时在前方。我们在踩过各种陷阱之后，还能踏着泥泞在荆棘丛生中继续前行，证明这条路拥有更加光明的未来。考验我们的只有笃定和坚持。世界上没有任何一条大道是一马平川的，总会有崎岖和险峰，只有不断攀登，永不放弃，才能到达胜利的终点。没有人在乎你路上有多艰辛，而结果却往往在冷眼旁观中给你一个热情的拥抱。其实，这已经足够了。作为前行者，我们看到了光亮，在充满惊喜中继续坚定那些趋势，探索未知的无限可能。

真诚欢迎智媒体时代的到来，热情期待智媒体时代的曙光。

第二章

智媒体观

生态型智媒平台

智媒体等式

智媒体定义

智媒体溯源

智媒体及其相关的概念很多，也极其复杂，有智媒体、智能媒体、智能传媒、智媒、智慧媒体、智媒化、智媒时代等。为了检索和研究的方便，本书仅选择几个表述较近、含义相近的词语进行检索溯源和归纳辨析。由于水平和时间关系，存在很多遗漏和错误之处，敬请谅解。

　　最早与"智媒体"概念相关的提法应该是"智能媒体"。"智能媒体"一词可能第一次出现在陈建功发表在《传媒》杂志2010年第12期的文章里，文章作者陈建功时任中国互联网络信息中心互联网发展研究部副主任。在这篇题目为《手机媒体：走向智能媒体时代》的文章中，陈建功定义了智能媒体：能够识别消费主体，并为消费主体提供个性化内容或服务的媒体。

　　陈建功认为，传统媒体是"弱智"的媒体。与传统媒体不同，互联网是双向的，它的互动能力是内生的。同时，互联网的空间是近乎无限的，而分发也几乎没有成本，因而互联网能够根据用户的个性化需求提供针对性的一对一服务。另外，互联网是数字化的，人们在网上的一举一动都会留下"数字足迹"，因而，互联网能够通过用户在网上留下的足迹，分析用户的行为特征，进而通过对网民行为足迹数据的挖掘，把握其行为规律，进而提供针对性的信息。与传统媒体相比，互联网的"智能"大大提升。

　　陈建功在文章中阐述了手机作为媒体的地位提升，得益于两个方面：第一是手机用户的不断增长，这一点与传统媒体一样，用户规模和用户的消费潜力决定了媒体的价值；第二是手机与互联网的结合，正是这一点，决定了手机媒体的智能化特征，手机本身的特点又进一步强化了手机媒体的智能。手机与互联网结合之后，作为智能媒体的手机互联网的单用户价值获得了巨大提升，而这时候，运用手机上网的用户规模则决定了智能手机媒体的总体价值。巨大的用户规模和作为智能媒体本身的高价值，决定了手机网络媒体整体的高价值。而要挖掘这一市场的价值，就需要对智能媒体进行智慧化应用。

文章还举例说明了手机的智能应用表现在两个方面。第一，作为内容源的智能化应用。互联网使用户生成内容的自媒体成为可能，而和手机结合的自媒体将使表达更加丰富和立体，它甚至能够将我们的语言和我们的环境、语境、心境结合起来。第二，作为内容分发的智能化应用。手机媒体能够将内容的分发与用户的需求、行为特征，甚至与用户关系进行紧密匹配。这就是未来的智能手机媒体，它将带给你无限惊喜。

作者发表这篇文章的时间在 2010 年岁末，当时智能手机还没有普及，手机的媒体应用处于手机报的阶段，手机报与传统媒体相似，还是"弱智"的媒体。但是作者针对手机与互联网结合之后产生智能媒体并预言走向智媒体时代的观点却是开创性的，具有首创的价值和启发意义，着实难能可贵。

2012 年，随着智能手机、平板电脑的日益普及，利用智能终端获得信息逐渐成为主流。杭州电视台的孙杭斌、崔健在《中国广播电视学刊》2012 年第 9 期上发表的文章，对智能媒体特别是其在文本方面的特征进行了探讨。对于"什么是智能媒体"，作者认为，从形态上看，智能媒体依赖于智能终端，但智能终端并非智能媒体。智能媒体包含了运行于智能终端之上的软件以及它所传播的内容，是技术层与内容层相结合的综合体。智能媒体都由两部分组成：前台的用户界面（UI）及后台的数据仓库（DW），以及联系两者的人工关系。前者决定了内容的呈现方式，同时也提供了用户交互窗口，一般称之为信息客户端。而后者决定了可提供的内容的广度与深度，一般称之为信息服务端。而人工关系则确定了用户获得信息的范围。

智能媒体有别于传统媒体的"智商"主要体现在三个方面：智能感知——猜测的能力，即智能媒体具有主动探测用户阅读偏好的能力；数据挖掘——分析的能力，即智能媒体具有收集、筛选、比较、归类不同信息的能力；数据推送——更新的能力，即智能媒体具有及时刷新数据，使客户端与信息源保持高度一致的能力。简单地说，智能媒体就是可以自行认识用户、学习用户、简化用户搜索行为的信息客户端与服务端的总和。

文章进一步分析了智能媒体与网络媒体的联系与区别、智能媒体传播文本的特征，以及智能媒体文本对传统媒体从业人员的影响。最后作者认为，智能媒体在传播中扮演的角色将越来越重要，传统媒体乃至网络媒体也将受到前所未有的挑战。[①]

第一节　智媒体溯源

最早的"智媒体"一词来自哪里？现在，根据所能查证的公开资料可以得出一个结论：最早的"智媒体"一词可能源自时任人民网副总裁官建文 2015 年发表在《传媒》杂志上的文章。在这篇题为《媒体·融媒体·智媒体》的文章中，官建文认为，未来的媒体

---

① 孙杭斌、崔健：《智能媒体及其文本特征初探》,《中国广播电视学刊》2012 年第 9 期。

应该是智媒体，具有感知能力，能够提供多方面、多层次、个性化、小众化信息服务。现在的普通互联网将发展成智慧互联网，建立在智慧互联网之上的媒体具有智能是无疑的。

在这篇文章中，官建文对媒体的昨天、今天的存在形态和传播格局进行了描述，对媒体的明天进行了展望。他认为，目前（2015年）智媒体产生的条件远未成熟，但从发展趋势、从部分媒体的努力来审视，可以说已经露出了些许端倪。例如，"猜你喜欢"虽然还算不上智媒体，因为它还不是个性化的，充其量算是小众化的，而这个"小众化"所依托的数据量也比较有限，对小部分用户的服务还不够精准，但是它朝这个方向作出了努力。又如断点阅读或浏览（用户在 PC 端或通过智能电视看视频节目，之后再从手机端点开视频，可从断点位置往下看），是识别用户、记忆断点的一种能力，只是最初级的智媒。再如"今日头条"，后台采用个性化的智能推荐机制，这可以视为智媒体的端倪，但仍然是比较初级的。智媒体，需要与大数据、云计算技术相结合。关于大数据，积累的数据量越大，智能化程度越高。电脑越了解你，就越能够给你提供贴心的服务。这需要用户让渡某些个人信息的使用权，对个人信息的合理应用是智媒体的前提。

在文章中，官建文还进一步举例说，"微软小娜"是微软发布的全球第一款个人智能助理，它能与用户对话，记录用户的行为和使用习惯，为用户提供一定程度的服务。"微软小冰"是微软（亚洲）互联网工程院发布的一款人工智能伴侣型虚拟机器人，添加其为微信账号好友后，它可与你对话。这是两款试验品，达到了一定的智能程度。小娜、小冰"长大"后，完全能够成为"虚拟秘书"。

最后，作者对智媒体作了进一步的解释：未来的智媒体，最突出的一点是个性化服务，每个人、每一个小群体，只要有需要且让智媒体获得你足够多的个人信息，它就能提供专属性的信息服务。例如，垃圾信息都能摒弃，可以按需定制，也可按需推送，你没有时间的时候它不会打扰你；媒体的版面，可以为你而排，如把你感兴趣的排在头条位置；你需要以什么方式送达，都能满足，包括推送到你方便观看的终端：车载屏幕、手机、客厅电视、厨房家电屏，等等。[①] 作者满怀热情地说："智媒体不是梦，它正在未来某一天恭候各位！"

可以看出，官建文关于智媒体的描述已经具备雏形，那就是技术使媒体具有智能化的特征，为媒体的个性化定制插上了翅膀。他把能够提供个性化的服务作为智媒体的重要功能，加以定义和强调。从已经搜索到的文献资料来看，在这篇文章发表之后，官建文未对"智媒体"这一概念作进一步的阐释和表达。

胡正荣论述智能媒体

2016 年 3 月，中信出版集团出版了《众媒时代》一书，这本书由腾讯传媒研究院著。时任中国传媒大学副校长胡正荣教授为该书撰写的序言《媒体融合走向哪里？共媒时代与智媒时代》。在文章中，胡正荣认为，未来融合媒体发展的方向已经清晰地呈现在我们面前：融合媒体生态是以用户数据为核心、多元产品为基础、多个终端为平台、深度服务为延伸的全新的开放、共享、智能化的系统。这个新的融合媒体生态系统以共享化和智能化为主要特征，因此，媒体融合将进入一个共享媒体时代和智能媒体时代。

---

① 官建文：《媒体·融媒体·智媒体》，《传媒》2015 年第 8 期。

胡正荣在文章中论述了"共享经济下的共享媒体"后，又论述了"按需经济下的智能媒体"这个主题。他认为，大数据、云计算、感应技术、智能物联等是智能媒体的技术条件。通过这些技术，实现高智能机器学习，从而可以智能识别媒体用户的长期与短期需求、个性化与普遍化需求，并向用户推荐和提供满足这些需求的产品和服务。智能媒体解决的正是媒体供给与用户需求的高度智能匹配，在这个过程中，不仅仅是识别用户、发现需求并智能匹配供给，以满足其需求，更重要的将是吸引用户、创造需求并智能匹配供给，以引领需求。这将是一种全新的媒体生产与消费方式，同时也将带来智能媒体颠覆式的赢利模式与发展模式。

针对媒体现状，胡正荣认为，我们已经看到了国内一些初露端倪的智能媒体初级产品，它们已经可以根据用户需求定制、推送信息和服务，但是它们满足的往往是短期、当下和不完整的个人需求，仍然缺乏满足用户长期、变化的和个性兼顾普遍的需求的能力。这是因为智能程度不够，水平过低，而且更重要的是基于这些需求而创新、生产、提供服务的能力不足。

胡正荣认为，向着智能媒体的这种进化，是在"工业4.0"即以"智能制造"为主导的第四次工业革命背景下才得以实现的。第四次工业革命通过信息通信技术和网络空间虚拟系统（Cyber-Physical System）相结合，将制造业向智能化转型。"工业4.0"将实现"智能工厂""智能生产""智能物流"，从而实现供需双方的高度匹配，使资源得到最大化利用，使价值得到最大化实现。

文章最后，胡正荣认为，无论是共享媒体还是智能媒体，它们都在传播的生产、消费方面对传统媒体传播进行了颠覆式创新和改造。它们不是"互联网＋传统媒体"，更不是"传统媒体＋互联网"，而是基于互联网精神的开放、共享、智能的融合媒体，以及围绕这种融合媒体构建的一个全新生态系统。其中，资源及其匹配方式、生产及消费方式与形态、市场系统与模式、组织结构与机能、社会管理方式与体系、社会互动与社会关系等都将创新，最终呈现的将是颠覆的、全新的生产力与生产关系。

可以看出，胡正荣是把智能媒体放置于整个社会体系及各类消费场景中，依据按需经济规则和供求曲线法则来加以研究和考量的。这种观点具有超前性和系统性，对智能媒体长远发展和现实运营都具有启发和借鉴价值。

2017年，时任中国传媒大学校长胡正荣教授进一步阐述，未来媒体发展的基本方向是智能化，它又与共享化的趋势相辅相成。他说，需要抓住共享化和智能化这两大媒体发展的基本趋势，从而识别用户、争取用户，同时也争取广告主，实现资源最优配置和收益最大化。沿着这两个方向（尤其是智能化方向）发展的广播电视行业的未来生态，具体应包含四个特征：第一，以用户数据为核心；第二，以多元产品为基础；第三，以多个终端为平台；第四，以业态创新为重点。胡正荣教授认为，广播电视媒体智能化发展的四条路径是：第一，以云端化为产品存储平台；第二，以垂直化为内容整合方式；第三，以场景化为需求对接入口；第四，以智能化为行业演进方向。如果把眼光放得更为长远，未来的广电不应该止步于具备强大机器学习和运算处理能力的弱人工智能（Weak AI）层面，而应该追求更高级别的智能系统。未来广电不仅仅是高智慧的，也必将是高情感的，这才是值得我们追求的方向[1]。

---

[1] 胡正荣：《智能化：未来媒体的发展方向》，《现代传播》2017年第6期。

郭全中论述智媒体的特点及其构建

从文献资料检索中发现，青年学者郭全中较早就开始关注并研究智媒体，他发表的关于智媒体的研究成果也比较丰硕。2016年，郭全中发文认为，互联网媒体将是未来一段时间内的主导媒体形态，而智媒体将是互联网媒体的未来形态。郭全中认为，所谓智媒体，是指立足于共享经济，充分发挥个人的认知盈余，基于移动互联、大数据、虚拟现实、人机交互等新技术的自强化的生态系统，将形成多元化、可持续的商业模式和赢利模式，实现信息与用户需求的智能匹配的媒体形态。智媒体的本质主要体现在三个方面：首先是智慧，即具有高尚的价值观；其次是智能，即能够实现信息智能匹配；最后是智力，即智媒体本身能够不断自我演化和发展。

关于智媒体的特点，郭全中认为，第一，智媒体以互联网为主导；第二，智媒体是技术媒体；第三，智媒体能够更好地建立用户连接；第四，智媒体是生态系统；第五，智媒体能够实现赢利模式多元化。

郭全中对智媒体的打造提出了自己的见解。从智媒体的构成来看，第一，在信息发布上，充分调动个人的认知盈余，既有专业的媒体机构，有自媒体和自媒体组织，也有基于个人的用户自生成内容，更有信息机器人等提供的内容。第二，在信息服务的层次上，既有免费的浅层次信息服务，也有收费的针对个人的深层次信息服务，更有高收费的针对组织的专业的信息服务。第三，在信息的内容上，在为用户提供更为丰富信息的基础上，充分利用各种技术手段甄别和分析虚假信息，以提升信息服务的质量。第四，在信息服务的方式上，实现智能信息匹配服务。第五，以大数据、移动互联、云计算、物联网、虚拟技术、人工智能等各类新技术为基础。

关于搭建智媒体的基础平台，郭全中认为，打造智媒体，实现信息智能匹配，首要任务是打造大数据信息资源平台、智能生产和传播平台，以及用户沉淀平台，并根据新技术不断演化。传统媒体在搭建三大平台的过程中，面临着资金实力不足、缺少技术基因、体制机制限制等三大难题。而要解决这三大难题，就需要本着合作共赢的互联网思维拓展思路。

文章还特别提到，新媒体、融媒体等各种概念虽然层出不穷，但是从发展的角度讲，都是一时的过渡性的概念，它们不可能代表传媒业的未来。而互联网媒体将是未来一段时间内的主导媒体形态，其中智媒体将成为互联网媒体未来的主要形态。应该说，这篇文章帮助我们厘清了很多模糊的令人眼花缭乱的概念，帮助我们坚定了智媒体发展理念，并在构建智媒体过程中找到了准确的路径。[①]

吕尚彬论述传媒智能化与智能传媒

武汉大学新闻与传播学院教授吕尚彬也是较早关注媒体智能化的学者之一。2016 年，吕尚彬教授和博士生刘奕夫联合发表文章，认为传媒智能化发展的趋势已经彰显，新型智能传媒正在生成。文章认为，用户行为的互联网智能化、传媒核心内容生产的智能化、传媒平台的智能化等趋势正不断推进着传媒的智能化发展。作为一种重要的趋势，传媒智能化发展既是我国传媒产业自身数字化、智能化演进的结果，又是互联网自组织平台向泛在智能网发展的重要方面。因此，中国传媒产业数字化、智能化演进的逻辑与互联网的

---

① 郭全中：《智媒体的特点及其构建》，《新闻与写作》2016 年第 3 期。

泛在智能发展，构成了传媒智能化发展的内在依据。

吕尚彬教授认为，传媒智能化的结果是逐步形成新的智能传媒。智能传媒是一种人工智能与人类智能协同的在线社会信息传播系统。从传媒资源重组的走向来看，传媒的智能化将实现传播介质的界限完全消失，实现视频、音频、图像、文字等不同产品以数据信息流的形态，在可穿戴设备、云终端、网站及相关社交媒介中自由匹配与分享，以提供个性化、场景化、定制化的内容、社交、关系服务。进入这样的程度，就可能产生新型的智能传媒系统。这种新型传媒系统将呈现出全新的特质：第一，社会信息流。产品呈现数据流动状态，智能时代的新闻传播、服务分享可以达到高维传播、全息传播的程度，能够在各类智能终端上无障碍地实现人机互动。第二，自由传播和分享。智能传媒产品将全时段、全场景、全入口满足用户需要。而且，新型用户需要的表达与满足方式，也将充分智能化；个体的信息需求将得到超乎想象的革命性满足和多级开发。第三，全息传播。智能传媒的社会信息采集、加工与推送全面智能化，不仅将个性化、场景化、定制化传播变成可能，而且由于互动传播、互动体验的高度发达，还能够达到全息传播的境界。第四，屏读的崛起。屏读的形式将不断变化，实现动态化，同时会有一种更加权威与开放的介质出现。第五，"提问"的价值凸显。智能传媒时代的职业传播者或许不会消失，但其角色功能将发生巨大变化——向人机互动的提问者转型。第六，高智慧与高智能平衡。智能媒体的核心竞争力是智能感知、智能搜索、智能处理和分析的能力，人类和机器都将是智能媒体的核心组成部分。因此，未来的媒体组织，可能不再以机器或个人的形式出现，而是以"智能化系统＋人类分析员"等虚拟形式或其他网络自组织形式构成。高人类智慧与高人工智能的平衡，将是智能传媒的重要特征。①

彭兰论述智媒化媒体

2016 年，清华大学新闻与传播学院教授彭兰发文详细论述了智能化媒体，并从 5 个方面报告了调查研究结论。这篇文章是作者与腾讯网科技频道企鹅智酷的合作研究成果。

文章提出，从 2013 年开始，作者与腾讯网科技频道合作，每年 11 月发布新媒体发展趋势年度报告。前三年的研究，都指向未来媒体的一种新趋势，即媒体的智能化。智媒化的特征包括三个方面：万物皆媒——过去的媒体是以人为主导的媒体，而未来，机器及各种智能物体都有媒体化可能；人机合一——智能化机器、智能物体将与人的智能融合，共同作用，构建新的媒体业务模式；自我进化——人机合一的媒介具有自我进化的能力，机器洞察人心的能力、人对机器的驾驭能力互相推进。

从信息生产角度看，智媒化将带来几个方面的可能：用户分析与匹配的场景化、智能化与精准化，新闻生产的机器化、智能化与分布式，新闻传播的泛在化、智能化与新闻体验的临场化，互动反馈的传感化与智能化。支持这些新可能的新技术，会导致全新的力量"入侵"新闻业，这也意味着，智媒化时代将是一个传统媒体边界消失、格局重塑的时代。

从技术角度看，社会化媒体应用、移动互联网技术、大数据技术、云计算，为媒体的智能化提供了基本的技术铺垫。而人工智

① 吕尚彬、刘奕夫：《传媒智能化与智能传媒》，《当代传播》2016 年第 4 期。

能、物联网、VR/AR 等则为媒体的智能化提供了更直接的动力和支持：新设备与新感知，新关系与新连接，新界面与新交互。所有这些都意味着，VR/AR、物联网、人工智能等几年前似乎还离媒体很远的技术，正在快速向传媒业推进，并积蓄着引发媒体新一轮革命的能量。

文章对用户市场的变化也做了调查与研究分析。本次调查的主要数据与结论是，用户向移动端的迁移基本完成；社交化新闻传播逐渐主流化；新潮技术得到用户的一定认可。总体看来，用户已基本完成到移动端的迁移，这为智能化媒体的普及提供了基础，而年轻用户的"个人兴趣导向＋社交化传播渠道"的信息消费习惯，为智能化媒体的发展提供了动力。个性化推荐、机器化写作、VR/AR 得到一定认同，也增强了我们对未来智媒化业务发展的信心。

文章对智能机器、智能物体和其他技术进入新闻生产领域，带来新闻发展的五种新模式进行了阐述。一是个性化新闻，包括个性化推送、对话式呈现、定制化生产。二是机器新闻写作。未来理想的新闻写作，将是人的能力与人工智能的结合。三是传感器新闻。其一是作为信息采集工具的传感器，其二是作为用户反馈采集工具的传感器。在智能物体作为信息采集者日益普及时，"物—人"间的直接信息交换也将逐渐变成常态。四是临场化新闻，主要有三种形式：网络视频直播、VR/AR 新闻、VR（AR）直播。五是分布式新闻。社交媒体的应用，使得新闻生产逐步趋向分布式，即多种主体在自组织模式下共同参与对某一个话题的报道。分布式新闻是信息与知识生产领域的共享经济。

文章对智媒生态进行了论述，认为传媒业原有边界在进一步消融，一个极大扩张的传媒业新版图将在新的角逐中形成，新的生态也将在这样无边界的大格局中重构。用户平台的重构、新闻生产系统的重构、新闻分发平台的延展和重构、信息终端与生态的重构，是智媒时代传媒业生态重构的几个关键维度。

文章认为，未来的媒体进化过程，将是一个漫长的人机博弈过程。这个过程既是对机器能力的挑战，更是对人的挑战。人机边界有三种可能：机器辅助、人机协同、人机合一。机器智能的方向，应由人决定，人需要警惕自身被数据、算法、机器的裹挟，以及对数据算法和机器的迷信与滥用。无论未来机器智能如何发展，我们始终应该把人文关照作为首先考虑因素：隐身权与被遗忘权——未来我们还有隐私吗？信息茧房——算法真的能读懂人性吗？信息鸿沟——智能机器是否会带来新落差？虚拟与现实——谁更真实？对以上所有问题及其未来可能出现的新问题的思考与回应，决定着未来是人驾驭机器还是人被机器所异化。

文章最后说，智媒时代不应该是一个机器统治人的时代，相反，机器的力量应在于更好地连接人与人，更好地汇聚人的智慧，并以机器的智慧拓展人的能力。但能否达到这一目标，取决于人对自我及机器的认知能力的高低。[①]

这是一篇非常全面而深刻的对于智媒发展趋势的分析报告。文章的主要结论客观而凸显理性、超前而现实：智媒化的特征主要体现为万物皆媒、人机共生、自我进化。在机器和算法流行的时代，人更需要坚守自己的价值，在人机博弈中，居于首位的始终是人文关照。

---

① 彭兰：《智媒化：未来媒体浪潮——新媒体发展趋势报告（2016）》，《国际新闻界》2016 年第 11 期。

喻国明论述智能媒体

时任北京师范大学新闻传播学院执行院长喻国明教授认为，人工智能技术在新闻传播领域的全面渗透，是近年来一个现象级的发展。2017 年，喻国明教授和兰美娜、李玮发文称，可以预见，未来互联网发展和竞争的高地，就是对于广域网络空间中的人与人、人与物、物与物实现其价值匹配与功能整合的高度智能化。这是社会生产方式和运作方式以及"游戏规则"的深刻改变，是以人工智能技术为代表的下一轮次的互联网发展给我们带来的新"风口"。

文章分析了人工智能技术对新闻生产和推送的具体环节的优化和创新：在信息采集环节，传感器技术优化了新闻信息源；在新闻编辑制作环节，智能机器人辅助新闻报道；在新闻认知体验环节，基于感官系统与认知逻辑的双重体验的需求得到了增强；在内容推送环节，人工智能构建了内容产品推送的个性化数据通路，"聪明算法"让新闻产品更"懂你"。作者认为，未来的智能媒体将更加个性化与人性化，它们不仅是新闻工作者的外脑，可以帮助采编人员完成对内容的整合与个性化推送，同时也是受众的外脑，通过对用户所处的信息世界进行整合，净化用户的信息世界，不再让受众被信息包围。此时的用户不再是传统媒体时代别无选择的受众，而是信息王国的主宰力量。智能平台的存在使得新闻信息为用户而生，使媒体越来越懂用户所想与所需。[①]

喻国明教授发文阐述了智能传媒的运作范式。文章分析了人工

---

① 喻国明、兰美娜、李玮：《智能化：未来传播模式创新的核心逻辑——兼论"人工智能 + 媒体"的基本运作范式》，《新闻与写作》2017 年第 3 期。

智能的内涵、技术梯度及其在新闻传播领域中的应用，结合美联社的智能传媒实践，作者认为智能传媒将导致传播内容从单一向全息传播转变，传播方式从同质化向分众化、精准化转变，传播主体从受众向人机协同转变。[①]

我们通过梳理这些文献资料可以看出，中国最初出现智能化媒体的几年里，传媒业界和学界已经在积极地关注媒体的智能化发展趋势。这些研究虽然是基于互联网商业平台智能化发展的初步探索和成果，但是，它为学界和业界的继续研究和实践，提供了宝贵的思想启迪。

2017 年以后，随着业界对智媒体建设的重视，学界也给予了积极的关注，出现了研究"智媒体现象"的热潮。梳理这些观点，总结起来就是聚焦媒体的智能化发展，即在人工智能、大数据、云计算、物联网、区块链等新技术驱动之下，媒体内容生产和传播领域发生的巨大变革。但是对于新型主流媒体而言，发生的变化显然不只局限于智能化方向。新技术浪潮带来的是全方位升级迭代，是颠覆性的行业深度革命。

张洪忠等论传播工程化

立足大模型时代对传播的影响，北京师范大学新闻传播学院院长张洪忠教授等提出了"传播工程化"的概念，以应对大模型时代对传媒业与新闻传播学的挑战。

传播工程化，简言之，即将工程化的思维和方法论应用于传媒

---

① 喻国明、郭超凯、王美莹等：《人工智能驱动下的智能传媒运作范式的考察——兼介美联社的智媒实践》，《江淮论坛》2017 年第 3 期。

领域，以系统性、数据驱动和可量化的方法，优化和改进媒体实践的过程和效果。

在大模型技术的推动下，传媒行业对传播工程化能力的需求不断扩张，主要体现在以下几个方面。

其一，大模型技术的应用需要强大的技术研发和创新能力。传媒机构需要不断引入新的技术、算法和工具，以满足用户日益增长的信息需求。同时，传媒机构还需要具备将技术成果转化为实际应用的能力。

其二，工程化能力还体现在团队协作和项目管理上。在大模型技术的推动下，信息传播项目的规模和复杂度不断增加，需要跨领域、跨学科的团队之间紧密协作、高效沟通，以确保项目的顺利进行和高质量完成。

其三，工程化能力还包括对信息质量和安全性的保障。在对大模型技术的应用过程中，需要确保信息数据的准确性和可靠性，防止虚假信息传播和恶意攻击。同时，还需要建立完善的信息安全体系，保护用户隐私和数据安全。

北京师范大学新闻传播学院自主研发的国内新闻传播学首个大模型垂类应用系统——大模型驱动多模态文本分析系统 XBL507，针对对专业术语和复杂表述分析不足的技术难题，采用提示词工程方法，在基础模型上改进提示词系统并训练专门模型，指导模型对多模态文本产生高质量、精确和针对性的分析结果，有效克服了大模型在社科研究领域的性能限制。[1]

---

[1]　刘茜、彭哲：《传播工程化：大模型时代的传媒创新路径》，《全媒体探索》2024 年第 6 期。

第二节　智媒体定义

从 2012 年我供职的《华西都市报》营收下滑开始，关于报纸或者主流媒体的转型发展一直都是我思考和实践的主题。什么样的路径可以帮助报纸走出下滑的轨道？什么样的模式可以帮助报纸实现可持续的发展？左冲右突，上下求索。于荆棘途中我终于发现一道亮光：科技的力量！

对！媒体行业发生的所有改变背后都是科技的力量！是科技改变了这一切。那些年我经常挂在嘴边的一句话就是：新技术把我们逼到了墙角。既然是新技术造成了我们现在的窘境，那我们就要拥抱新技术。

梳理起来，2012 年之后的几年里，有几大热门技术对新闻信息传播行业产生了颠覆性的影响，包括大数据、人工智能、云计算等技术不断发展，物联网、区块链、5G 等新技术也加入了进来，持续对媒体行业产生影响，而且技术演进呈现的是加速度。这样一幅激烈的新技术改变传统行业的图景，非常现实且残酷。我认为，传统媒体行业已经没有退路，唯一可以做的事情就是背水一战。

信息找人

对于新闻信息传播而言，我们已经进入从"人找信息"到"信息找人"的质的飞跃阶段，算法技术起到了关键作用。算法技术依靠的就是人工智能和大数据技术，使信息传播的智能化程度大大提升。那时几乎是一夜之间就火爆起来的今日头条客户端就是这门新技术的代表产品，它以压倒性的发展态势风靡大江南北。今日头条是北京字节跳动科技有限公司开发的一款基于数据挖掘的推荐引擎产品，为用户推荐信息、提供连接人与信息的服务。字节跳动公司于2012年3月创建，2012年8月发布今日头条第一个版本，创始人为工程师出身的张一鸣。

2015年，这家成立才3年的初创公司所倡导的"个性化阅读"理念已经成为行业的发展趋势，并且被众多老牌互联网公司模仿，这着实引起了我的极大兴趣。我想一探究竟，最好的路径就是和公司创始人见面学习。

2015年11月14日，在北京市区京仪大厦的一间茶坊里，我和张一鸣相约见面，聊起了今日头条的席卷之势，话题自然离不开智能推荐算法。这位"80后理工男"的质朴和率真，以及他的理想主义情怀，给我留下了深刻的印象。我对这家互联网公司拥有占比超80%的工程师团队大为惊叹，这完全颠覆了我以前访问过的互联网公司的团队结构。今日头条对新技术的理解以及对技术团队的尊重，也让我大开眼界。在返回成都的飞机上，我思绪万千，不禁深深地感叹道：人工智能时代已经到来了。

不管多难，都要建技术团队

那个时候，封面传媒公司刚刚成立，正处于招兵买马的阶段，一切都是刚刚起步的样子。我再一次下定决心，不管多么困难，都要首先组建起一支成建制的技术团队，而数据挖掘工程师、算法工程师、人工智能工程师是我们技术团队的重点招募对象。同时，我也再次定下了智能技术优先和数据驱动的发展理念。对于封面新闻客户端的定位，我们确立为：人工智能时代的泛内容生态平台。媒体的智能化发展已经是一种趋势，或者是媒体融合转型的产品标

2015年10月28日，封面传媒成立暨封面新闻全球人才招募发布会召开，此次会议把技术人才招募作为重中之重

配。智能技术作为媒体的驱动力，在新闻信息生产与传播的全过程中将会起到越来越重要的作用。人机协作甚至人机合一将会是媒体机构生产的常态化场景，立足于个性化推荐服务的智能媒体作为代表未来的媒体形态，必将取代传统的媒体形态，这已经是十分确定的事情，而且取代的速度会超出我们的想象，这是不以人的主观意志为转移的。互联网商业公司推出的产品已经证明了这样的结论。

但是，对于主流媒体而言，仅仅有智能技术还远远不够。或者说，智能技术只是未来媒体的必备品。技术赋能也会带来信息传播的很多弊端，比如，当时我们讨论得较多的算法推荐带来的"信息茧房"、人工智能带来的数据伦理等问题。作为负责任的主流媒体，必须尽力克服唯技术驱动而带来的信息传播偏差，保持一个客观公正的舆论场。主流媒体的使命感和责任感，也要求信息传播必须讲导向，而且讲导向必须是全方位的，是所有内容都必须讲导向，要坚持正确的政治方向、舆论导向和价值取向。

在这个前提下，主流媒体生产传播的内容必须为广大受众所喜闻乐见，因此要追求可读性和公信度，特别是面向广大年轻用户，更要创新内容和表达，在文本和话语体系创造方面更加贴近年青一代的信息需求。从某种程度上说，互联网传播的信息可能已经不是我们传统意义上所认知的信息了。互联网信息传播必须有传播品相，就是通常所讲的传播爆款产品，我们把它定义为新内容。

互联网信息泥沙俱下，充斥着大量虚假信息。如何确保信息清流占领互联网空间，也是主流媒体需要严肃对待的问题。要解决这些问题，就需要给智能技术、算法推荐赋予主流价值观的灵魂，而这就需要媒体把关人的努力，因此人工把关和审核就成为主流媒体极其重要的一项工作。怎样守住底线，如何把牢导向？答案是组建一支政治敏锐、业务过硬、训练有素的媒体铁军队伍。由此可见，主流媒体的内容生产与传播必须是技术与人工相结合的产物，要体现出人的智力和智慧，以避免技术陷阱和修正价值观偏差。

"三智"媒体

在 2016 年 10 月 28 日的"C+ 移动媒体大会"上，我提出未来媒体就是智媒体，它以人工智能为核心，突出"智能 + 智慧"，既是智能媒体，也是智慧媒体。这是我首次公开提出"智能媒体 + 智慧媒体"的智媒体观。

随着封面新闻在智媒体发展道路上的不断探索与大胆实践，我们发现对于主流媒体而言，仅有智能技术和智慧内容还不够，还不能完全满足社会发展对主流媒体提出的需要。事实上，主流媒体从诞生那一天开始，就是整个国家治理的一支有生力量，在舆论引导和组织动员方面发挥着不可替代的作用。在新的历史时期，移动互联网新技术迅猛发展，特别是在数字社会和智慧城市建设中，主流媒体无疑将更加凸显其价值和地位。主流媒体借助采访信息、收集信息、加工信息、传播信息的独特优势，可以给各级政府和社会机构提供源源不断的智力支持，如调研报告、信息参考、论坛活动、专家咨询等。在智能传播时代，主流媒体对技术越来越重视，大数据、人工智能、云计算等新技术不断赋能，媒体必须深度融入社会治理，深入国家治理的肌体，才能更好地担负起使命，才能获得可持续发展的不竭动力和源泉。

在这个过程中，南方报业集团的智库发展取得了非常令人惊喜的成果，值得学习和借鉴。这样的智库媒体发展案例，可不可以复制，或者说能否在全国主流媒体中推广？答案是显而易见的。在实际操作中，主流媒体一直也在做一些有关智库的工作，如内参、论坛等，只是囿于观念的滞后和投入的局限，并没有把智库作为一项整体发展的战略进行规模化推进，往往只是蜻蜓点水、浅尝辄止罢了。

是时候把智库明确为主流媒体的发展战略了。2017 年 11 月，我们成立了封面研究院，并把它作为智库发展的载体，智库发展也上升为封面传媒公司的整体战略。

基于对主流媒体职责和使命的认识和实践，我把智媒体优化为"三智"媒体，即智能媒体、智慧媒体、智库媒体。这样，"智媒体"概念就逐渐有了一个比较成型的框架体系，其指向更加全面且精准，也更加贴近主流媒体的发展现实。这是我第一次把智媒体完整地表述为"三智"媒体。在 2017 年和 2018 年，我反复宣讲这个理念，既在内部实践，探索"三智"媒体的协同发展，也在外部传播"三智"媒体的智媒体观。我坚定地认为,主流媒体建设智媒体,这三个方面的建设是绕不过去的,必须同时加强智能技术、智慧内容和智库服务,才能走上可持续发展的道路。

关于智媒体的定义

从公开发表的文献来看,关于智媒体的定义,目前还不是很多。大多数的研究文章都绕过了智媒体或者类似概念的定义这个环节,直接进入对中心话题的论述阐释。但是,要全面认识和研究智媒体,就不能不从定义着手。

在给智媒体下定义之前,我们不妨先讨论一下"智媒体"这个概念。在论及使用"智媒体"这个概念的时候,西京学院智媒体研究中心主任、特聘教授程栋发文称,"智媒体"是符合语言学和逻辑学规律的、能够概括这些智能化新生事物的词语。程栋教授在 2020 年发表文章认为,随着人工智能技术在传媒业的应用,出现了一些智能化新生事物,然而学界和业界称呼这些新生事物时,创造了"智能媒体、智能媒介、智媒体、智媒介、智能化媒体、智能化媒介"等新词,显得比较混乱。为了提高新闻传播学科领域学术概念的科学性,作者通过语言学、逻辑学、信息学的原理,对这些新生事物的词语和其属概念进行了论证,并得出了以上的结论。这篇文章共分五个部分:第一,问题的提出;第二,媒介、媒体的概念:同,还是不同?第三,媒介、媒体:取,还是不取?第四,媒体:智 +,智能 +,还是智能化 +?第五,智媒体的属概念:载体,还是媒体?[①]可以说,这篇文章对于智媒体的基础性研

---

① 程栋:《论"智媒体"一词与其属概念的确认——基于语言学、逻辑学、信息学的考察》,《新闻爱好者》2020 年第 11 期。

究、对于规范新闻传播学术概念体系是大有裨益的。

给智媒体下定义比较早的可能是青年学者——时任国家行政学院社会和文化教研部高级经济师郭全中博士。他在《智媒体的特点及其构建》一文中认为，所谓智媒体，是指立足于共享经济，充分发挥个人的认知盈余，基于移动互联、大数据、虚拟现实、人机交互等新技术的自强化的生态系统，形成了多元化、可持续的商业模式和赢利模式，实现信息与用户需求的智能匹配的媒体形态。智媒体的本质主要体现在三个方面：首先，智慧，即具有高尚的价值观。媒体作为社会的良知和真相的记录者、传播者，应具有优秀的价值观，避免作恶。具有智慧的媒体可以利用技术手段来甄别假新闻，并为用户提供更多、更优质的信息，同时要避免为了达到给自己赚取利益的目的而利用技术手段欺骗用户。其次，智能，即能够实现信息智能匹配。在信息过载的时代，用户需要个性化、定制化、精准化的信息，而智媒体能够利用大数据和人工智能等技术手段更好地满足用户的需求。最后，智力，即智媒体本身能够不断自我演化和发展。智媒体基于机器学习等人工智能技术，具备较高程度的智力，这种智力能够帮助媒体自身自我进化、自我完善、自我发展[①]。

时任人民日报研究部耿磊博士也给智媒体下了一个定义。他在 2018 年发表文章认为，智媒体是以物联网、大数据、云计算、人工智能等技术为基础，通过对新闻的策、采、编、发全流程的智能化，实现新闻信息的智能生产分发，从而为用户提供更加高效的信息服务的新型媒体形态。它至少包括三个特点：第一，智媒

---

① 郭全中：《智媒体的特点及其构建》，《新闻与写作》2016 年第 3 期。

体是技术媒体。技术在智媒体兴起和发展过程中扮演着极为重要的角色，其最大特点就是因技术而兴、以技术而异、随技术而变。虽然智媒体的技术基础都是人工智能，但因技术重点不同，智媒体类型也有所不同。第二，智媒体是一个完整体系。说起智媒体，时下流行的就是机器人写稿。机器人写稿是智媒体的重要组成部分，但不是智媒体的全部。智媒体不是某种单一技术，而是多种技术体系的有机整合，是新闻策、采、编、发全流程的智能化，并且在整体上呈现出"智慧"的特点。第三，智媒体是一种新型媒体形态。智媒体改变了新闻生产分发方式，也重塑了媒体形态，主要体现在两方面：一是新闻生产能力超强，二是新闻分发更加高效①。

中国报业协会理事长张建星也给智媒体下了一个定义。他在2019 年 5 月出版的《王者融归——媒体深度融合 56 个实战案例》一书的序言中写道，IPV6 建设提速，5G 在 2020 年商用，大数据、人工智能、云计算、区块链、算法、VR、人机交互等新技术呼啸而来，面向未来，融媒体渗透率、流量红利都已见顶。未来必须面向智媒体布局。智媒体是以新技术为基础，万物智联、万物皆媒，机器能够实现自我学习，自我完成内容生产、分发、交互、消费，并实现人机合一的媒体形态。在这个时代，AI 是大脑，移动互联网是骨骼，大数据是血液，构成了未来传媒智能化、移动化、数据化的新生态。张建星深情呼吁，报纸只有向智媒体转型，才有生路。推进智媒战略，在媒体融合、平台打造、技术赋能等方面，完成媒体生态蜕变，取势、明道、优术。在这

---

① 耿磊：《智媒体——媒体融合发展的下一个关键词》，《新闻战线》2018 年第 22 期。

个新生态中，要培养强大的议程设置能力和内容生产能力，打造自主可控、有较强影响力、具备较强技术创新能力的媒体矩阵和媒体平台。

武汉大学新闻与传播学院教授吕尚彬和其博士生李雅岚、厦门工学院讲师侯佳于 2022 年发文论述了智媒体建设。文章认为，智媒体是一种人工智能与人类智能协同的在线社会信息传播系统，是人工智能技术与现有媒介体系深度融合的产物，是兼具智能属性和媒体属性的人工智能应用，是数据、算法和算力的集成，是具有"大脑"的新媒体。作者认为，打造智媒体是由媒体发展转型的内在需求驱动的，其背后根源是技术发展带来的传播规律和逻辑改变。[①]

我也尝试给智媒体下一个描述性的定义，大抵可以这样表述：智媒体是以人工智能等互联网技术重构新闻信息生产与传播全流程的媒体，是智能媒体、智慧媒体、智库媒体的总和。智媒体以数字技术为引擎、以信息传播为目的、以管理创新为手段、以社会治理为依托，是以智能化、智慧化、智库化为内核的现代化新型主流媒体。数据驱动是智媒体的本质特征，人机协同是智媒体的重要标志，智能传播是智媒体的目标追求。智媒体是人类智能和人工智能在新闻信息传播领域深度融合的产物，代表主流媒体发展的方向和趋势，不仅是现在主流媒体的样式，也必将不断进化迭代成为未来媒体的样式。

这个定义有以下几个方面的特点。

---

① 吕尚彬、李雅岚、侯佳：《智媒体建设的三重逻辑：数据驱动、平台打造与生态构建》，《新闻界》2022 年第 12 期。

一是表述更全面更系统。这个定义摒弃了大多数的智能媒体定义，强调三个方面的"智"，即智能技术、智慧内容、智库服务相统一、相融合，既是智能媒体，也是智慧媒体，还是智库媒体。三者共同构成了我们所定义的智媒体。在智媒体建设过程中，这三者都不可偏废，缺一不可。二是符合主流媒体发展实际。事实上，作为主流媒体，内容生产的不断创新，发挥人类智能的作用生产更多的精品内容，为社会提供智力支持，不断满足用户对内容的需求，坚持内容为王，坚持优质内容供给，坚持把好关把好度，不断高昂主旋律、传播正能量，也是题中应有之义。这是主流媒体的职责和使命所在。三是需要不断进化迭代。随着科技进步的日新月异，新技术层出不穷，从莎草纸到"元宇宙"，人类社会信息传播媒介和方式发生了颠覆性变革，每一次变革背后都是科技的驱动，而这样的技术改变也会不断地给智媒体注入不竭的动力，使智媒体也处于一个永远变化的过程中。这种永不停歇的变化才是智媒体永立潮头的根本力量。

第三节　智媒体等式

我用很多文字描述了智媒体的概念以及相关的表述，甚至显得有点拉杂和烦琐，读起来往往也让人觉得很冗长。那么，关于智媒体，有没有一个很简洁的表述呢？或者说有没有一个可以衡量智媒体的公式呢？这是我最近几年试图解答的问题。

以前我认为智媒体就是"三智"的简单相加，即"智媒体 = 智能媒体 + 智慧媒体 + 智库媒体"，也可以表述成："智媒体 = 智能技术＋智慧内容＋智库服务"。我也曾经发表过这样的观点和看法，但我现在觉得这似乎过于草率了。

智能技术是智媒体的引擎

在生成式人工智能突飞猛进发展的今天，智能技术无疑扮演着越来越重要的角色。在新一轮信息传播革命中，智能技术是驱动力量，起着最为关键的作用。而对于传统媒体而言，智能技术又构成了最大的挑战，对行业的颠覆性改变把传统媒体逼到了发展的"死角"。所以，智能技术在智媒体建设中不只是"三分天下"，而是起着引擎驱动的显著作用。

同时，智能技术在智慧内容和智库服务中，也起着基础性作用。智能技术赋能智慧内容的作用显而易见，为新媒体内容的生产与传播"插上了腾飞的翅膀"。所以，我们今天生产内容，一刻也离不开智能技术的赋能。不仅如此，智能技术本身特别是大模型还生产了大量的新内容，包括文图和视频。很显然，我们已经不再独立地去看待智能技术了，而是用融合的眼光或者人机融合的视野去认识智能技术角色的扮演。可以说，智能技术为新内容的产生奠定了坚实的基础。

智能技术对智库服务也起到了催化剂的作用。一方面，智能技术能够帮助我们快速而精准地找到要服务的客户或者用户，发现客户的需求和痛点，从而有针对性地提供优质服务。另一方面，智能技术在内容的生产方面可以发挥私人助手的作用，运用大数据等智能技术，可以让智库内容更全面、更系统，以人机协同生产的方式提高效率。

M=I（W+T）

我们可以很清晰地看到，智能技术不仅是智媒体发展的单独的一个部分，也有机地、全面地、深刻地融入智媒体建设的全过程。以我的看法和认识，我们可不可以给智媒体设定这样的一个公式呢？

智媒体 = 智能技术 ×（智慧内容 + 智库服务）

如果用 M 代表智媒体，用 I 代表智能技术，用 W 代表智慧内容，用 T 代表智库服务，那么，这个公式就可以这样表达：

M=I（W+T）

我想，只有用乘法才能彰显智能技术在智媒体中的驱动作用。随着生成式人工智能的不断发展，我相信，这样的作用会越来越明显。

所以，我们说，智媒体不等于智能媒体，智媒体不是智能技术、智慧内容和智库服务的简单相加。

智媒体 ≠ 智能媒体

智媒体 ≠ 智能技术 + 智慧内容 + 智库服务

有了对智媒体的进一步理解，我们又该如何去评估智媒体的综合实力呢？在智媒体建设过程中，是不是从智能技术、智慧内容和智库服务这三方面着手就可以了呢？很显然，还远远不够。

这里还有一件重要的事情需要被提上战略地位，那就是数据驱动。在人工智能时代，数据是智媒体重要的资产，而运营好数据就成为首要工作。要把数据驱动上升为智媒体建设的首位战略加以重视，用数据驱动用户增长，用数据驱动收入增长，核心是塑造数据驱动文化。智媒体最重要的业务发展理念，就是数据驱动增长。只有确立了这样的战略并实现了这样的增长，智媒体才算真正建立起来。

在人工智能技术的驱动下，特别是在生成式人工智能呈现出的"涌现"状态下，各行各业都在重塑，信息传播行业也不例外。而这样的重塑，针对的不仅仅是业务本身，它带来的更为重要的是管理文化和团队能力的变革和提升。而对于智媒体来说，管理文化和

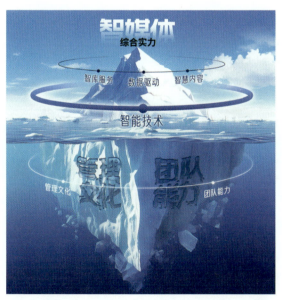

管理文化和团队能力是智媒体"隐形"的重要组成部分

团队能力虽然在媒体内部处于"隐形"的部分，就如同冰山在海平面以下的部分，但它却是十分重要的组成部分，决定着智媒体发展状况、发展速度，以及发展周期。

所以，数据运营、管理文化和团队能力是我们评估一家智媒体综合实力时不能不考虑的因素。我尝试给出这样的一个公式来体现这些因素的作用，以及它们给智媒体带来的影响。

智媒体综合实力＝智能技术 ×（智慧内容＋智库服务＋数据运营＋管理文化＋团队能力）

如果用 MS 代表智媒体综合实力，O 代表数据运营，C 代表管理文化，用 A 代表团队能力，那么，智媒体综合实力也可以这样表示：

MS=I（W+T+O+C+A）

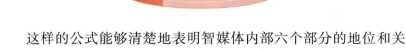

这样的公式能够清楚地表明智媒体内部六个部分的地位和关系，以及相互作用所产生的结果。对于一家智媒体来说，我们不仅

要重视显性的智能技术、智慧内容和智库服务建设，还要高度关注由于人工智能技术发展所带来的数据运营以及管理文化和团队能力。也只有这样，智媒体建设才是全面的和可持续的，才能走得更远更健康。

第四节　生态型智媒平台

建设一流智媒体，要确立什么样的总体战略？这是一个仁者见仁、智者见智的话题。近年来，专家和学者围绕这个话题发表了很多高见，有人提出平台型新媒体是有效的商业模式，有人提出构建平台型媒体发展战略，也有人提出建立基于互联网连接的平台型媒体，等等。主流媒体都在积极实践，在主力军挺进互联网主阵地的过程中，始终无法回避这样一个顶层设计：到底要建设什么样的新型主流媒体？有人提出要以平台型媒体建设深化媒体融合，有人提出要从媒体型平台向平台型媒体转型，也有人提出媒体平台化运营创新，等等。这些论述和实践，无疑都有借鉴意义。

平台型媒体

我在梳理"平台型媒体"这个提法的时候发现，平台型媒体的本质要求距离我们的现实十分遥远。"平台型媒体"这一概念最早由美国社交媒体网站创始人乔纳森·格里克提出。2014年2月，他在科技新闻媒体 Re/Code 上发表《平台型媒体的崛起》一文并创造了合成词"platisher"。从这个单词的构成看，平台型媒体指的是

"平台"（platform）和"媒体"（publisher）的交集，是数字化发展的背景下媒体融合发展的趋势，即"平台"与"媒体"的相互融合。平台型媒体是以互联网用户和数据为核心，用互联网思维驱动引导媒体融合转型。

当下引领信息传播的全球媒体平台当首推社交媒体，社交媒体就是互联网的平台型媒体，是指在互联网上基于用户关系进行内容生产与传播以及交换的媒体平台。人们在社交媒体上分享观点意见、交流经验见解，把互联网作为平台型社会看待，如同生活在互联网中一样。平台型媒体拥有超级数量的用户，一般都拥有数量过亿的用户规模，拥有海量的数据流量，用云计算技术处理数据，通过算法推荐来分发推送信息，从而控制信息分发渠道。比如，美国五大科技巨头——苹果、亚马逊、谷歌、脸书和微软——所掌控的社交媒体，它们的用户规模远超美国的传统媒体巨头。而传统媒体因没有掌控分发渠道而走向没落和颓势。中国的情况同样如此。以腾讯、抖音、新浪、阿里巴巴、百度等五大互联网公司为代表的平台型媒体拥有数亿级别的用户规模和海量的数据流量，它们在很大程度上决定着互联网舆论的走向。

这些强大的科技公司的数字平台所形成的数字生活就是我们的互联网生活场景，我们每天就被这样的数字生活所笼罩着。而且，我们可以真切地感受到，这样的社交平台由商业机构所把持，它们把持着我们的舆论走向，在很大程度上决定着我们的资讯传播，而我们传统主流媒体的传播力并没有增强，反而有被削弱的危险。这些平台型媒体的个性化互动传播以及定制化分发，让传统媒体的大众传播市场萎缩，话语权弱化，尤其是抖音、快手等视频化平台，正在进一步"蚕食"主流媒体的用户市场和影响力版图，更不用说那些全球性社交媒体平台，月活跃用户超 20 亿，足以称霸整个互联网舆论场。

构建生态型智媒平台

说到这里，我们必须回应这样一个严峻的问题：主流媒体有没有可能做成平台型媒体？我的回答是，新型主流媒体必须构建自主可控的生态型智媒平台！

首先，我们必须正视的现实是，我们正处于一个"人人都有麦克风，人人都是传播者"的互联网时代。在人人都是内容生产者和传播者的时代，主流媒体应该以一种什么样的姿态出现在互联网的生态圈里呢？

我们知道，人类社会已经不可逆转地进入网络社会，我们每天无时无刻不生活在互联网编织的各种消费场景中，逃无可逃。原来由机构媒体主导的信息传播领域也发生了颠覆式的变革，UGC（用户生产内容）、PGC（专业生产内容）、PUGC（专业用户生产内容）、AIGC（人工智能生成内容）等内容生产方式如雨后春笋般爆发式增长，带来了传播生态链的重塑，传播领域发生了重大变故，造就了一个重要的中间层，就是互联网平台。这样的互联网平台以技术为核心、以用户为基础、以商业为目的，在更高维度上完成了对传统媒体和互联网的整合，甚至是碾压式的超越，从而史无前例地形成了平台社会，并将全球视为整体信息生产、传播、消费的场域。这些超大平台吸引了用户和流量，整合了社会资源，掌控了信息传播的渠道或者说是咽喉、命脉。这是我们面临的生存环境。

其次，新型主流媒体的职责和使命是传播主流价值。主流媒体从诞生的那一天起，就把"围绕中心、服务大局"作为使命，把"传播主流价值、引领主流舆论"作为天职，在国家治理体系中发挥独特优势，在舆论生态圈里扮演"定盘星"和"压舱石"的角色。主流媒体通过议程设置和价值主导，完成对整个社会舆论走向的定调和把关，从而发挥不可替代的作用。所以，主流媒体通过关注社会发展中的主流问题、影响主流人群，以主流意识形态进行价值引领。主流媒体不以商业变现为主要目的，不以用户最大化为主要目标，不以流量为唯一考核指标。总体而言，主流媒体更加在乎社会价值的实现、主流舆论的引领、文化传承发展的达成。

最后，从社会分工来看，新型主流媒体需要找准自己的定位、明晰自己的功能，更加坚定主流价值属性。从这些年的实践来看，主流媒体在这一轮"跑马圈地"的用户和流量争夺战中败下阵来，没有赢得先机，根本原因是没有认清自己的优势，扬长补短，在互联网舆论生态圈中重塑独特地位和优势。如今，主流媒体是应该正面直接和互联网平台争夺失去的领地，还是应该另辟蹊径完成自己的根本使命呢？今天，基于社交关系链的社交传播型商业平台和基于大数据、人工智能等技术的内容推送型商业平台已经占据了传播领域的大半江山。现实的困境是，主流媒体受限于体制的约束、技术的落后、资本的有限以及市场意识的滞后，难以在用户和流量竞争中超越商业平台。主流媒体经过接近十年的对媒体融合的探索，虽然取得了可喜的进步，但是仍然明显落后于商业平台公司。

总之，新型主流媒体必须认清现实，直面挑战，明确顶层战略目标设计：到底定位于做什么样的媒体？我认为，新型主流媒体要努力打造自主可控的生态型智媒平台，以平台媒体为核心，构筑起生态发展的新模式。

什么是生态型媒体？

为什么要构建生态型智媒平台？它和平台型媒体有什么区别？所谓生态型媒体，就是围绕信息生产传播产业链条，形成一个传播和产业闭环，从而构建起媒体运营和商业模式。在这里，有两个思维很重要，那就是生态思维和闭环思维。

生态思维，是借助生态学相关知识去认识世界的一种思维方式。具体到在媒体发展中，就是将媒体看作是一个复杂的生态系统，倡导一种全方位的生态关怀，也就是资源共融、系统共建、成果共享，构筑发展生态圈。树立生态思维，可以帮助我们认清事物之间的不可分割性，个体的发展往往由生态环境决定。

而闭环思维，要求我们强化整体性和系统化。具体到产业闭环，就是注重产业链条的整体性，上游环节向下游环节输送产品或服务，下游环节向上游环节反馈信息。

生态思维和闭环思维不是对立的两种思维，而是互相关联、互相依存的思维模式。

我们知道，在互联网快速发展的背景下，主流媒体面临着与用户失联的危险，在舆论场也遭遇着被边缘化的挑战，所依存的"二次销售"模式已经失灵，发展模式面临坍塌。从国内外媒体转型的实践来看，单纯就媒体本身来谈转型升级已经进入死胡同。我们必须顺应互联网发展的大逻辑，也就是生态发展的趋势，利用主流媒体的独特优势，通过生态化布局重新塑造商业模式，这样才有可能完成转型发展。具体来说，就是通过延伸信息生产传播产业链条，遵循互联网发展规律，采取"互联网+"的思路，进行生态化布局，充分整合各类资源，实现更高层级的"降维打击"，不断提升传播力、影响力和运营力。

生态型媒体的特点体现在哪几个方面呢？我认为，至少有三个特点：一是开放信息，二是连接用户，三是共享服务。

先说开放信息，这是生态型媒体的首要特点。要立足整个社会，利用互联网技术，打造开放的入口，让尽可能多的有效信息和优质资源汇集到主流媒体上来。开放信息生产与传播也是互联网发展的基本逻辑。

其次是连接用户，这是生态型媒体的重要能力。这是指与用户和各类机构进行无缝连接，达到抵达并整合社会资源的目的。连接能力的核心是数据收集、存储和处理的能力，这是生态型媒体的硬核支撑、驱动力量。

最后是共享服务，这是生态型媒体的本质要求。"新闻＋服务"运营模式的生命力在于共享，给更多的用户和机构提供基于主流媒体的服务，既有提供优质信息的传播服务，也有解决具体问题的民生服务，还有输出智库产品的智力服务。我们可以清晰地看到，构建生态型媒体可以最大化地发挥主流媒体的独特优势，适应互联网发展的规律。在融合转型的道路上确定这样的目标方向，既不会丢失主流媒体的根本，又有可行的实现路径。

生态型智媒平台与平台型媒体的区别在哪里呢？在专家学者的各种论述中，往往是把平台型媒体和生态型媒体混为一谈。当然，平台型媒体肯定是生态型媒体，而生态型媒体却不一定是平台型媒体。

平台型媒体具有以下几个基本特征：平台型媒体必须有海量的用户和大规模的数据；平台型媒体拥有较强的互联网技术研发能

力；平台型媒体自身并不直接生产信息，只负责接收信息并对信息进行分发传播；平台型媒体以商业变现为重要目的。

新型主流媒体致力打造生态型媒体，是区别于平台型媒体的独特优势，更加凸显了主流媒体引领主流价值观的职责使命，更加彰显了主流媒体在舆论场的作用，既在思路上清晰明确，又在操作上切实可行。通过这样的比较研究，我们可以得出初步结论：平台型媒体主要是指互联网商业公司所打造的移动商业平台，而生态型媒体则是新型主流媒体所追求的转型目标和总体战略。

当然，生态型媒体既可以根据所处的地理位置，分为全国性生态型媒体和区域性生态型媒体；也可以根据职责定位，分为综合性生态型媒体和行业性生态型媒体。这样的划分，既能确保主流媒体延续自身的职能和定位，又能确保主流媒体在互联网空间的有序发展，不迷失，不错位，从而形成良性的互联网生态环境。这样的顶层思考和规划，是每一家主流媒体在深度推进媒体融合发展过程中，必须高度重视的现实问题和首要问题。比起其他问题，确立这样的转型目标，显得尤为重要。只有明确了这样的战略目标，我们才能很好地进行生态化布局和配置资源，才能实现对有限资源的最大化利用。对于主流媒体来说，这已经刻不容缓。

所以，立足于中国主流媒体的融合发展现状，我们应该理直气壮地把主流媒体融合转型的总体战略，确立为打造自主可控的生态型平台媒体。主流媒体必须放下包袱，轻装上阵，坚定前行！

生态型平台媒体到底需要构建什么样的生态呢？我认为，至少应该由七大子生态组成，即内容生产生态、信息传播生态、用户增长生态、技术驱动生态、服务共享生态、管理创新生态和价值引领生态。这七大子生态（后文将分别介绍）组成完整的生态型媒体，也就是新型主流媒体的基本模样。

四川日报全媒体在 2023 年的改版迭代中，以生态型媒体理念为先导，启动打造生态型智媒平台。这次迭代升级，不只是川观新闻进行 10.0 版升级，还包括四川日报全媒体生态中 7 个成员的全面改版创新。四川日报全媒体包括《四川日报》、川观新闻、四川在线、四川智媒云、川观智库、三方平台账号矩阵、川观号等 7 个成员。结合四川日报全媒体 7 个成员的特点，各自突出特色功能，强化传播优势。

第一，突出《四川日报》在全媒体中的引领功能。《四川日报》坚持精品党报定位，升级深度报道品牌，创新内容表达方式，持续推动党报高质量发展。围绕中心、践行"四力"，进一步做到内容"精深"。服务受众、为民抒怀，进一步做到呈现"精美"。引导舆论、回应关切，进一步做到观点"精锐"。

第二，突出川观新闻在全媒体中的核心功能。川观新闻客户端聚焦三大方向，即视频化、智能化、社交化。坚持移动优先策略，打造四川综合新闻第一新媒体平台。对川观新闻内容进行供给侧结构性调整，全面强化"C视频"品牌，智能化整合优质视频资源，提升优质内容产能和传播效果。优化UI界面和功能模块，提升川观"颜值"和用户体验。优化川观社区和用户体系，创新党媒社交新范式，拓展党媒新媒体用户运营新路径。

第三，突出四川在线在全媒体中的协同功能。四川在线网站定位于川观新闻网站版。注重四川权威资讯首发协同，注重四川第一网络问政地位，突出四川主流观点发声，提供四川党政信息查询。

第四，突出四川云在全媒体中的驱动功能。生成式人工智能时代下的技术赋能和数据驱动，持续优化智媒编辑部建设和川观算法，加强人机协同。不断丰富并完善产品前端、数据中台和纵目云系统等项目，分步建设由融媒科技、智慧内容、社会治理、数字文传、国际传播五大矩阵构成的"科技 + 传媒 + 服务"党媒云。随着集团技术整体迭代，四川云被并入了四川智媒云，形成了整体协同优势。

第五，突出川观智库在全媒体中的服务功能。将川观智库打造为参与治国理政的新平台，加快构建垂类智库单元，创新更多智库产品形态。

第六，突出三方平台账号矩阵在全媒体中的增量功能。对标平台定位，用好平台政策，放大传播声量。更加明确错位拓展的思路，优化差异化运维策略，为四川日报全媒体优质内容的二次传播打开新空间，吸附"粉丝"和流量用于正能量传播，在移动互联网舆论场和新场景中强化党媒担当和主流调性。

第七，突出川观号在全媒体中的共生功能。扩大市县、行业领域、省外媒体和"川观拍客"等PGC、UGC创作者，搭建平台，让这些地方精神形象的建构者、日常情感的表达者、突发信息的跟进者，通过川观新闻扮演好独特的媒介角色，并发挥出影响力价值，与平台互补共生、互相成就。结合川观号建设提升 AIGC 等智能生产能力。

智能采集:"天眼"识别

智能生产:机器创作

智能分发:算法主导

智能反馈:改进和优化提升

智媒实验:走在时代前列

第三章

智能技术:
智媒体的驱动力量

1956 年夏，在美国达特茅斯学院召开的夏季研讨会上，人工智能的概念和研究领域被正式提出并确立。人工智能涉及计算机技术、控制论、信息论、语言学、神经生理学、心理学、数学、哲学等多学科领域的交叉与融合，其概念与内涵也在随着相关学科和应用领域的发展而持续变化。

近 70 年来，人工智能经历了从爆发到寒冬再到野蛮生长的历程，伴随着大数据、机器学习、人机交互、模式识别等人工智能技术的不断演进，机器人与人工智能成为这个时代的技术新趋势。"互联网预言家"凯文·凯利提出，人工智能将是未来 20 年最重要的技术之一。著名未来学者——超级人工智能缔造者雷·库兹韦尔更预言，2030 年，人类将成为混合式机器人，进入进化的新阶段。他说，2045 年，人与机器将融合，"奇点"将会出现，人工智能将超越自己生物的存在，届时，"严格生物学意义上的"人类将不复存在，人工智能将超过人类本身，并将开启一个新的文明。

2023 年 1 月 31 日，腾讯研究院发布的《AIGC 发展趋势报告2023：迎接人工智能的下一个时代》指出："AIGC（人工智能技术生成内容）作为新的生产力引擎，让我们从过去的 PGC、UGC，已经不可避免地进入 AIGC 时代。AIGC 代表着 AI 技术从感知、理解世界到生成、创造世界的跃迁，正推动人工智能迎来下一个时代。"报告显示，AIGC 的商业化应用将快速成熟，市场规模会迅速壮大。当前 AIGC 已率先在传媒、电商、影视、娱乐等数字化程度高、内容需求丰富的行业取得重大进展，市场潜力逐渐显现。消费端，AIGC 牵引数字内容领域的全新变革，有望塑造数字内容生产与交互新范式，成为未来互联网的内容生产基础设施；产业端，合成数据牵引人工智能的未来。AIGC 将作为生产力工具推动元宇宙发展,并进一步推动 AI 技术得到更广泛的应用。

我们可以看到,不管怎样,人工智能一直都在向前发展,也在深刻地改变着信息传播行业。2015 年被誉为"智能机器人元年",2016 年被誉为"智媒元年",由此开启了智媒时代。《科学家》2016年第 17 期发表了文章《智媒来临,你准备好了吗?》,解读了清华大学新媒体研究中心与腾讯网企鹅智酷共同发布的《智媒来临和人机边界:中国新媒体趋势报告(2016)》。文章说,以人为主导的媒介形态开始被打破,智能革命给整个新闻产业带来了翻天覆地的变化。而所谓"智媒",顾名思义,指的就是人工智能与媒体的全新融合与碰撞。这些年来,人工智能给媒体行业带来了全新的改变,机器参与新闻生产与传播,与记者和编辑协同完成新闻信息传播任务,比如机器写作、机器辅助写作、个性化定制、自动推荐推送、内容辅助审核、机器编译、自动语音合成、数字人、对话机器人等。这样的媒体形态是以智能技术为先导的,迈上了智能传播的新征程。这种智能媒体的实现是颠覆性的、革命性的,也在不断地发展中。

关于智能媒体,业界的实践已经有很多成功的案例。这些实践,从细分技术种类来划分,大抵可分为:第一,AIGC 类,包括机器写作、机器辅助写作、机器问答、AI 写诗、AI 作画等;第二,算法推荐类,包括内容推荐、新闻知识图谱、线索监控、智能分发、机器审核、舆情监控等;第三,大数据 BI 类,包括智能考核、用户数据分析、内容数据分析、运营数据分析等;第四,数字版权类,包括区块链确权、区块链维权、数字藏品等;第五,数字孪生类,包括数字主播、XR 直播等。

第一节　智能采集："天眼"识别

社交媒体环境下，商业社交资讯平台多元、信息海量，如何快速有效地获得新闻线索，对主流媒体提升报道的时效性具有重要作用。近年来，主流媒体纷纷加大了对智能线索采集技术的研发与运用。

在线索监控环节，大数据和 AI 的能力极大地提高了监控效率，相较于以往靠人工监控重点网站的方式，AI 机器人监控不仅可以综合利用大数据，不断扩大监控数据源，还可以根据编辑记者的实时需求，及时调整监控数据源，实现为编辑记者量身定制的个性化线索监控。线索监控机器人还可以通过主流媒体算法模型，对数据进行清洗，同时通过和采编系统的接口集成，实现有价值稿件的自动入库，从而大大缩短从发现线索到确定选题的流程和时长。

央媒的探索

新华智云研发了突发识别机器人。该机器人作为记者面对突发新闻进行报道的得力助手，能够自动识别突发事件，提高对突发事件的报道时效。当记者、编辑面对海量素材时，突发识别机器人首先会自动识别属于突发事件的素材，提醒记者、编辑优先处理。其次，机器人还能自动识别突发事件素材中有价值的新闻片段。经测试，该机器人背后的算法模型准确率高达 95%。在关于四川宜宾地震和利奇马台风的报道中，来自现场的新闻素材都会被突发识别机器人打上"突发事件"的标签，提醒编辑优先处理。

央视网研发的智闻平台，为用户提供全国热点、行业热点等服务，支持用户对热点事件进行深入洞察分析和素材关联，为用户实时推送主流媒体的相关新闻，辅助相关采编人员快速追热点、抢时效、找素材，为新闻选题策划提供辅助支撑。

《中国日报》研发了线索发现及选题辅助分析系统。该系统利用大数据采集分析技术、大数据融合技术，采集全球5000余家主流媒体网站、2000余家主流社交媒体账号上的数据，每日采集数据量约200万条，为中国日报网采编用户提供传播影响力分析、热点发现、线索发现、选题辅助、竞品标杆监测等大数据编务辅助决策功能。其中线索发现为编务人员提供相关主题下最新、最热的报道和评论线索，同时结合实时互联网热点，利用主题聚类、文本语义分析等技术提取相关主题，并分析该主题下重要媒体的报道情况。

川观新闻"小跟班"

2019年，川观新闻的编辑团队和技术团队深入合作，在线索监控机器人项目"小跟班"上做了大量实践，取得了较好效果，"小跟班"也因此成为编辑值班必不可少的辅助工具。

综合利用人工智能和大数据能力，"小跟班"将监控数据源不断扩大，并根据编辑和记者的实时要求，及时调整监控数据源，实现为编辑和记者量身定制的个性化线索监控；同时通过主流媒体算法模型，对数据进行清洗，通过和采编系统的接口集成，实现有价值稿件的自动入库，大大缩短了从发现线索到确定选题的流程和时长。

这项成果已经被推广到了四川日报全媒体的记者中，为他们定制了专属的线索监控机器人，这些机器人也成为记者在海量信息中发现线索的得力助手。编辑记者不用花费过多精力去关注相关信息平台，就能直接在工作群收到消息，从而第一时间进行热点消息的发布与推送，也能通过"小跟班"一键传稿，节约转载的时间，提高工作效率。

川观新闻技术团队研发的线索监控机器人技术"一种数据智能爬取方法"获得国家专利

随着编辑记者不断地使用线索监控机器人，并提出更多工作要求，促进了主流媒体算法在线索监控环节的完善和升级，"技术＋内容"的人机协同模式也将得到很好的实现。

都市报的实践

《南方都市报》产品技术中心开发出了"新闻线索监控机器人"。该系统依托自行研发的爬虫及语义识别技术，通过同步微博、百度热点、政府官网、纪委新闻、法院新闻、市场监督信息、教育系统信息、证券股市公告等，监控采集信息线索，进行数据清理、语义分析，然后根据记者设置的监控关键词，及时向记者的微信推送对应的新闻线索信息。

这个系统的特点一是快速，快速采集新闻源，精确制导，根据网页更新的频率，"稳、准、狠、快"地发现最新数据并及时采集，对各渠道来源的线索进行分派、跟踪、提醒。二是全面，对政府类网站、微博、百度信息进行追踪监控，实现系统部署模块化、采集、编辑、转码、分发站点多机部署，集群化作业，并扩充新闻信息来源丰富新闻信息形式。三是高品质，根据关键词规则自动分类，进行智能化过滤，推送即时且质量高的信息源信息。四是便捷，可移动办公，随时设置关键词，微信接收，第一时间获取文字和链接，可不受时空限制地接收新闻线索。[1]

国内还有极目新闻等多家媒体在积极运用智能线索监控技术。智能采集技术的广泛运用，不只是对新闻记者发现线索方式的革新和极大补充，也在信息海量的时代充分提升了传播效率。例如，一些来自政府机构的政策权威信息被直接抓取到客户端发布，新闻时效性前所未有地强，记者的模式化通稿写作也终将被技术代替。

---

[1]　杨博文：《运用人工智能发现新闻线索——南都新闻线索监控机器人的实践》，《南方传媒研究》2020 年第 4 期。

第二节　智能生产：机器创作

人工智能技术全面进入新闻生产与传播的核心环节，给媒体带来了革命性的变化。作为人工智能技术在新闻信息传播领域应用的代表性产物，人工智能生成内容常见的就是"机器写作"了。机器写作也是内容生产生态的组成部分。

机器写作就是运用大数据技术和机器算法技术对数据进行抓取、分析、整理和输出的新闻写作模式，它使新闻写作业务走上了自动化、智能化的道路，并使得海量新闻信息的生产变成了现实。

机器写作广泛应用

2014 年 7 月，美联社在全世界首先使用 Word-Smith 平台撰写财报新闻。在中国主流媒体中，新华社的"快笔小新"是最早的机器新闻写作者。

2015 年 11 月，新华社研发的机器人"快笔小新"正式发布，继美、英、法等国之后，中国也开始启用机器人记者进行新闻生产。"快笔小新"的写作范围包括体育赛事、财经资讯、国家部委官方资讯、天气信息等。据介绍，"快笔小新"的写作可以分为三个步骤：采集清洗、计算分析、模板匹配，即首先依托大数据技术对数据进行实时采集、清洗和标准化处理，再根据业务需求和类型定制相应的算法模型，对数据进行实时计算和分析，然后根据计算和分析结果选取合适的模板生成稿件，进入待编稿库，最后编辑审核后签发。事实上，机器人"快笔小新"有一套能和技术员交流的

"语言"，技术员会告诉"小新"按照什么样的规则和样式生成什么样的稿件，这个过程就是"模板定制"。有了定制好的模板，机器人就会自动采集数据，进行进一步的清洗、加工、分析后，再根据计算和分析的结果按照定义好的格式自动生成新闻稿件。"快笔小新"还参与了体育大赛的新闻写作，如里约奥运会、平昌冬奥会、北京冬奥会，不仅圆满完成了报道任务，还不断升级写作水平，提高了报道的时效性和准确性。

封面新闻推出的机器人"小封"是地方媒体探索机器新闻写作的成功案例。2016年12月20日，机器人"小封"发布第一条稿件，内容是当日商品打折的资讯，至此，开启了新闻写作生涯。

2017年5月4日，"小封"机器人1.0版本上线，以地震灾害新闻为写作突破口，建立起一套完整的机器写作流程，实现了信息采集、实体抽取、算法体系整合、知识图谱关联、内容生成、审核分发等环节的全线打通。在一次地震灾害的快报中，"小封"用时8.09秒就完成了写作，产生的稿件信息包括速报参数、震中地形、周边村镇、周边县区、历史地震、震中简介、震中天气，近1300字，并配有相关图片。

2017年11月，机器人"小封"成为封面传媒公司第240号员工。小封写稿的领域涉及体育、财经、生活、娱乐、科技等，既有快讯速报，也有热点资讯，写稿量不断提升，从每月300多篇发展到每月10万多篇。2018年世界杯期间，"小封"共写作世界杯新闻6篇，全网总阅读量达到2亿。不仅如此，机器人"小封"还学会了写诗，兼具现代诗和古体诗功能，在封面新闻客户端和《华西都市报》上都开设了自己的诗歌专栏，学习诗歌总量超过50万首，并在2019年出版了第一本AI诗集《万物都相爱》。小封的写作范围不断扩大，视频创作功能也逐步成熟并得到应用。

机器写作技术的出现、无人机在新闻现场的使用，以及传感器新闻的产生，标志着内容生产领域的一次革命性变革，内容生产的技术争夺战就此打响，新技术会极大地解放新闻生产力，给行业带来颠覆性变化。新技术至少在新闻的快速报道、数据新闻受到推崇、内容生产的初级采编等方面，扮演着十分重要的角色，人机协同完成内容生产已经成为一种新的生产方式，内容生产的人机协同时代已经到来。

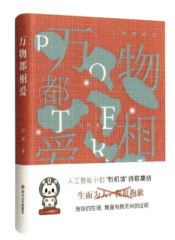

机器人"小封"出版诗集《万物都相爱》

记者"替身"来了

AIGC 成为主流媒体内容生产的重要砝码，正在发挥越来越重要的作用。以语音合成技术和文字处理算法为核心的技术形成虚拟主持人，可以进行语音播报，以远高于真人的生产效率不间断地生产制作内容。在虚拟主持人打造方面，仍然需要以真人为学习目标，但是随着人工智能技术的发展，未来虚拟主持人能够更理解播音内容，以更高的效率生产优质内容。

阿基米德 FM 的虚拟主持人就是这样一款人工智能内容生产产品，是专门针对广播播音播报场景而打造的，目前已经在资讯播报和亲子、故事等垂类信息合成中进行优化，其中新闻资讯播报场景以广播节目实际制作方式为蓝本，独创性地设计了"AI 对播"功

川观新闻推出数字记者矩阵，提升了媒体内容生产效率

能，以多主持人对播的形态自动合成完整的新闻播报节目，在合成效果上和真人难分高下，而在稳定性和效率方面，虚拟主持人还远远高于真人主持人，其内容生产效率甚至能达到真人主持人的20~30倍[①]。

2022年9月，川观新闻9.0迭代升级，推出了虚拟数字人记者——小观。数字记者"小观"是典型的多技术综合产品，除了"CG建模＋真人驱动"外，多模态技术与深度学习也成为其核心技术，其级别可以对标写实S级，拥有如同真人的情感表情、形象气质、语音语调、口唇表情、肢体动作。"小观"既可以实现真人驱动，又可以与AI结合实现计算驱动，在使用范围上得以大大拓宽。一方面，"小观"以视频生产、虚拟演播室、实时直播、实时动画的方式被应用于新形态内容生产；另一方面，"小观"充分结合川观新闻客户端进行智能交互，以此作为引擎类产品，从而带动了智能化方向的整体变革。"小观"参与策划和生产的内容包括"小观

---

① 王海滨：《技术赋能，构建以音频为原点的传播生态圈——阿基米德FM的互联网技术实操》，《中国广播》2021年第12期。

带你云游四川"、"小观带你云参会"和"提问党代表"等短视频节目，除此之外，它还参与了世界杯直播和48小时跨年直播活动。"小观"参与生产的系列产品在川观新闻客户端、四川在线和《四川日报》第三方平台账号的播放量超过了1亿，点赞量超过了10万人次。

2023年9月，川观新闻将真人记者与AIGC相结合，为记者视频生产"减压"。川观新闻10.0版本推出了数字记者矩阵，为40个真人记者制作了数字分身。川观新闻数字记者矩阵充分依托AI算法进行实时驱动，以更自然细腻的样貌、更丰富多变的能力和应用场景给广大用户提供服务，从新闻现场来，到数字世界去。数字分身并不是简单地重现或者替代真人记者，而是发挥其由算力驱动进行多线程播报的优势，结合川观新闻C视频内容定位，全面进军智慧内容生产，提升媒体内容生产效率。无论是政经、文化，还是科技、生活，"小观"数字人和它的40个新的数字记者同事，正在为用户提供更为丰富、个性化、年轻态的视频内容产品。

从今以后，简单性、消息类、程序化的新闻视频的出镜任务，40位记者可以交给"替身"去完成，而不用事必躬亲，从而可以把时间投入更重要、更有深度、更有温度的精品原创视频的制作中。这就是生成式人工智能带来的好处，是我们运用大模型技术加速媒体数智化转型的实践，也是对建设智媒体的进一步探索。

为了加强对数字记者形象、账号信息、内容的管理，四川日报社制定并出台了国内首个数字记者管理办法《四川日报社数字记者信息管理办法（试行）》（以下简称《办法》）。

数字记者怎么用？《办法》规定，记者本人在四川日报社就职期间，四川日报社可以将数字记者形象应用于所有的新闻报道或线上线下活动。不仅是记者本人，报社其他成员也可使用非本人的数字记者。按照规定，要使用其他人的数字记者，须经过数字记者形象原型本人同意。

《办法》加强了对数字记者内容创作的准确性和可靠性的要求，明确提出，使用数字记者输出内容时，应当加强合成内容管理，采取技术或者人工方式对输入数据和合成结果进行审核。同时《办法》还要求，在生成内容的合理位置、区域，向公众提示数字记者标识。

《办法》还明确了大家所关心的权属问题——使用数字记者生成的内容，均属于职务作品，由四川日报社享有著作权。另外，若数字记者出了差错，也一样会受到相应处罚。《办法》指出，因数字记者输出的内容侵害他人合法权益的，使用人应按照四川日报社《内容差错认定规则》的规定承担相应责任。

数字记者的退出机制，也在《办法》中得到明确：记者离职或者调离四川日报社工作，则授权终止。如需继续使用，则应由记者本人和四川日报社双方协商。

内容生产必将发生重大转变

虽然目前机器生产内容的范围还很有限，而且文本呈现也还很初级，还不能达到人类的写作水平，一般认为机器还无法掌握"演绎"的技能，但是随着人工智能技术的发展，机器极有可能超越人类设定的控制程序，或者说机器也可以按照自己的意愿设计自我进化的程序。当人脑与电脑实现连接，那么未来的人类文明、机器文明将会超出人类的想象。

当人工智能逐渐由"弱"向"强"演变时，内容生产生态必将发生重大转变。这些变化主要体现在以下四个方面。

第一，机器已经成为内容生产的要素，机器人储备了任何个体无法储备的知识，并且还在朝着"超人类"的方向发展。2022年年底横空出世的 ChatGPT 受到热捧就证明了这一点。可以说，人工智能已经轻松掌握了人类文明迄今的全部知识，而且在物联网的帮助下，通过传感器等装置能够获得更多的数据和信息。机器处理数据已经成为它的"专利"，随着数据库的不断丰富，人工再也无法处理数据或者从事运算工作了。数据新闻和数据处理逐渐成为内容生产的主角，机器在内容生产中的地位日益巩固。

第二，随着机器深度学习的不断演进，人工智能不仅能够实现人机协同，还可以达到机机协同的地步，完全在机器之间进行互动并完成内容生产。目前，机器人是按照人的"指令"来完成任务的，将来随着机器学习能力的不断增强，自主意识的不断提高，媒体中可能会出现"机器采编部"，它们能够独立完成一些特定领域的内容采编、稿件制作和信息分发工作，智能化水平将发生质的飞跃。在这个阶段，内容生产生态将发生更多的变化，机器生产内容将给信息传播环境带来巨大挑战。

第三，机器采访将会出现，机器对话将以全新的面貌诞生。随着人工智能技术在内容生产各环节实现突破，写作、辅助写作等能力持续提升，对话机器人将成为标志性的产品。将来的智能产品将会与人进行轻松对话，并将对话内容植入内容生产过程中，从而将其变成可以传播的信息。当然，这里面会有很多涉及采访与隐私方面的法律纠纷，需要利用人类的智慧去规避。

第四，内容生产的边界逐渐模糊，把关人的重要性日益凸显。随着机器生产内容的增加，以及内容生产标准的改写，对于主流媒体而言，对内容的筛选、甄别和把关就显得更加重要了。机器写作带来的机遇与挑战巨大，给整个内容生产以及舆论生态都将带来从未有过的困惑与希望。如何培养一支既熟悉主流舆论传播规律又掌握智能化生产技术的新型传媒人，将会成为传媒竞争的关键所在。①

当然，智能审核也是智能生产的范围，可以通过机器来识别内容并对信息进行分析判断，作出选择。目前主要的审核技术有：事实的审核、观点的审核、提法的审核等，既有对文图的审核，也有对视频的审核。未来，随着机器人的大量应用，它们可以通过对大量文本的处理和实时的机器学习，在语境中找出相关信息的逻辑漏洞并分辨出假消息。

川观新闻自主研发的"四川云·云眼"智媒内容风控平台，以党媒专业性为核心，辅以人工智能技术加持，深度运用大数据的抓

---

① 骆正林：《人工智能与新闻传播生态的三次变迁》，《新闻爱好者》2020 年第 6 期。

取、监控分析、图像识别、视频处理、数据挖掘、自然语言处理等人工智能技术，建立了成熟的内容风控流程，实现了对媒体校对、审核、发布环节进行全链条赋能，能适应各类内容应用场景。

"云眼"系统可针对三大类错误进行全自动的校对和提醒，包括基础字词、核心知识库和特定类术语。和普通纠错软件相比，"云眼"的绝对优势在于将党报数十年的经验和储备数字化，对《四川日报》多年以来积累的资源进行深度挖掘，将其多年来的能力储备和知识积累技术化、智能化，让技术来记忆和学习，再反过来反哺内容生产。2021 年，这个平台获得了国家广播电视总局举办的首届广播电视和网络视听人工智能应用创新大赛三等奖。

内容生产生态还在急速演变中，当智能化生产成为社会发展的核心动力，当万物媒介构筑起社会生活的主要场景时，我们应当如何确立内容生产的新范式？我们应该如何找到主流媒体的生存价值？我们应该如何看待专业媒体人在内容生产中的位置？面对这些正在剧烈发生且又似乎还很遥远的问题，我们不应该熟视无睹，不应该止步于想象。

第三节　智能分发：算法主导

面对信息传播的汪洋大海，我们有时候会变得无所适从。我们不禁要问：熟悉而又陌生的信息传播领域到底发生了什么？信息传播从单向灌输式传播变成双向互动式传播，在门户网站时代就已经实现了。但是，这还远远不够！在移动互联网时代，特别是智媒时代，我们的信息传播已经跨越千山万水，来到了算法推荐时代，完成了从"人找信息"到"信息找人"的质的飞跃！很显然，这一切的巨变以及带给我们的不适应，都是缘于科技的进步，特别是人工智能技术和大数据技术的突飞猛进。

个性化推荐的概念首次出现在 1995 年 3 月的美国人工智能协会上，由卡内基梅隆大学的罗伯特·阿姆斯特朗等人提出了个性化导航系统 Web Watcher。

"推荐算法"就是通过数学算法，利用大数据技术，根据用户的行为数据，推测出用户可能喜欢的内容，为用户提供个性化、定制化的信息，实现千人千面的个性化定制服务。推荐算法实现了信息传播从"人找信息"到"信息找人"的关键一跃，它的出现是人类信息传播发展历程中的里程碑事件。

2012 年，算法推荐开始在国内信息分发领域运用，最早就是应用在今日头条客户端，以至于今日头条异军崛起，在所有的信息聚合类平台中拔得头筹，并完成弯道超车。从某种意义上可以说，运用推荐算法这一举动就奠定了它在商业上的成功。今日头条在创办之初，就把人工智能作为关键技术来投入研发和发展，并重新定义了人和信息的连接方式：它根据每个人的兴趣爱好和使用行为，为每个人建模。还将搜索引擎里所有排序、分析等技术，都用于进一步的个性化精准推荐，从而变成了信息流（信息流是一种新的、更智能的方式，让人能够随时随地获取他所需要的信息）。

算法推荐是一种权力分配

如今，算法推荐技术已经被广泛应用于互联网信息分发市场，超过人工推送，成为移动资讯的主要分发方式。据不完全统计，基于算法推荐的个性化内容推送已占据互联网信息分发的 80% 左右。

所以，我们可以说，算法改变了信息传播，改变了舆论生态。

算法重构了商业化的信息平台，改变了信息传播的规则，重塑了平台型媒体，也打破了信息传播格局。这样的改变引发了信息传播权力的再分配。我们可以很清晰地看到，由于算法红利的影响，在信息传播的版图上，今日头条、抖音等商业平台型媒体聚集了95%以上的信息量和流量，信息传播呈现出"平台化"的趋势。近年来，主流媒体也在不断地探索对网络话语权的争夺，为此投入重兵打造移动客户端，致力建设新型主流媒体。但是受制于技术、资金、体制、人才等因素，主流媒体在算法推荐的研发应用方面远远落后于商业平台型媒体，在舆论场始终处于被动的地位。

从本质上看，信息传播就是算法传播。在算法推荐的主导下，商业平台的内容分发大大提升了内容匹配效率，并在此基础上影响了用户在互联网世界中的时空秩序，让用户在算法推荐所分发的内容中流连忘返。用户使用互联网的时间越长，算法所能追踪到的关于用户阅读偏好、行为的信息就越多，所收集到的数据就越庞大。这种信息和由此形成的数据，为每一个用户构建起了内容消费的私人环境，形成了内容消费的"信息茧房"。用户往往在各自的信息消费环境中达成了对外部世界的认知和理解。

随着深度的信息消费行为跟踪，算法还能根据用户的意愿改造属于用户的内容生态，通过传播特定内容来改变用户的意愿和认识。在这个过程中，商业平台型媒体中充斥着的大量低俗低质信息、泛娱乐化内容、虚假不实信息，更能吸引用户的眼球，从而能获得可观的流量和点击量，形成商业利益。在算法推荐的引导下，互联网世界中"劣币驱逐良币"，导致用户"信息成瘾"，而主流价值信息却难以进入用户的视野，导致主流信息传播受到严峻挑战。

我们说，算法推荐本身并没有价值观，没有意识形态，但是算法推荐一旦被掌握和应用，就会与意识形态产生紧密的关联。算法推荐的技术运用代表着设计者的价值倾向在推荐过程中会有选择性地推荐信息或者屏蔽掉某些信息，这样的选择本身就蕴含了设计者的价值观念。算法推荐的结果会影响用户的价值认知和思想观念，用户对于数据和算法技术的信任，往往会削弱自身的判断力，在算法推荐的信息面前变得没有识别力和抵抗力。可以说，在"算法为王"的时代，算法推荐不仅是一种技术工具，更是一种价值观主导和权力分配。

主流媒体算法是负责任的算法

我们必须清晰地认识到，算法推荐在信息传播中的决定力量，彻底改变了信息传播生态。一方面，它为主流价值信息传播提供了新思路和新机遇，另一方面也带来了很多风险和挑战。主流媒体必须下决心积极投身到算法推荐技术的研发和应用中，不能置身事外，更不能隔岸观火。

就机遇而言，算法推荐技术是基于大数据的，其前提是大数据收集、数据整理、数据挖掘、数据分析。这些技术被运用到主流媒体中，就会变成我们手中的重要武器，不仅能为我们提供大量的信息和数据，还能为我们精准掌握意识形态领域的新动向提供支撑。算法推荐精准推送信息，符合用户信息消费需求和意愿，既能不断满足用户的兴趣偏好，同时也能实现符合主流意识形态要求的主流信息与目标用户之间的匹配度和传播效果。

就挑战而言，算法推荐容易导致信息的封闭化，以及用户接收信息不断被窄化，还会形成信息的失真和失控，导致舆论场和社会的混乱。被资本和利益集团裹挟的算法还会操纵信息传播，进而威胁意识形态安全。主流媒体需要主动避免算法推荐带来的负面效应，努力掌握算法推荐技术，为传播主流价值信息服务。

我们必须清晰地认识到，要在算法推荐中植入主流价值观的灵魂，打造主流媒体算法。而要打造主流媒体算法，就必须引入主流价值观，并以此为牵引，把算法推荐引导到正确的方向和轨道上来，这是主流媒体在构建信息传播生态中的使命和责任。具体来说，就是要把主流价值观植入算法设计、数据筛选和分析、信息推送等环节，即算法推荐的全过程。在传播用户感兴趣的信息的同时，引导用户的价值判断、价值认同和价值选择，形成良好的主流意识形态传播格局。同时，还要采取人工干预的方式，像传统媒体的编辑部那样，把高质量的优质内容放在主页首屏或者头条区域进行呈现，并在全网进行推送，以此助力主流价值内容更好地传播。

一些富有远见的主流媒体已自主研发主流媒体算法，对信息传播生态的建设起到了积极的推动作用，在媒体深度融合方面取得了较好的成效。

人民日报社首创"党媒算法"，实现了为用户个性化推荐优质内容的功能。人民日报客户端把主流算法推荐系统作为7.0版本的核心亮点，通过质量把控、智能分发和传播反馈三个重要步骤，实现了主流价值导向驾驭算法，全面提升了舆论引导能力。

中央广播电视总台提出了"总台算法"。央视频致力于打造一个符合主流价值观的总台算法，除了常规的传播量、浏览量、点赞量等流量指标外，还在内容推荐中加入了价值传播因子、动态平衡网络传播效果，除此之外，还增加了与社会网络评价体系和正能量相关的指标。

南方报业提出了"南方党媒算法"，为提升客户端的舆论引导能力，研发了多算法融合互补，强化正面主流价值引导的智能推荐技术，制定了符合社会主义核心价值观的算法规则。

封面新闻在主流媒体推荐算法中也有不俗的表现。2015年封面传媒公司成立后就自建技术团队，投入力量研发推荐算法，逐步探索出一套适合主流媒体应用的算法模型。封面新闻的推荐算法不断迭代升级，将兴趣推荐、人工推荐、用户自主选择三者有机结合，构建了一个既具备个体性又具备群体性和整体性的信息内容生态，拓展了信息内容的高度和宽度。兴趣推荐主要是通过用户的阅读兴趣和实时新闻热度计算的；人工推荐包括内容绿区和电子围栏，通过强化安全信息技术，确保重点稿件执行到位；而关于用户自主选择，主要是通过兴趣标签的可视化交互，实现了用户可自主选择的兴趣点。三个模型有机结合，生成了实时推荐流。通过健全人工干预机制，建立用户自主选择机制，优化个性化算法推荐机制，使封面新闻的推荐算法更加符合主流媒体的传播使命和责任。当然，个性化的推荐算法，仍然是封面新闻推荐算法中的重要部分，它由用户兴趣分析、用户场景分析、新闻内容分析、行为实时计算、新闻推荐召回等五大模块构成，采用的算法包括：基于用户兴趣标签的TAG算法、基于协同过滤的CF算法、基于NLP的召回算法等。个性化推荐算法的工作流程主要包括三层逻辑，第一层是内容召回，主要根据新闻内容特征的应用和搜索排序，其中对于文本、视频的标签编目是核心；第二层是兴趣召回，主要根据第一层的排序结果，与用户的行为特征信息进行匹配；第三层主要是对敏感信息的过滤，包括黑名单以及对文章分类权重的判定，由内容质量算法模型提供支撑。

　　川观新闻客户端打造的主流价值算法，就是由五层算法体系所构成的，通过把控内容质量、加深内容认知、优化智能分发、追踪传播效果四个方面，用主流价值导向驾驭"算法"。不同于商业平台算法，川观算法首创性地把主流价值融入了"12235"算法体系，利用自然语言处理、大数据、知识图谱等技术，从算法架构、标签体系、应用场景等方面提出了一站式解决方案，打破了"信息茧房"壁垒，既能满足用户个性化需求，又能体现主流价值导向，更好地实现优质信息"找人"。

川观算法"12235"

1　建设一个党媒知识图谱
2　建立两组标签体系
2　建立两个模型
3　打造三个引擎
5　提升五种算法能力

　　具体说来，川观算法"12235"的"1"，是指建设一个党媒知识图谱。川观算法以治国理政、党史事件等为主要内容构建知识图谱，研究基于党媒知识图谱的治国理政内容识别和智能校对，实现党政报道和党史人物、事件的精准检索与快速连接。

　　川观算法"12235"的第一个"2"，是指建立两组标签体系，即建立川观算法用户标签体系和内容标签体系。用户标签体系根据用户人口属性、用户分类、行为属性、兴趣特点等，为党媒推荐系统提供用户画像侧标签支持。内容标签体系则在内容侧构建出主流价值观标签体系，深度挖掘主流内容与用户潜在的关联，推送党史知识、治国理政实践、党史人物故事、民生政策等主流价值内容。

川观算法"12235"的第二个"2"，是指建立两个模型，即观点分析模型和效果评估模型。观点分析模型基于用户评论与观点数据，深化用户观点认知训练，在提升党媒传播认知水平的同时，为新闻内容分发提供决策依据。效果评估模型将助力全链条动态监测传播渠道、路径、数据等效果，精准评估热点事件和热点新闻传播力及可视化呈现传播数据。

川观算法"12235"的"3"，是指打造三个引擎，即智能推荐引擎、智能搜索引擎和人机交互引擎，深度融合党媒业务场景和专业能力、经验，形成多场景分发、多算法融合的主流智能分发机制，从而更好地实现优质信息"找人"。

川观算法"12235"的"5"，是指提升五种算法能力。川观算法将通过持续不断地训练，完善热点挖掘算法、热点聚合算法、内容理解算法，自主研发内容风控算法和价值观判定算法，采用语义分析、内容聚类等自然语言处理技术，建立内容风控体系，从源头控制内容质量，打造优质内容入口。

在智媒体建设过程中，我们要构建生态型媒体，就必须实现信息传播的高质量发展，必须构建高水平的信息传播生态圈。构建信息传播生态圈，迫切需要加快算法推荐等新技术的创新驱动，充分激活知识、技术、信息、智力等高层次生产要素，加速信息供给侧改革，优化信息资源配置，优化顶层设计和政策制度。只有这样，我们才能构建起资源互联、内容共享、错位运营、有机循环的信息传播生态圈，逐步形成新闻生产要素功能耦合、业界同行协同创新的信息传播生态系统。

第四节　智能反馈：改进和优化提升

智能反馈是指信息生产和信息传播的运营者能够及时掌握传播效果和传播路径，从而对前端的信息生产和分发进行有效的调整，以提升传播效果。智能反馈主要通过对传播效果数据的挖掘以及分析来实现。

对于编辑部而言，一般通过两种方式取得传播数据。对于布局了 AI 入口的智能化终端，主要通过终端的自动化反馈来获得数据；对于其他终端，则主要通过数据抓取的方式来获得传播数据和反馈数据，实现多终端的实时运营数据和传播效果评估数据的汇集。

传播效果清晰可见

在传统报业时代，一篇报道有多少人看，爱不爱看，我们对此是模糊的。尽管可以通过一些市场调查公司抽样调查，也难免失之偏颇，并且是不全面的。智能时代则完全不同。智能技术可以通过浏览量、评论量、转载量、点赞量、"粉丝"数等传播数据，更加精准地分析传播效果。抖音的点赞打赏、网易的跟帖评论、B 站的弹幕互动，不仅让用户有了即时反馈的参与感，也让平台通过这些反馈，获取了用户信息，完善了用户画像，从而可以不断修整产品体验和内容运营模式，完善精准算法模型，完成传播闭环。

川观新闻客户端 9.0 版提出了智能化和社交化迭代方向，在智能反馈环节用心良苦，把数据驱动的核心理念贯穿始终。一是通过不断强化社交功能引导用户互动，提升了用户参与度。通过组建用户运营团队，来完善用户互动评论体系，对评论功能进行重点打造，包括精选评论等，并通过机器审核辅助评论审核，以确保内容安全。二是通过用户使用情况，完善群体画像。川观新闻通过数据埋点，优化了产品体验和运营活动模式。定期整理客户端数据报告，通过可视化 BI 报表详细分析用户行为数据、内容传播数据、综合阅读评论点赞转发转载数据并通过内容考核算法模型，为内容提供更加科学的传播力指数，为内容策划提供更多参考。一个用户的点击、文章阅读、阅读返回、搜索点击、对搜索结果不准确直接反馈等行为，还可以为搜索算法提供直接的优化依据，实现个性化推荐算法的自我迭代。

机器与人对话成为常态

川观新闻客户端 10.0 版的迭代中，以"小观"数字人为依托推出了全新"小观智能助手"，用户可与"小观"进行直接语音对话。在川观新闻首页点击"小观"入口，可以快速唤醒"小观"智能助手。通过识别用户意图，"小观"可以自动化地帮用户完成点击和打开等操作，自动化推荐新闻和执行搜索，成为用户的资讯助手和操作助手，满足用户所需所想，完善用户智享体验。

一是智能推荐交互。作为资讯助手，"小观"会将用户主动发出的指令判断为推荐意图、搜索意图或问答，并返回有关数据。就拿推荐意图识别来说，用户在"小观"个人主页只需要说出想看的新闻类型，"小观"识别用户意图后，便会向其推荐符合兴趣的新闻。

二是智能操作交互。作为操作助手，"小观"将引导用户通过语音或者文字发出一系列特定指令，并自动为用户进行相关操作，打开客户端的相关页面。通过与"小观"的语音对话，用户能够直接打开 App 内热门功能，如活动中心、积分商城、数字报、运营活动、问政四川、查找记者、打开频道、打开川观答题等。

三是智能搜索交互。川观新闻客户端 10.0 版持续进行川观算法搜索技术的智能化迭代。重点优化功能包括：全面升级"小观"对搜索关键词的理解能力和全文检索准确性，优化搜索新闻的时效性。搜索除标题匹配之外，新增正文内容匹配，并在搜索结果中以摘要形式高亮展示。

机器参与绩效分配

智能反馈还被应用到采编稿分评定和绩效考核之中。以前，记者的稿分评定权一般掌握在值班总编或者评报组手中，但一千个读者心目中有一千个哈姆雷特，难免会因个人好恶导致稿分偏差。智能时代，通过对原创报道效果数据的跟踪、分析、权重设计，可以对记者稿分进行智能评判，在数据上做到人人平等。对此，封面新闻"云智一体"SaaS 平台搭建了绩效考核分析模型，通过对生产链路上的各种数据（如采写时间、采写地点、审核稿分、稿件质量评估、传播情况、加权配比等）进行分析，最后给出定量的绩效得分。

可以看到，人工智能技术已经持续地为信息生产与传播赋能，实现主流媒体生产全流程、全链条的深刻变革。人工智能技术赋能信息采集、生产、分发、反馈等各环节，大大提高了生产效率，向人机协同的高质量、高效率生产与传播迈进了一大步。可以预见，随着人工智能技术的不断进步，还有更多的惊喜在前方等着我们。科技向善，科技向上，人工智能技术必将更好地服务于信息传播的发展与变革。

第五节　智媒实验：走在时代前列

中共中央办公厅、国务院办公厅印发的《关于加快推进媒体深度融合发展的意见》明确指出，要以先进技术引领驱动融合发展，用好5G、大数据、云计算、物联网、区块链、人工智能等信息技术革命成果，加强新技术在新闻传播领域的前瞻性研究和应用，推动关键核心技术自主创新。

建设智媒体，必须依赖技术洞见，以科技为核心驱动，对科技始终保持敬畏，努力把握未来二十年的发展趋势，保持对技术的敏感性，把推动关键核心技术创新作为主攻方向，积极开展新闻传播领域相关技术的前瞻性研究试验和应用。

OpenAI 的实验划时代

2022年11月30日，美国人工智能研究公司OpenAI研发的ChatGPT横空出世，在全球范围内形成了热烈讨论。

自2022年以来，包括AI绘画在内的AIGC不断刷爆网络，其强大的内容生成能力给人们带来了巨大的震撼，代表着AI技术从感知、理解世界到生成、创造世界的跃迁，正推动人工智能发展步入下一个时代。信息技术快速发展，推动传播方式、舆论格局、文化形态发生深刻变革，迫切需要我们加快前沿智能传播实验探索，抢抓全球信息革命机遇。

从国内外来看，随着信息传播技术和媒体发展生态的演变，包括中国、美国、日本等国的高校都在媒介实验室建设中加强了新技术探索，加强了跨学科间的联系。其中许多未来实验室是无边界模式的，与行业内的媒体、互联网公司、科技公司合作共建也是全球范围的大趋势。

中华人民共和国科学技术部批准建设的 4 个国家重点实验室分别为：媒体融合与传播国家重点实验室、传播内容认知国家重点实验室、媒体融合生产技术与系统国家重点实验室、超高清视音频制播呈现国家重点实验室，4 个国家重点实验室各有侧重、各具特色。此外，国内一些省份也加快了建设媒体技术实验室的步伐。

2021 年 3 月 11 日，湖南日报社和国防科技大学计算机学院联合共建媒体融合内容感知与安全湖南省重点实验室。2021 年 12 月 4 日，甘肃日报报业集团启动建设甘肃省媒体融合技术与传播重点实验室。2021 年 12 月 30 日，云南首个媒体融合生产领域的省级重点实验室授牌成立，该实验室由云南省科技厅批准、云南日报报业集团负责建设。

可以看出，从国家到地方，信息传播技术实验的探索与创新都被放到重要位置进行谋划。

全媒体技术与传播认知实验室

为加强智媒技术研发与应用，四川日报社联合中国电子科技集团公司第三十研究所、电子科技大学等单位，于 2021 年正式启动全媒体技术与传播认知实验室建设。实验室的学术委员会主任由中国科学院院士、西南电子电信技术研究所研究员朱中梁担任，副主任由中国电科首席科学家饶志宏担任，11 位国内优秀的大数据、人工智能、传媒技术领域中生代科学家担任委员，已召开第一次学术委员会会议。实验室共配备研究人员 45 人，由共建单位与四川日报报业集团的技术骨干组成。

实验室以中央和四川省委重要战略部署为指引，充分发挥人工智能、大数据等智媒体技术优势，以应用技术基础研究为定位、学科交叉融合为特色，致力于构建全媒体技术研究与应用体系，为建成全国一流新型主流媒体提供一流技术支撑。实验室的主要研究方向如下。

探索主流价值传播认知，壮大主流思想舆论。实验室致力于全媒体数据的主流价值观精准引导与评估，基于社会媒体数据的知识图谱构建与精准画像技术，探索主流价值观内容的多渠道动态传播机理，推动主流内容传播智能化。

探索虚假信息治理认知，清朗网络传播空间。实验室致力于跨媒体虚假信息检测与识别，通过训练跨模态共性表征及多取证线索挖掘与关联技术，让快速演变的虚假信息可检测、可识别、可阻断，推动虚假信息治理智能化。

探索热点舆情引导认知，助力热点舆论引导。实验室致力于网络传播内容的安全与智能治理，研发重大突发敏感事件态势认知与辅助决策技术、跨平台协同计算与精准化信息引导技术，对问题舆论快速反应，推动网络舆情治理智能化。

探索 AIGC 内容创作认知，加强数字智媒建设。实验室致力于智慧内容生产与智能创作产品研发，建强多模态理解、内容生成、智能交互等 AI 核心能力，深入研究 AI 绘画、AI 模型生成、AI 文本生成等领域的技术，推动内容创作智能化。

探索对外传播效果认知，对外讲好四川故事。实验室致力于国际传播技术应用示范与效果提升，研发巴蜀文化人机协同传播范式及效果追踪技术、少数民族文化的跨平台精准传播技术，推动国际传播智能化。

实验室已有多项研究成果助力解决媒体融合领域关键基础性技术问题。例如，主流价值算法"川观算法"走在国内前沿，"小观数字人"顺应 AIGC 前沿趋势，智能审核技术在内容安全生产上已开始发挥重要作用，"智能媒资创新平台项目"入选四川省数字经济应用场景示范项目，四川日报报业集团入选 2022 年四川省数据要素市场化配置改革试点单位。

第四章

智慧内容：
智媒体的灵魂所在

价值观引领是前提
守正创新是根本
议程设置是手段
人文温度是气质
新技术产生新内容
构建内容生态

有观点认为，智慧媒体，通俗地讲就是聪明的媒体，就是最懂用户的媒体，用户最喜欢什么，媒体就报道什么。比如，每个用户都有自己的喜好，媒体就充分利用算法推荐等新兴技术，根据用户的个人喜好为他量身定制属于自己的媒体，推送他喜欢的信息和感兴趣的话题内容，也就是个性化媒体。但是，仅仅有这个就够了吗？很显然，个性化媒体会给用户带来"信息茧房"等弊端，会造成舆论场的不平衡和用户获取信息的不全面，长此以往会导致用户对世界的认知偏差和认识偏颇。

那么，什么是真正懂得用户的媒体呢？一味地迎合用户的需求和兴趣就是懂得用户了吗？这或许要打上一个大大的问号。

在一些专家学者的概念里面，把智慧媒体等同于智能媒体。对智慧媒体的定义还局限在"用户想要得到他喜欢的内容"这样一个技术赋能内容传播的层面上。比如，在百度搜索"智慧媒体"，会出现这样一段表述："智慧媒体从定义上是利用情景感知计算，分析信息消费者的环境、行为和偏好，提供与用户需求相匹配的内容、产品和服务，以提升消费者的用户体验。智慧媒体是以互联网为基础，依托在不同的智能终端上，结合云计算、云存储这些新的技术，让用户可以快速判断、分析、截取到他想要得到的内容。"

2021年四川大学专业型硕士考试中有一道题目就是"智慧媒体"的名词解释。其参考答案是这样的："智慧媒体是指立足于共享经济，充分发挥个人的认知盈余，基于移动互联网、大数据、虚拟现实、人机交互等新技术的生态系统，形成了多元化、可持续的商业模式和盈利模式，实现了信息与用户需求的智能匹配的媒体形态。其主要特征是：一是万物皆媒，过去的媒体是以人为主导的媒体，而未来，机器及各种智能物体都有媒体化可能。二是人机合一，智能化机器、智能物体将与人的智能融合，共同作用，构建新的媒体业务模式。三是自我进化，人机合一的媒介具有自我进化的能力，机器洞察人性的能力、人对机器的驾驭能力互为推进。智慧媒体的突出代表有封面新闻，它是面向全国的综合性互联网新闻产品，目标是打造全国一流的智媒体。封面新闻将形成循环式的高效智能媒体生产生态，与阿里云联合，塑造一个强大的'ET 媒体大脑'，探索机器写作、人机交互、智能'三屏合一'等智媒体的应用创新。"很显然，从这一段表述里我们可以看到，对于智慧媒体的定义，业界和学界有很多不同的看法，往往把智慧媒体与智能媒体甚至智媒体本身混为一谈，我们有必要定义一下智慧媒体。

我认为，智慧媒体就是利用智媒技术赋能信息生产与传播，并以主流价值观为引领，生产传播符合用户需求新内容的媒体形态。智慧媒体的基础是智媒技术牵引，核心是生产传播新内容，前提是内容必须符合主流价值观导向。

在这样一个定义里面，人和机器协同生产，或者说人机合一就变得十分重要了。从某种程度上说，在这里所强调的智慧媒体，人的把关审核和价值牵引实际上是要高于机器的自动化、智能化生产的。所以，那种单纯满足用户对信息的喜好和需求的推荐算法驱动的媒体不是真正意义上的智慧媒体，只有在"主流价值观导向 + 机器赋能"双向作用下生产出来的新内容传播平台才是智慧媒体。当然，那种在传统媒体时代生产的内容，因为无法满足智能传播时代用户对内容的需求，也不是智慧媒体所需要的新内容。说到这里，我们可以为"新内容"列一个公式：价值观 + 技术 + 内容 = 新内容，也就是符合主流价值观的技术新内容。

第一节　价值观引领是前提

智慧媒体必须实现价值观引领，这是智慧媒体的灵魂，也是智媒体的灵魂。失去了价值观引领的媒体不是智媒体，更不是智慧媒体，甚至谈不上真正的媒体，最多算一个信息堆积的杂货铺。我们现在有很多这样的所谓的媒体，堆砌了很多信息，但是没有灵魂，在众声喧哗中人云亦云，谈不上什么引导舆论，本质上不能算真正的媒体。而在价值观引领中，要突出人和机器的共同作用。人的作用主要体现在编辑部的审核把关，机器的作用主要体现在主流推荐算法。

价值观主导算法至关重要

编辑部的审核把关能力决定了智慧媒体水平。组建一支专门的训练有素的审核把关队伍，对主流媒体而言至关重要，这样的队伍在生产和传播各个环节都能够把握好政治方向和政策导向，实现价值观引领的意图。这需要人工把关的底线思维，也是智慧媒体的现实需求。虽然在审核环节，我们已经实现了机器审核，或者机器的预审核，审核内容包括文图和音视频，但是机器在这方面无法替代人的审核作用，在关键环节和敏感内容上，仍然需要人的智慧把关。我们的生产场景仍然是人和机器一同审核把关，才能最终发布。对于传统的审核把关流程，我们比较熟悉，但是对于人机协同把关，我们还需要不断学习和适应。

对于机器的推荐算法，我们一直主张主流媒体算法，就是要区别于商业平台的唯兴趣爱好的推荐算法。我们不否认或者不完全反对商业算法对智媒体进化的推动作用，但是，一味地迎合用户的兴趣爱好而放弃了主流媒体的责任和使命，不是我们的选择。价值观引领需要对机器的推荐算法植入主流价值观的灵魂，不然，机器推荐算法就如同脱缰的野马，因无法掌控而对社会造成信息传播的灾难。对于主流媒体而言，推荐算法尤其要注入主流价值观的基因。

建设智媒体，必须在技术研发中赋予价值。技术作为智媒体建设的驱动力量，发挥着越来越重要的决定性作用。技术本身并没有价值观，没有喜好偏好，它是客观而中立的。但是技术由谁掌握，由谁决定，往往就决定了它带有什么样的价值观。就目前来看，技术还是掌握在人类手中，不同的人就有不同的价值观。特别是信息传播中的算法技术，就是由各种算法标签来实现的，而这些算法标签就是人为设定的标准，这样的标准就是价值观。我们说技术赋能，不仅是指技术在效率提升和节约成本方面能够帮助传统媒体实现数字化转型，同时也要赋予技术和算法价值观的灵魂，实现价值引领的目的。

回归媒体职责使命

除了用价值主导技术，建设智媒体还要回归自身职责使命，持续加强社会主义核心价值观传播。

对智媒体来讲，让核心价值观传播像"空气一样无所不在"，就是"拟态环境"的再造和强化。李普曼在经典著作《舆论学》中说，"作为超越我们直接经验认识广阔世界的窗户，新闻媒介决定了我们对这个世界的认知地图"。他提出了"拟态环境"理论，认为大众传播形成的信息环境，不仅制约人的认知和行为，而且通过制约人的认知和行为来对客观的现实环境产生影响。在智能传播生态下，要提升社会主义核心价值观传播的有效性，主流媒体就要不断强化核心价值观的"拟态环境"。

营造"拟态环境"的重点在于对客观现实环境产生影响。在传播社会主义核心价值观的基础工程中，首要工作还是要改变传统"空对空"的传播，解决宣教味浓、参与性弱的问题。通过策划、举办各种形式的活动，实实在在地让广大群众参与弘扬真、善、美的活动，在一次次互动和参与之中加强群众对核心价值观的认识和感知，使其落地生根，入脑入心。

面对广大群众对传统媒体的依赖性减弱以及信息获取"去中心化"的问题，主流媒体作为党和政府主流声音传播的主阵地，必须责无旁贷地加强社会主义核心价值观网络舆论场的营造。对此，主流媒体必须从内容、渠道、技术、形式等方面着手，创新社会主义核心价值观传播的载体，使之符合网络传播规律，提升传播效果。

在加强社会主义核心价值观报道时，要进一步改进文风，运用年轻态的新闻叙事方式、语言表达方式，强化短、新、实的文风，大力提升报道的可读性，从读者视角将报道采写得精彩可读、引人入胜，这样才能走进人心。

第二节　守正创新是根本

什么是守正创新呢？所谓守正，就是恪守正道，也就是事物的本质与规律，坚持按规律办事；所谓创新，就是要改变旧的、创造新的，敢于探索新的思想和发展方向，即坚守正道又力求出新。其次，对于主流媒体而言，守正，就是坚守主流价值观，坚持新闻传播规律，坚定正确的政治方向、舆论导向、价值取向；创新，就是勇于突破表达方式，善于运用新技术赋能内容生产与传播，提升传播力与影响力。这应该是对智慧媒体的总体要求。所以，智慧媒体更多地强调内容创新，而创新的方式既有价值观的引领，体现编辑部的主导作用，也有智媒技术的赋能，运用新技术产生新内容，还有职业记者、编辑的内容创造，生产更具人文情怀的带有思想和温度的好作品。

让主流化和年轻态相统一

在打造智媒体的过程中，要始终体现"以内容为根本"，"内容为王"，始终坚持"人"的主体地位和主导作用。我们把新技术放在内容生产与传播的驱动与引擎位置上，但是不能本末倒置，要注重发挥人的核心引领和价值牵引作用，不断推出守正创新的精品。

我们坚持守正创新，要坚持内容主流化和年轻态相统一。主流化，就是坚持主流价值导向，做好主流内容选题，加强主流思想输出；年轻态，就是用更年轻的版面呈现、更年轻的传播介质、更年轻的表达方式来宣传好党的主张、党的声音，反映好人民利益、民生冷暖。通过主流化与年轻态有机统一，让党媒更好地担负职责和使命，引领社会、凝聚人心，让中心工作、政策解读、主题宣传、典型宣传、成就报道与互联网话语形态相结合，提升主流舆论的亲和力、感染力。比如，四川日报全媒体充分改进话语方式，以朴实的百姓语言、新颖的网络语言讲道理、讲政策，把"有意义"做得"有意思"，把"重要的"做成"需要的"，让用户爱看、想看，使党的声音传得更开、传得更广、传得更深入。

以"精"做强主流。进一步适应移动互联网时代的新闻传播规律和用户阅读习惯，瞄准更加权威的信息发布、更加准确的政策解读、更有深度的新闻分析、更加及时的舆论引导、更加务实的文风作风，强调精彩故事、精当引导、精辟阐释、精深挖掘、精准传播、精美呈现，持续做强精品内容，不断提升四川日报全媒体主流舆论影响力。四川日报全媒体进一步创新打造《思想周刊》《人境》《经济周刊》《天府周末》等精品周刊，就是力图在互联网环境下提升报纸的精品特质。其中，《思想周刊》得到了中国人民大学校长刘伟、著名国际关系学者郑永年、著名经济学家林毅夫、复旦大学历史学教授葛剑雄等名家点赞。

以"互"优化供给。用供给侧结构性改革的思路，筑牢"内容为王"、精品价值"压舱石"。优化供给有保有压：保重点、深度、观点报道，压缩低效、滞后、碎片化信息；强化品质有增有补：增加思想评论、视频，补齐互动短板，在互动的"互"字上真正交互起来。比如，川观新闻大力打造"川观号"，围绕目标用户需求，倾力打造高端、优质政务新媒体平台，面向四川各级各地党政机关、群团组织、重点企事业单位、高校等，发掘并支持优质的政务新媒体与好内容，让各系统、各行业的故事"出圈"，共同壮大主流思想舆论。

以"新"年轻迭代。融合发展应坚持移动优先，以移动客户端为主平台，按照"用户至上"的理念围绕用户构建新产品，用新产品服务用户，用新产品增强年轻态。比如，川观新闻首屏强化四川重要政经新闻首发，思想性、观点性内容生产，调查性、独家性新闻报道，并且按照产品化、IP 化、视听化、专栏化方向，重点打造平台级新产品，将更多采编力量、平台资源投入有竞争力的内容产品中，提升拳头产品的传播力和影响力，使《四川日报》这个 72 岁的媒体在互联网上以更年轻的形态传递主流声音。

面向 Z 世代

Z 世代是未来社会的生力军。要建设智慧媒体，巩固壮大主流思想舆论，就必须面向他们，以新主角、新语态、新技术打造高质量内容，提升对他们的传播力和引导力。

2023 年成都大运会是一场全球 Z 世代的盛会，参赛者年龄限制为 17~28 岁，正好属于 Z 世代。做好大运会报道，就是做好 Z 世代报道，面向 Z 世代讲好青春、团结、友谊的故事。四川日报全媒体在成都大运会的国际国内传播实践中做了一些探索。

以"Z 兴趣"为选题方向。体育、游戏、动漫、美食等题材是各国 Z 世代的共同爱好。四川日报全媒体以 Z 世代个性化、圈层化的兴趣来筛选主题，以体育报道为切入点，把"亚文化""酷文化"元素融入产品，借势推广三星堆、大熊猫、武术、川菜等"四川名片"，用创意实现了"破圈"，在展现体育精神的同时，充分展示了真实、立体、全面的新时代的中国形象、四川形象。2023 年 7 月 28 日，在大运会开幕、三星堆博物馆新馆开馆的时间节点，川观新闻推出了《大运会遇上三星堆》超燃国风 MV，手绘穿越山水画卷，同时配以 AI 绘画展现大运风采，并改编了国风破亿神曲《骁》。原创歌词唱出了古蜀传说和青春天府，让三星堆文物"活"了起来。视频一经推出即获多方点赞，新华社客户端等全国多家媒体和平台转载，凤凰、新浪、搜狐、网易等商业网站首屏置顶显示，全网曝光量超过了 3 亿人次。

川观新闻把"酷文化"元素融入主题宣传，推出《大运会遇上三星堆》超燃国风 MV

以"Z 代表"为叙事主角。"明星"运动员是 Z 世代群体的优秀代表，是 Z 世代受众的同龄人。以"明星"运动员为体育报道的叙事主角，可迅速拉近受众与故事的心理距离，提升正向引导力。在体育赛事报道中，四川日报全媒体注重挖掘年轻人台前幕后的精彩故事，来提升报道的感染力和关注度。大运会期间，《四川日报》《人境》周刊推出了"我是火炬手"特刊，深度讲述了 12 个年轻运动员火炬手的故事，引发广泛关注，点燃青春梦想，共赴青春之约。通过采访体育界 Z 世代的代表，讲述他们运动生涯中的成长经历、对体育精神的传承与理解，激发了 Z 世代读者对体育的热情和参加体育运动的积极性。该特刊版式设计灵动、时尚，用饱满的精神状态，向世界展示了新时代青年的精气神。

第三节　议程设置是手段

议程设置不是一个新鲜的话题。议程设置是大众传播的一个学术概念，也是大众传播的重要社会功能和效果之一，由美国传播学者麦克斯威尔·麦克姆斯和唐纳德·肖于1972年提出。议程设置也是智慧媒体的重要实现手段。在主流媒体的新闻采访和报道活动中，我们常常要设置重要话题，推出系列策划，以强化报道重点，引发公众关注。总编辑就是总策划，指的就是议程设置作为编辑部的一项重要工作，已经成为常态抓手。

强化议程设置的极端重要性

在智能传播时代，议程设置更加重要。只有强化议程设置的极端重要性，才能在众声喧哗的互联网舆论里发出强烈声音，起到舆论压舱石的作用。比如，2022年5月30日，浙江省委宣传部上线的"浙江宣传"微信公众号，就以其大胆犀利的议程设置而风靡传媒界。"浙江宣传"找准公众关注的热点、焦点、痛点和难点问题，及时推出并调整评论内容的议题和框架，增强舆论引导的针对性和精准性。"浙江宣传"推出的《"低级红""高级黑"的六种形式》《历史不会浓缩于一个晚上》《嘲讽"小镇做题家"是一个危险的信号》《传统媒体干好新媒体需治"8种病"》等一系列爆款产品，既有效引导了公众认知，也有效引导了主流价值观，堪称在重大舆论热点中议程设置的典范之作。

议程设置的核心观点是，大众传播媒介在一定阶段内对某个事件和社会问题的突出报道会引起公众的普遍关心和重视，进而成为社会舆论讨论的中心议题。美国学者沃纳·塞佛林和小詹姆斯·坦卡德在其《传播理论：起源、方法与应用》一书中，对议程设置理论进行了较为理性的讲解，认为"媒介的议程设置功能就是指媒介的这样一种能力：通过反复播出某类新闻报道，强化该话题在公众心目中的重要程度"。50 多年过去了，虽然媒介生态发生了日新月异的变化，传统媒体在承受衰落的阵痛，飞速兴起的互联网新闻业也在经历着从门户网站到移动媒体再到社交媒体的转变，但议程设置理论仍然被广泛应用于新闻传播实践中。

在主流媒体建设智媒体的过程中，要实现对主流舆论的强化与引导，议程设置也是重要的方法和手段。以四川日报全媒体经济报道为例，就可以窥见议程设置在主流媒体中的常态化运用。

一是围绕"国之大者"，做好党的创新理论宣传阐释，推出"新质生产力"系列全媒报道。2024 年年初，四川日报全媒体紧扣"因地制宜发展新质生产力"这一主题，精心策划了一组理论评论、行走调研和深度报道。强化理论阐释，突出知识普及。依托川观智库资源，四川日报全媒体连续推出了 7 篇关于川观理论"因地制宜发展新质生产力"的专题文章，还邀请专家学者展开深入、系统、权威的解读，这些文章被上百家媒体转载。后又集中发表了系列评论员文章，持续阐释这一创新理论。强化深度调研，突出样本塑造。除此之外，还推出了《寻链·新质生产力十城演义》系列报道，选取全国产业链条最为完整、创新能力和国际化水平最高的 10 个先进制造业集群作为研究样本，深入调研了湖南长沙、辽宁沈阳、上海、浙江乐清等地，如何构建产业链闭环、推动深度融合、提升创新能力，并分别以"成链记"深度调研报道、"新质早八人"Vlog（视频博客）、记者观察手记等方式，构建起立体、多元的叙事报道体系，提炼出可供借鉴的成功经验和破题路径。

二是聚焦重大节点，做好经济报道的鲜活成就展示，推出"丝路花正开"全球调研行系列主题报道。在 2023 年第三届"一带一路"国际合作高峰论坛召开前夕，四川日报全媒体推出了《丝路花正开——"一带一路"十周年全球调研行》系列报道，以鲜活事例充分展示了"一带一路"倡议所取得的成就，提升了重大经济主题报道的故事性、可读性和说服力。

注重对内对外传播"双循环"。在报道前期一个半月的采访中，17 名记者兵分四路，深入亚洲、欧洲、非洲、大洋洲的 11 个国家寻找丝路新故事，一边行走一边采访一边报道，做到了调查记者与双语记者联合出击、纸质报道与网络报道交相辉映、国内传播与国际传播同频共振。其中，"丝路行思"系列高端访谈子栏目，邀请沿线国家的政界和商界负责人，讲述了"一带一路"倡议带来的变化，探讨未来的合作机遇。

注重全媒全域传播"双促进"。系列报道推出了《十年十谈》视频子栏目，侧重采访沿线国家的企业和项目负责人，以他们为主角来讲述丝路新故事。在"全球寻找四川密码"系列的 Vlog 视频中，记者以打卡"一带一路"共建项目的方式呈现了有趣而精彩的点位。在论坛召开当天，《四川日报》推出了收藏特刊。整组策划报道兼顾政府、商界、民间的声音，形成了相互呼应、良性互动的局面，全网传播超过 1.3 亿次。

三是服务中心工作，做好党委、政府发展战略的落地参谋，推出"工业灯塔十城行"系列报道。围绕四川省委提出的"四化同步、城乡融合、五区共兴"发展战略，特别是聚焦新型工业化首位战略，四川日报全媒体推出了"工业灯塔十城行"系列报道。多路记者深入省内外制造业分布比较密集的十座城市——上海、宁波、合肥、深圳、佛山、苏州、襄阳、攀枝花、德阳、成都，采用一线探访等方式，为四川推进新型工业化树立了标杆，提供了可资借鉴的经验。系列报道引发了社会反响和同行热议，上百家媒体转载，全网传播超 1 亿次。

重视靶向聚焦。在采写上突出目标聚焦、问题聚焦，对于每个城市，突出其在全国工业版图中的位置，选择其在工业发展中最具代表性的特点，进行靶向探访。比如，《探访宁波单项冠军企业："小而美"的极致制造》《感受深圳新速度——所有问题都在"创新"中获得解答》等，都体现出了差异化、个性化的城市特点和报道特色。

重视调研意识。本组系列报道带着强烈的调研意识，把 25 家典型的制造业企业作为细致剖析的对象，与十座城市的有关部门负责人进行深度的交流座谈，向来自高校和科研院所的专家学者取经问道，提炼出"城市方法论"系列主题，力求完成这一新型工业化的"全景教科书"新闻报道。

像这样的议程设置案例，在主流媒体中每天都在发生。可以说，议程设置是主流媒体的常态化操作手段，已经成为主流媒体的生命基因，也如同血液一样，在主流媒体的身体里流淌。

在突发事件中抵达现场

主流媒体要充分发挥在突发事件中能够抵达现场的优势，提供真实、全面、客观的报道，以满足公众的信息需求。不得不说，抵达现场是智慧媒体的重要能力，尤其是在今天的智能互联网时代，在未来物联网高度发达的时代，在人们可以轻易获取信息的时代，在人工智能可以生产信息的时代。这是主流媒体的价值和意义，也是存在的重要理由。

实现首达首发。突发事件往往关注度高，并且由于信息不对称，也容易引发各种猜测，从而产生谣言和舆情。因此，突发事件发生后，主流媒体要突破和克服各种困难，第一时间抵达事件现场，并做到首发稿件，为公众提供真实的第一手信息。在这方面，人民日报社、新华社、中央广播电视总台表现得非常突出，无论是国内的突发事件，还是国外的突发事件，三大央媒都能凭借它们的独特优势和社会责任，第一时间赶赴事发现场，报道事件真相，传递温暖力量。省级主流媒体在这方面也有可圈可点的表现，在地震、洪灾、新冠疫情等重大突发事件中，有很多地方媒体人的身影活跃在现场，他们和央媒一起共同诠释了主流媒体人的责任和担当。案例很多，这方面的总结文章也很多，这里就不再列举了。

做到全景呈现。主流媒体到了现场，就要充分借助现代传播手段，进行全景报道，特别是在条件允许的情况下要进行直播。开展全时全景的实时报道，向公众及时传递事发现场的进展，有助于公众了解事件动态，及时澄清谣言，对维护社会心理和社会稳定都有积极意义。在这个过程中，主流媒体要秉持"快报事实、慎报原因"的基本原则开展报道工作，把社会责任真正落实到现场采访的每一个环节，做到不抢报、不漏报、不虚报、不晚报，以新闻真实为第一要求，以社会效果为第一考量，为事件良性发展作出主流媒体的努力。

挖掘暖心故事。在对突发事件的报道中，主流媒体要积极营造良好的舆论氛围，要坚持正能量这一报道总要求，挖掘温暖人心的故事，采写直抵人心的作品，力求出彩出圈，取得良好传播效果。

人在突发事件中永远都是第一关注焦点。抓住事件中的人物命运，聚焦感人细节，形成突发事件中的"一股清流"，既能让报道鲜活生动，也能增强战胜困难的力量。主流媒体要保持冷静和客观，坚持"以人为本"理念，始终高扬理想旗帜，不为流量而折腰，不为出圈而出格，在突发事件报道中要发挥舆论场"中流砥柱"的作用。

在热点话题中发声定调

从客观上讲，当前主流媒体在热点话题中还时有失语和失声的现象，没有发挥好主流媒体"一锤定音"的作用。我们看到，不少主流媒体发出的声音似乎越来越难以直抵人心，一些从业者还假装看不见。很多主流媒体都开设了评论、言论和理论栏目，但大多还是自说自话，在小圈子里面传播，甚至谁写谁看、写谁谁看，无法做到让受众接收，更谈不上引导舆论。

遇到热点敏感问题，一些主流媒体害怕惹事，明哲保身，宁愿绕道走，也不愿直面发声，丢掉了媒体的职能，实际上也放弃了引导舆论的机会。事实上，在热点话题面前，主流媒体才有出圈的机遇，如果因为害怕发错声音，就对热点话题避而远之，那么不仅会辜负公众的信任，也会失去发展的机会。

主流媒体要积极参与到热点和敏感舆论的引导和斗争中来，发挥瞭望者、思想者、建设者的媒体使命，利用思想和评论来有效引导公众关注的问题，放大正面声音，澄清模糊认识，汇聚网络声量。同时要善于运用可亲可感的内容和语态，摒弃官话和套话，既晓之以理，又动之以情，引发共鸣，实现共情传播。

"浙江宣传"公众号在热点话题中的表现可谓一骑绝尘，表现卓越。"浙江宣传"是浙江省委宣传部主办的官方账号，于2022年

5 月 30 日上线，迅速在网络上出彩出圈，10 万 + 的阅读量是常态，成为名副其实的"网红"。省委宣传部亲自下场做舆论引导，做官方的政务账号，当时是绝无仅有的事情，不仅需要担当，更考验能力。"浙江宣传"究竟做对了什么呢？总结和研究其成功经验的观点很多，我认为，至少以下三点是较为重要的。

一要敢于并善于切入热点。热点是公众高度关注的话题，敢于切入热点体现了主流媒体的职责和使命，也是引导舆论的最好时机。善于切入热点则体现了主流媒体的能力水平，体现了舆论引导的"时度效"，同时，要做到言之有理、有据、有节、有用。"浙江宣传"就积极切入热点发声，赢得了用户，也收获了流量。比如，针对佩洛西窜访台湾事件，当天晚上推出了《历史不会浓缩于一个晚上》，指出台湾问题不可能靠意气用事解决。又如，文章《嘲讽"小镇做题家"是一个危险信号》亮出鲜明观点：出生于"小镇"没有什么不光彩，中国有无数个"小镇"；不管怎样，没有一种追求更好人生的努力可以被轻视。

二要敢于并善于讲出人话。敢于讲人话，是个勇气问题；善于讲人话，是个艺术问题。主流媒体要把敢于讲人话和善于讲人话结合起来，才能占领阵地，拓展市场。中宣部副部长——中央广播电视总台台长慎海雄评价说，"浙江宣传"善于讲开门见山、直奔主题的"短"话，善于讲直抵人心、一针见血的"实"话，善于讲掷地有声、锐利深刻的"新"话。2022 年 5 月 30 日，"浙江宣传"在开篇文章《我们来了！》中就作出承诺："在表现形式和风格上遵循互联网传播规律，不绕弯子、不卖关子。"比如，在《主题宣传怎么避免"谁写谁看，写谁谁看"》《欧阳修是如何"改文风"的》等文章中，就直接聚焦改文风的痛点、难点、要点，也从自身的每一篇文章着手，改进文风，树立标杆。总之，"浙江宣传"在努力说短话、说实话、说软话、说金句等方面进行了卓有成效的探索，取得了可喜可贺的成绩。

三要敢于并善于表明态度。作为官方账号，"浙江宣传"一点也不显得"官方"，在定位上就立足于办给公众看，少了很多"官气"，多了很多平民色彩，这是一种有底气的态度。"浙江宣传"讲求以立场观点取胜，文章往往针对性强，从不隔靴搔痒，说事论理言之有物，针砭时弊、犀利尖锐，这是一种有立场的态度。"浙江宣传"注重与网友的互动，善于利用互动赢得网友的心，评论区的互动幽默风趣，既带来了流量，也赢得了"留量"。正如文章《没有互动的新媒体就没有灵魂》中写道：关闭评论区或者不善于经营评论区，是以看起来"不犯错"的方式，放弃了宣传引导的阵地渠道。敢于互动还要善于互动，以真诚和自信回应网友的提问与互动，这是一种有温度的态度。

在发掘真相中消弭谣言

主流媒体以追求真相为天职。今天，人工智能迅猛发展，特别是生成式人工智能，给社会带来了无穷的便利的同时，也给真相蒙上了一层厚厚的沙砾，使真相往往变得十分遥远。互联网上充满了各种谣言和虚假信息，新闻的真实性受到了前所未有的挑战。对此，主流媒体要发挥自己的品牌、人才、资源优势，对网络谣言发起进攻，核查事实，追求真相，为建设清朗网络空间贡献力量。

这里，以封面新闻互联网举报辟谣平台为例。2020年5月19日，由封面新闻承办的四川互联网举报辟谣平台上线运行。经过持续运营，辟谣平台累计发布权威辟谣内容1万余条，36条辟谣内容阅读量超过 1 亿，已经成为四川省治理网络谣言和第一时间澄清网络谣言的一个权威渠道、公开窗口、联动平台，在业界处于领先地位。

封面新闻承办的四川互联网举报辟谣平台，已成为治理网络谣言的权威渠道

重大事件"一锤定音"，供给真相击破谣言。自上线以来，辟谣平台便发挥了"压舱石"的作用，在重大事件谣言发生后，用事实击破谣言，起到了一锤定音的效果，让权威信息跑"赢"了谣言。比如，辟谣平台联合四川省凉山州委网信办、四川省公安厅等部门，推出了"揭穿视觉贫困谣言"专项辟谣行动，全网阅读量

达5亿。该专题报道作为网络治理案例在全省推广，引发了国家有关部委关注并联动多部门在全国范围内开展整治视觉贫困乱象的清朗专项行动，取得了积极效果。又如，辟谣平台持续紧跟热点舆情事件，在"中国电科员工痛批强制加班""四川雅安熊猫雕塑穿和服""地铁偷拍打人"等事件中迅速辟谣，以正视听，收到良好效果。再如，辟谣平台推出了大型人文报道"三星堆问答"，以国内三星堆研究学界最新的研究成果为依托，旗帜鲜明地反驳了互联网上对三星堆文化考古的不实谣言，进一步增进了公众对三星堆文化的理解，该系列报道全网传播超过亿次。

创新设计融媒呈现，拓宽辟谣信息传播边界。互联网生态下的谣言呈现出视觉化传播的新趋势，形式新颖，内容抓人。为了让真相比谣言更有吸引力，辟谣平台创新推出了《熊猫捉谣月榜》《辟谣四格漫》《小清话辟谣》《流言粉碎机》《辟谣知识点》等原创特色栏目，憨厚可爱的"熊猫侠"、专业干练的"小清"等卡通形象，组成"辟谣天团"主动出击，创新的辟谣形式，让谣言无处遁形。随着短视频成为公众喜闻乐见的视频传播方式，辟谣平台上线了视频IP栏目《真探队》，以真人主播出镜，结合社会热点，通过充满趣味的情景小剧场互动演绎，用视频化的传播方式，推动科学、权威辟谣信息入脑入心。比如，《三星堆挖出"飞碟"？还有更离谱的AI梗图》《"夜宵顶流"小龙虾，到底是"脏"还是"香"？》等内容均获得了很好的传播效果。

技术赋能高效联动，助力打造谣言治理新格局。辟谣平台按照"一键举报、智能处置、人工复检、多级处理、精细管理"的原则，建设大数据智能平台，通过智能技术，使得处置举报信息的人力大大节约，效率提高了3倍，处置准确率达99%。辟谣平台还加强与教育、卫健、公安等相关部门的协同，形成最快速度、最大范围的应急响应机制。同时，还向区县融媒体中心延伸下沉，形成"一张网"的基层谣言治理格局。辟谣平台还依托党政机关和群团组织，组建网络义务监督员和网络举报志愿者队伍，不断以活动为抓手，策动社会各界和网信系统共同发力。

第四节　人文温度是气质

在智慧媒体的内容生产中，思想深度和人文温度最能体现主流媒体的品质和灵魂。我们处在一个高速发展的时代，科技快速进化，人类社会迎来前所未有的剧烈变革。人们物质生活极大丰富，但也处在普遍的严重焦虑之中。《人类简史》的作者赫拉利说，人似乎再跨一步就能进入神的世界，"我们拥有的力量比以往任何时候都强大，但几乎不知道该怎么使用这些力量"。没有人文的科技是残缺的，我们必须加大人文内容报道规模，加强人文内容传播创新，为科技赋予正确的价值观。

智能传播时代，主流媒体推动媒体融合，建设全新传播平台，必须以守正创新的正气和锐气，着力创新内容、创新表达、创新机制等，创新中华优秀传统文化传播。

创新内容策划

在文化报道中，应注重围绕重大文化理论、重大文化主题创新策划，打造移动化、视频化精品。关于这一点，川报集团积极策划推出了《一起学习吧》《文化传承发展百人谈》《跟着总书记学

东坡》《当世界遇见苏东坡》《考古中国从蜀地出发》《汉字中国100讲》《四川6分钟》《问道川茶——品味川茶文化》等一系列重点文化报道，增强了文化自信，引起了良好的社会反响。为深入学习贯彻习近平总书记在文化传承发展座谈会上的重要讲话精神，2023年9月15日，四川日报全媒体策划推出了《文化传承发展百人谈》大型人文融媒报道，计划用2年时间采访100位优秀的专家学者、文学艺术家和文化传承发展相关机构负责人。截至2024年9月10日，《文化传承发展百人谈》专栏已推出50期专家学者

四川日报全媒体策划推出了《文化传承发展百人谈》大型人文融媒报道

访谈，融媒报道总传播量超3.6亿，引发了社会广泛关注，激发了大众积极参与文化传承的热情。

2023年2月4日，封面新闻正式启动了"寻路东坡"大型人文采访活动，派出9路记者，依次前往眉山、开封、徐州、黄冈、杭州、惠州、儋州、常州、平顶山市郏县等9个对苏轼有着重大意义的地方，沿着苏轼的人生足迹，寻访东坡遗迹与东坡故事，读

懂"千古文人——东坡"的多面人生以及他所处的那个群星璀璨的时代。"寻路东坡"系列报道以扎实的采访作风、翔实的新闻报道、充沛的行走感悟、独特的文体文风、丰富的文献史料，为读者呈现了一个真实可亲、丰富立体、有血有肉的苏东坡，受到了全国文化界和媒体界的关注。除此之外，聚焦 2021 年全国考古十大新发现，封面新闻还派出多路记者，深入全国考古十大新发现的每一个项目，进行详细解读，讲述挖掘故事，传播重大发现的意义和价值。以此为契机，走进"百年百大"考古项目中的典型遗址，揭秘考古工作者探索未知、揭示本源的故事，积极地展示了中华文明风采，相关报道全网传播量破 2 亿。

创新话语形态

三星堆新一轮考古发掘成果发布当天，由川观新闻、四川省文物考古研究院、三星堆博物馆联合推出的四川方言电音歌曲《我怎么这么好看（三星堆文物版）》的 MV，在各大新媒体平台刷屏。三星堆文物原创手绘动画＋最新发掘现场视频，让 3000 年前的古蜀文物在互联网上"活"了、火了。

融媒产品，创新重要，内核也很重要。三星堆的遥远神秘，本就足够吸引人，这是整个产品的基础。如何把灿烂的古蜀文明讲好讲活呢？川观新闻决定采用改编歌曲、制作 MV 的方式，把严肃的文博内容"掰开揉碎"，融入上口的歌词与"上头"的旋律中。

作品如何才能使年轻人喜闻乐见？"艺术的技巧就是使对象陌生"，换个更流行的说法就是"反差萌"。作品改编自大张伟的《我怎么这么好看》，这首歌有着只需要一个旋律就能够让人抖腿和跟着唱的"魔力"。

让文物"开口说话"不新鲜，但让它们开口唱电音则较少，加上用四川话来唱就更好玩儿了。肃穆的大立人一边拿着铲子挖挖挖，一边唱着四川话"啷个办啷个办"；威武的铜兽面蹦蹦跳跳，脚下还冒着动感光波……这些反差，给大家带来了耳目一新的审美感受和观看体验，满足了大家求新、求奇的审美趣味。

在设计风格上，作品结合三星堆文物的神秘气质和博物馆的陈列风格，选择了深受年轻人喜欢的赛博朋克风，为文物的一举一动加上了炫酷霓虹特效，让3000年前的古老文物与未来科技感碰撞出了充满张力和美感的效果，造就了网友口中的"好酷"！

作品不只是将年轻人喜欢的元素简单拼贴，还通过押韵贴切的歌词、真实细腻的手绘，让整首MV重构出了穿越千年的古蜀王国，用强烈的反差萌吸引了广大网友。

创作过程中，川观新闻主创团队把三星堆博物馆官网"国宝重器"一栏的61件作品都研究过，每一件文物都被策划师、动画师和剪辑师拿来反复讨论。究竟什么样的文物适合"绑骨骼"做动画、加什么样的特效更自然？主创团队经过反复讨论，最终选出其中23件文物加入了"堆堆乐队"。

该MV动画部分的所有文物画面，均来自川观新闻动画师的原创手绘，1∶1还原文物的造型、纹饰、颜色，甚至对于2021年3月20日新出土文物那些暂未修复的细节，作品都做到了最大限度的还原。我们把它当作一件新闻融媒产品，准确性是第一位的。

例如，初版歌词中有一句"埋了千尺盼望与你相见"，"千尺"等于300多米，但三星堆几大祭祀坑在发掘到一米左右的深度时就已有很多文物出土了，因此"千尺"这样的夸张是不合适的，于是主创团队将整段歌词进行了修改。

又如，动画中有一只顶着太阳形器跑来跑去的小猪，这是三星堆"网红"陶猪。为了让它"跑起来"，动画师一开始用同色补全了身体，使它看起来毫无破绽。但最终为了遵循文物修复的"可辨识性"原则，动画师又一帧一帧将陶猪身体改为了白色，因为"不能误导大家，可以有艺术化处理，但文物不能失真"。

在人文报道创新方面，川观新闻已有过不少成功的融媒产品尝试：2020年，推出了互动H5《四川历史名人连连看》，运用神奇的六度分离理论将冷知识和主旋律巧妙结合，点燃了万千网友的"八卦之心"；2019年，推出了一镜到底H5非遗版《千里江山图》，用唯美的画风搭配传承千年的中华瑰宝，带大家开启了"非遗守艺人之旅"……这些融媒产品都是将严肃冷静的人文报道进行年轻化的演绎，且又不失内容的深度、广度，吸引了更多年轻人进行讨论和学习。

这一次，当千万网友都觉得唱电音的三星堆文物"有亿点点带感"时，我们看到了主流媒体"破壁出圈""很懂年轻人"的更多可能。融媒时代，主流媒体要做的是继续寻找各类重大主题报道和年轻化之间的最大公约数，加强官媒参与感，提高新媒体策划水平，让不同文化经由主流传播渠道渗透到更多圈层，让作品真正"出圈"。

第五节　新技术产生新内容

新技术在内容创新中的赋能价值已经变得越来越重要，新技术产生的新内容是智慧媒体内容的最大变量，也是最大增量。在日常报道中，主流媒体要注意运用新技术，采用 MG 动画形式，利用 AI 智能配音的动画技术，用 VR、AR、H5 等视觉化呈现和表达，吸引年轻受众的关注度，追求良好的互动传播效果。比如，封面新闻在 2020 年推出的"党史百年百篇"主题报道中，应用智媒技术和党史题材的有机融合进行了创新；在系列微视频产品《红船1921》《南昌起义前，周恩来为啥拍桌子？》中，运用年轻人喜欢的视觉化表达方式，开辟了年轻化传播路径，取得了比纯文字更具冲击力和吸引力的传播倍增效果。封面新闻还大胆探索了创意海报手机传播，在创意海报产品的生产中，结合人工智能技术和人工创意艺术，实现了在"小屏"主阵地传播中的突出业绩。

技术 + 内容的十八般武艺

以智媒技术赋能重大主题报道求新求变，主流媒体在这些年做过很多探索，也有很多成功案例。比如，每年全国两会主题报道，各家媒体都拿出了十八般武艺，比拼谁更能出新出彩，比拼谁更能火爆"出圈"。

人民日报社、新华社、中央广播电视总台等央媒可以说是第一方阵，当仁不让地起到了示范和引领作用。人民网在 2021 年全国两会期间推出的 H5 作品《2021，向着目标出发》、短视频栏目《代表委员说》、图解《两会弹幕说》等多形态的新媒体产品，就是深度融入了音视频、VR、AR、H5、直播以及人工智能技术，创新了新闻产品形态，提升了传播效果。

主流媒体运用技术 + 内容创新表达已经越来越常态化。主要的产品类型有：慢直播类视频产品、3D 类视频产品、航拍类视频产品、访谈类视频产品、创意海报类轻量产品、MV 等创意类产品、多模态融合类产品、大数据＋智库类产品、多平台聚合类产品等。这些产品都是新技术赋能的创新产品，是智能传播时代的新内容，"出圈"的爆款产品往往都是新技术赋能的产品。

拥抱视频化

世界总是在变，唯一不变的就是变化。拥抱变化，才有机会拥抱未来。四川日报全媒体一直在求变中砥砺前行，2023年起便把视频化转型作为战略方向，全力打造"C视频"品牌，主动投入视频传播主战场，努力实现从文图到视听传播的转身。

我们把时间再拉长一些，把视野聚焦在过去这十年，就会对变化的力量更加充满敬畏。这十年演进，一部智能手机能秒杀所有传播介质。十年间，信息传播符号也从以文图为主演进到了以短视频为主。

2023年3月2日，中国互联网络信息中心（CNNIC）发布的第51次《中国互联网络发展状况统计报告》显示，截至2022年12月，我国网络视频（含短视频）用户规模达10.31亿，同比增长了5586万，占网民整体的96.5%；其中短视频用户规模达10.12亿，同比增长了7770万，占网民整体的94.8%。数据要对比才有意思，2022年我国总体网民同比增长数量是多少呢？3549万！由此看出，短视频用户增长数是整体网民增长数的2.19倍。另外，短视频用户规模比网络支付高1.01亿，比网络购物高1.67亿。短视频发展势不可当，在推进媒体深度融合发展的进程中，主流媒体必须加快视频化转型，否则又要再一次沦为"传统媒体"了。

智能手机的快速发展和短视频的爆火，让麦克卢汉关于"媒介是人的延伸"的预言图景逐渐成为现实。但众声喧哗之下，既有核心价值大江奔腾，也有各种观念小河潺潺；既有积极向上的清渠，也不乏道德滑坡的浊流。有专家认为，"中国当前的短视频仍处在'重娱乐，轻资讯；重流量，轻质量；UGC 多，PGC 少'的阶段"。短视频传播的"战场"，主流媒体不能缺位，为此，《四川日报》作为省委机关报，必须躬身入局，挺膺负责，加强高质量视频内容的生产，在视频信息世界，围绕中心，服务大局，不断壮大主流舆论，主动承担起引导主流舆论的社会责任。

顺应视频化发展大趋势，四川日报全媒体倾力打造"C 视频"品牌，强力推进川观新闻的视频化转型战略，从以文图为主迈向文图和视频并肩前行。"C 视频"的"C"具有多重含义，它是 China 的首字母，也是"川"字和川观新闻的拼音首字母，更是传播和"出圈"的拼音首字母，我们全力打造"C 视频"，就是要立足"看四川、观天下"的定位，推动主流新闻视频化破圈传播，为塑造主流舆论新格局作出新贡献。

川观新闻"C 视频"立足自身优势，做强自身特色，既符合网络传播要求，又不盲目迎合用户，有助于构建具有党报特色的视频发展生态。

以"新闻 +"构筑关键能力。针对目前短视频空间泛文娱、泛资讯、泛知识内容较多，而专业性、新闻性、调查性内容较少的现实，"C 视频"把主流媒体的社会责任放在首位，立足发挥专业生产的"基因优势"，以"新闻 +"作为视频的鲜明标志，以"新闻 +"构筑区别于 UGC 内容的关键能力，明确主流媒体的定位，牢牢保持权威性，坚持价值传播，不断提升视频内容的主流价值、新闻价值、深度价值、观点价值，把握正能量与流量之间的平衡点，探索主流新闻短视频表达的新方向。

以矩阵推动"建圈强链"。"C 视频"的打造，按照矩阵化的思路，初步打造了 2+28 个账号，积极探索"短视频＋新闻""短视频＋观点""短视频＋服务""短视频＋科技""短视频＋教育""短视频＋旅游""短视频＋健康"的产品生态圈，努力打造四川第一时政视频权威发布平台。同时，加强与抖音等视频平台的合作，建强三方发布链条，实现主流时政内容的全平台发布，为短视频行业逐步从以娱乐、社交、消费等为主，转向以新闻资讯、生活服务、知识普及、文化传承等为主作出主流媒体应有的贡献。

以精品作为极致追求

致力打造高质量内容是"C 视频"的发展策略，四川日报全媒体加大投入，发动全体采编力量，把打造精品视频作为极致追求。我们着力克服和解决纸媒近年来视频化转型的问题，杜绝将文字、图片新闻报道视频化的"简单搬运"，杜绝"文字＋图片＋视频"为主的"PPT"式视频，克服以生产"大屏"新闻的思维制作生产新闻短视频，杜绝徒有其表的"伪视频"。转而真正遵循叙事逻辑和影像标准，提升视频拍摄剪辑制作水平，提升视觉、听觉冲击力，不断生产有高度、有深度、有态度、有温度的精品视频新闻。

为推进构建川观新闻"C 视频"矩阵生态，我们努力摆脱传统媒体人的"知识的诅咒"，克服路径依赖，按照视频产品生产和运营规律，大力提升视频产品的"网感"，打造更多主流爆款出圈传播。

IP 化。"C 视频"不仅要打造 IP 栏目，更要适应视频产品人设特色强的规律，强化 IP 人设打造，为不同视频栏目量身定制不同的人设角色。对此，我们发掘采编队伍中个性鲜明的员工，推进 KOL（关键意见领袖）培养计划，推动采编人员的转型，以平民化的视角解读主流时政新闻。如《夜观天下》《太好"科"了》等栏目，把人的感受和温情融入了视频作品中，努力让宏大的主题实现"软着陆"，让时政新闻短视频有意义、有意思，从而引起用户更多共情和共振。

年轻化。"C 视频"努力推进主流内容的年轻态表达。在话语形态上，克服"家长"心态、"说教"词汇，努力实现"降维普及"，即多说"人话"，多说接地气的话，多说有个性的话，让无论是喜欢跳广场舞的阿姨还是小学生都能喜欢、看懂，从而持续打造"言值"与"颜值"兼具的新闻短视频，如《小铭切瓜》《皮皮川》《花花视界》等。在呈现形态上，积极推进竖屏视频生产，多运用 VR、AR、MR 等视频新技术，以及电音、动漫等年轻人喜欢的视频形式来提升传播力。

智媒化。川观新闻"C 视频"着力发挥四川日报全媒体的智媒体发展特色优势，在不断提升主流媒体推荐算法成熟度的同时，顺应 AIGC 发展趋势，运用深度学习、卷积神经网络学习、三维交互等创新技术，持续提高"小观"数字人的机器生产视频水平，探索数字人播新闻的更多应用场景，提升其新闻推荐能力、交互服务能力和智能问答能力，打造"人工智能＋短视频"的主流内容范本。

第六节　构建内容生态

对于主流媒体而言，内容是竞争制胜的重要法宝。构建生态型媒体，首先应该构建内容生产生态。在互联网新空间，内容生产生态的构成有哪些？一是主流媒体生产内容，二是用户生产内容，三是政务新媒体生产内容，四是企业主体生产内容，五是机器生产内容。这五个方面生产的内容，共同组成了今天互联网空间的内容库，形成了海量的内容数据库，从而可以满足用户对内容多样化的需求。

牢牢把握原创产品第一要务

主流媒体生产内容是内容生态的第一基石。互联网中充斥着大量重复且无意义的低值信息，甚至是无效信息，挤占着人们宝贵的注意力资源。在这种情况下，优质、原创、有价值的内容就显得弥足珍贵，对于引导互联网信息走向具有决定性作用。主流媒体面对日益激烈的竞争环境，必须不断增强原创生产能力，牢牢把握原创产品生产第一要务，在任何时候都不能放弃对原创内容的生产，提高内容质量以增强竞争力，这是使命担当，也是生存发展的命脉。

我们可以这样认为，生态型媒体的核心竞争力就是打造内容生态的生产系统，用强大优质内容去吸引用户注意力。对于主流媒体而言，内容创新、渠道创新、手段创新、形式创新等都很重要，但是内容创新是根本的、首要的，也是长远的，无论怎么重视都不为过。从现实情况看，人民日报社、新华社、中央广播电视总台等央媒，以及《南方日报》《解放日报》《四川日报》《新华日报》《浙江日报》等地方主流媒体，都把内容创新放在第一位，生产了大量优质原创内容，在全网产生了良好的传播效果。我们从历届中国新闻奖的获奖作品中就可以窥见主流媒体在创新内容方面所付出的努力。

在做好原创内容的同时，主流媒体还必须建立开放的内容生产系统，不断创新升级"开门办报"的优良传统，以适应互联网内容生产的需要。这就需要主流媒体运用生态思维，在内容生产方面和社会各方协同共进，促进内容生产的生态系统建设步入良性轨道。要创新手段吸引用户生产内容，同时要创新技术手段及时抓取主流媒体同行生产的内容，还要打通渠道，用好政务新媒体生产的内容，以及建立与机构、企业主体生产内容的合作机制。

目前，UGC、PGC、PUGC 等都已成为主流媒体的内容生产方式，在内容生产供给方面发挥着日益重要的作用。那种单纯依靠主流媒体自身生产内容的时代一去不复返，现已进入到一个千帆竞发、万马奔腾的内容创作新时代。

"人民号"聚合内容生产的新尝试

人民日报社于 2018 年 6 月 11 日推出了"人民号"内容聚合系统，搭建内容聚合生态，深耕内容价值。"人民号"虽然起步较晚，但是具有很强的开放性，并以其自身的强大影响力，发展迅猛。

"人民号"不仅鼓励党政机关、企事业单位在"人民号"上注册账号，发布官方内容，还在内容生态方面搭建起了自己在科学、文化、教育、健康等垂类领域的账号体系，将平台开放给用户，大胆鼓励个人注册申请人民号，从而成为平台的内容创作者。"人民号"还推出了别具一格的 UGC 内容运营方法，出台了创作者激励计划：建立内容创新统筹策划体系；为优质创作者赋能，提供独家培养机制；开展内容创新多元合作；联合地方政府，开拓内容合作新模式；推进创作者系统升级，打造兼具主流价值与创新活力的人民号平台。同时，还以热点专题、弹窗推送、信息流、主体征集等多种形式为优质内容提供更多展示和曝光的机会，形成良性循环，从而汇聚了更多优质内容，持续扩大《人民日报》的影响力。

"人民号"上汇聚的 PGC 内容按照发布主体的不同可以分为两大部分：一是政务媒体权威发布的内容，二是专业媒体生产的内容，涵盖了国家各级政务部门以及各类专业媒体机构，既满足了各方对信息传播的刚需，又提高了内容的丰富度。

不仅如此，"人民号"还尝试以"PGC+UGC"相结合的方式，构建融合互通的内容生态。一是推出跨界合作，扩大内容影响力。2020 年，"人民号"联合女性之声、健康中国、李宇春工作室，推出了《给女孩》MV，致敬抗疫一线女性，全网阅读量达到 40 亿。二是细分垂直领域，构建矩阵传播。"人民号"邀请全国公安新媒体入驻平台，构建起公安系统新媒体传播矩阵，并联合呈现了主题视频《那道光》和条漫《2020，通往春天的路》，致敬抗疫一线公安干警，条漫阅读量超过了 1 亿。三是线上线下联动，激发互动参与。人民日报社新媒体中心发起的致敬改革开放 40 周年创意体验馆——"时光博物馆"，在三里屯设置了五大场馆，其中互动创意体验馆，一度成为网红地。随后又开展线上传播，发起话题参与讨论。据不完全统计，时光博物馆累计参观人数超过了 50 万，全网线上话题讨论量超过了 40 亿，实现了裂变式传播，成为经典案例。

"鸽子花计划"

鸽子花又名珙桐，被称为"植物界的大熊猫""植物活化石"，1869 年被发现于四川雅安宝兴，是第四纪冰川时期的"幸存者"，也是国家一级重点保护野生植物。经过持续不断地保护，四川目前共有上亿株珙桐，稳居中国第一。

2024 年 6 月，川观新闻启动了"川观新闻鸽子花内容共创计划"。这缘起于一场与鸽子花的"邂逅"。雅安市荥经县有中国目前已发现的面积最大的野生鸽子花林，我们在这里进行了为期一年的蹲点调研。2022年，四川日报社编委会选取荥经县龙苍沟镇万年村作为长期蹲点调研点，由我带队，每月蹲点采访。在这一年中，我们调研组走遍了万年村的各个村民小组，既和村干部一起翻越大山寻访农户，也和村民一起上山种下方竹；既记录下他们的争论、困惑，也记录下他们的探索和实干，并努力助推村集体产业发展……12个月的调研，12篇来自现场的报道，带着万年村的露珠被印刷在《四川日报》上，汇聚成了3万多字的"乡村振兴蹲点记"系列报道，为四川乃至中国的乡村振兴写下了独特的新闻注脚，并在第33届中国新闻奖评选中荣获一等奖。

为期一年的调研，让我们看到了磅礴伟力在广阔农村大地上生根成长，也激励我们写出更多带有泥土芬芳的新闻作品。为时代作注，为基层发声，是主流媒体应当扛起的使命。发挥省级党报优势，引领市县媒体提能，更是四川日报社义不容辞的责任。因此，我们捐赠本组报道所获中国新闻奖奖金，发布了"川观新闻鸽子花内容共创计划"，希望助力四川21个市（州）、183个县（市、区）媒体优质的"鸽子花"内容飞得更高、更广、更远。

"川观新闻鸽子花内容共创计划"将聚焦时代热话题，不断增加优质精品内容供给。围绕以乡村振兴为重点的县域经济高质量发展题材，持续征集日常内容，下设《县域新气象》《镇兴183》《乡村"浓"人》《美食地图》等多个子栏目，长期接收共创伙伴投稿。该计划还围绕时事热点、潮流风向发起重点策划，每季度初发布3~5个共创选题，每季度动员各市县参与，每月创作内容不少于30期。

除了以上内容，"川观新闻鸽子花内容共创计划"还包括以下举措。

信息传播层面实现"横向互融、纵向互通"，在川观新闻开设"鸽子花内容共创计划"专题，并将优质内容向客户端首页、C视频或四川等频道，以及天府新视界等平台推荐。一般内容由四川日报各分社自行发稿，重点内容经川报新媒体编辑中心、运营中心二次创作后在三方平台分发，并与当地融媒体在三方平台共建话题，及时互动，既助力市县融媒体内容"借船出海"，又通过多平台链式传播产生强大共鸣。

建立奖励机制，向共创单位及个人颁发川观新闻共创伙伴纪念证书或勋章，每月公布共创伙伴及共创个人 TOP 10。在捐赠中国新闻奖奖金的基础上，由报社编委会额外匹配资金，实行"鸽子花奖励计划"，每季度一次，每次评选 10 名县级融媒体中心优秀创作者，每人给予一定金额的奖励。

建立分享机制，每年举办一次"鸽子花共创伙伴年度大会"，以大会为平台培训新闻基本技能，并邀请 MCN 机构、网络红人、自媒体等参与分享，收集用户反馈，及时优化机制，颁布鸽子花年度共创奖励。

第五章

智库服务：
智媒体助力国家治理能力现代化

智库媒体不是媒体智库

深度融入国家治理体系　　　　"思想+技术"是双翼

构建智库产品体系　　　　重构全新商业模式

新型主流媒体作为当下社会治理实践的重要动力，在国家治理中发挥着举足轻重的作用。打造智媒体，融入社会治理体系，必须加强智库媒体建设，这是党报天然胜过其他媒体的核心竞争力优势，也是以智库服务大局、连接群众、服务群众的重要路径。南方报业集团的实践给我们树立了很好的标杆。我们要加强智库媒体工作，成为社会治理连接器，助推国家治理体系和治理能力现代化。

　　建好"思想库"，为中心工作提供智库报告。主流媒体要拓展深度参与社会治理的发展空间，打响智库媒体品牌，构建可长期沉淀的智库类产品，主动融入国家治理体系和治理能力现代化的链条。智库媒体要加强运营，推出系列精准化产品，定制开发细分智库报告，为各级党委、政府提供决策参考；要加强智库论坛策划，创新举办围绕省委、省政府中心工作和各厅局、行业发展重要议题的论坛活动，通过活动整合各方社会资源，推动政策落地落实，助推经济社会高质量发展。

　　做好"建言者"，为社会发展提供指数分析。智库媒体建设要加强技术赋能，充分利用技术优势、数据优势、专业优势，加强舆情和指数报告的发布，成为经济社会发展的建言者。媒体多年积累了深厚的政经资源，要整合政府部门、各类商业平台资源，加强数据积淀，通过对数据的挖掘、整理、分析，打造政务类、民生类的特色指数矩阵，发布"城市治理指数"等系列指数榜，以"榜样的力量"推动社会治理工作呈现创先争优、你争我赶的发展局面。

　　搭建"服务器"，为群众需求做好资源对接。提升服务能力，是建立全媒传播体系的重要功能，是主流媒体区别于商业互联网平台的本土优势。具备多重垂直服务功能的综合性平台具有更强的用户吸附能力，智库媒体要着力加强全媒体的"服务器"功能；要持续创新推出为群众服务、与群众互动的栏目、频道、网络问政理政互动平台等，持续走好网上网下群众路线，通过服务群众来凝聚群众，进而组织群众、宣传群众、引导群众，成为协调社会运转的"黏合剂"。

第一节　智库媒体不是媒体智库

关于智库媒体或者媒体智库的概念，专家学者众说纷纭，散见于各类报刊。暨南大学新闻与传播学院曹轲教授在 2022 年发文表示，截至 2021 年 12 月，国内宣布成立智库业务部门或单独成立媒体智库的媒体机构已超 50 家，中央媒体、省市媒体、市场化媒体均有参与，加上冠以"中心""研究院"等名称的各种机构，总数远超百家。如南方报业传媒集团的南方传媒智库矩阵有 12 家媒体智库，佛山传媒集团旗下有 5 家媒体智库。同时，各媒体机构还会在媒体智库的架构和设置上不断探索，结合媒体智慧化转型进行调整优化。以羊城晚报报业集团为例，2018 年羊城晚报智慧信息研究中心全面升级为羊城晚报传媒智库；2019 年羊城晚报传媒智库旗下设立羊城晚报国际消费中心城市智库；2021 年进一步垂直细分，启动了羊城晚报国际消费中心城市行业智库。

媒体智慧化转型中的"智媒体"概念与实践，媒体智库化转型中提出的"媒体智库"与"智库媒体"之争，双重变动导致媒体智库从一开始就没有现成的章法、说法和做法，各自表述中展现出的类型之多，不但让行外看不懂，就是在媒体行业内部，也一时找不到标准化的定义和共识[①]。

媒体智库模式

蔡雯教授认为，媒体在智库实践中有两种模式：一种是智库型媒体，即在报道中呈现出高度的专业性、在业务上呈现智库化的特点，这种模式比较初级；另一种是打造媒体型智库，即媒体建立智库并带动媒体转型。两种模式在实践中都有存在，是并列的关系，第二种模式是最主要的。[②]

时任中国社会科学院新媒体研究中心副主任兼秘书长黄楚新提出，媒体智库就是以媒体组织、媒体机构为主体办智库，进行智库建设，是媒体与智库的结合。媒体智库作为一种新型智库形式，带有媒体与智库的特点，同时通过媒体与智库的融合，又碰撞催生了一些自身的特征。媒体智库概念的核心在于智库，本质上说媒体智库属于智库的一种。[③]

清华大学刘建明教授认为，独立智库的客体性有着天然优势，有助于深知社会隆替、评估各部门的决策，得出客观、正确的结论。媒体智库则更胜一筹：借助来自四面八方的信息，谈兴衰、论荣辱，及时发现社会发展路径和隐忧，提醒人们预防或化解各种危机。在官方智库、社会智库、企业智库、科技智库、高校智库、媒体智库这六种类型中，媒体智库综合性最强、服务领域最广，并且

---

① 曹轲、李晓艺：《我国媒体智库发展的挑战与进路》，《青年记者》2022 年第 15 期。

② 蔡雯、蔡秋芃：《媒体办智库：转型期的实践探索和理论发展——对 2008—2018 年媒体智库及相关研究的分析》，《国际新闻界》2019 年第 11 期。

③ 黄楚新、王丹：《媒体智库：发展路径与关键》，《新闻与写作》2016 年第 1 期。

具有全方位的战略与研究领域。我国媒体向智库转型，需要消除媒体泛智库化同媒体智库实体的断裂，并配备足够的科研人员和设备。南方日报传媒集团成立的南方舆情数据研究院、人民网的新媒体智库、光明日报社的光明智库、湖北日报传媒集团的长江智库，以及 2017 年 18 家新闻出版企业自愿联合成立的新闻出版产业新型智库联盟等，正在探索媒体智库的架构与运作方式。[①]

向智库型媒体转变

时任人民日报社研究部主任（现人民日报社副总编辑）崔士鑫认为，媒体建设智库，既有必要性，也有可行性。从媒体格局变化趋势看，建好并用好媒体智库，应成为传统主流媒体摆脱困境、迎接挑战、寻求自我转型、融合发展的重要途径；从媒体和智库各自的特点看，发挥媒体与智库的互补融合优势，是传统主流媒体进一步提高传播力、引导力、影响力和公信力的战略机遇。从操作性上讲，合理定位、扬长避短，推动传统主流媒体向智库型媒体转变，也是提升新时代新闻舆论工作水平的重要课题。[②]

从概念和实践来说，我更倾向于使用"智库媒体"这一说法。理由是，主流媒体天然就是国家治理体系的重要组成部分，智库媒体更能体现其服务中心和大局工作的职责和使命；主流媒体的融合转型是整体性、系统性的，而不是局部转型，智库媒体更能体现转型特征和要求。

---

① 刘建明：《媒体智库：跨越机体断裂的转型》，《新闻爱好者》2019 年第 9 期。
② 崔士鑫：《发挥媒体智库作用，提升新时代新闻舆论工作水平》，《新闻战线》2018 年第 3 期。

智库媒体就是智库型媒体，是指整个媒体都要转型生产智库产品；媒体智库就是媒体型智库，是指媒体办智库，智库只是媒体的一部分，这在当下和未来的媒体现代化进程中是远远不够的。主流媒体要转变报道思维，积极推动整个机构开展智库研究、撰写智库报告、形成智库成果，既要深度服务当地经济社会发展，又要真正建立起"新闻＋政务服务商务"运营模式。

第二节　深度融入国家治理体系

2020 年 9 月，中共中央办公厅、国务院办公厅印发的《关于加快推进媒体深度融合发展的意见》（以下简称《意见》）指出，"各级党委和政府要积极支持主流媒体参与电子政务、智慧城市等领域信息化项目建设，开发社会治理大数据，优先发布重大信息、重要政策，共同促进国家治理体系和治理能力现代化"。各级党委、政府支持主流媒体促进国家治理体系和治理能力现代化，被党中央纳入顶层设计的范畴，意味着新型主流媒体建设迎来了新的重大机遇。

以智库媒体建设融入国家治理体系

互联网发展进入下半场，推动媒体深度融合发展，就是要推动主力军全面挺进互联网。主流媒体要在网上站稳脚跟、占据主动权，需要前瞻性思考、重新布局，深度融入国家治理体系是现实选择。

一方面，这是生根落地的优势发挥。主流媒体一直为党和人民鼓与呼，与党和政府各级机关深度连接，只有持续深度融入国家治理体系，才能在互联网时代找准新的立足点，具有持续发展的生命力。

另一方面，这是开拓新局面的顺势而为。在国家治理能力现代化进程中，治理信息化、数字化、智能化涌现出大量新机遇。主流媒体必须努力作为、创新创造，成为国家信息治理现代化的生力军，在占领舆论场和助力提升国家治理能力两方面形成融合之力，才能实现更长远和健康的发展。而主流媒体要深度融入国家治理体系，就必须以智库媒体建设为抓手，找准主要路径。

川观智库推出"中国式现代化100问"等理论新品牌

五条主要路径

第一，坚持壮大文化主路。党的十九届四中全会审议通过的《中共中央关于坚持和完善中国特色社会主义制度、推进国家治理体系和治理能力现代化若干重大问题的决定》第七条和《中共中央关于制定国民经济和社会发展第十四个五年规划和二〇三五年远景目标的建议》第九条，分别对"繁荣发展社会主义先进文化"作了制度性安排，将之作为国家治理体系的重要方面。新型主流媒体必须始终把传播和弘扬社会主义先进文化作为首要职责，以坚持壮大文化主路促进国家治理能力现代化。

智库媒体要始终坚持马克思主义在意识形态领域的指导地位，承担好"举旗帜、聚民心、育新人、兴文化、展形象"的使命任务。要持续弘扬社会主义核心价值观，弘扬民族精神和时代精神，加强党史、新中国史、改革开放史、社会主义发展史宣传报道。要提升文化报道传播效果，着力打造文化产品矩阵，增强人文报道厚度、温度，创新话语表达体系，运用新兴传播方式，让先进文化报道更加引人入胜、走进人心。比如，四川日报全媒体着力加强人文内容产品创新，聚力打造了一批全媒文化新闻精品，在三星堆新一轮考古发掘报道中，策划推出的《我怎么这么好看》MV 成为现象级传播爆款，传播量达 1 亿 +，很好地增强了文化自信。

第二，始终引领导向正路。"完善坚持正确导向的舆论引导工作机制"，是推进国家治理体系和治理能力现代化的重要着力点。新型主流媒体必须始终引领正确导向，让主流舆论越来越壮大。要坚持正确的政治方向，把坚持"政治家办报"的要求落实到全媒体传播体系之中。

智库媒体要坚持正确的舆论导向，坚持以正面宣传为主，把面向互联网输出正能量作为主要任务，旗帜鲜明，坚持真理；立场坚定，批驳谬误。要积极参与舆情治理，打造有影响力的舆情产品，针对网络上出现的各种舆论热点，主动设置议程，快速介入、积极引导，把握好时度效，发挥舆论场"中流砥柱"和"定海神针"的作用。例如，在"成都 49 中学生坠亡事件"中，由于前期信息披露不充分、与家长沟通不到位等问题，导致网络舆情汹汹。对此，《四川日报》和川观新闻通过深度采访和还原，刊发了《四问成都 49 中学生坠亡事件》，并通过视频还原了坠亡学生行动轨迹，一一详尽地回应了公众和家属的质疑，快速平息了舆情。

第三，充分整合政务通路。"构建一体化网上政务服务平台是建设'数字政府'的重要支撑"[①]，是推进国家治理体系和治理能力现代化的重要抓手。主流媒体多年来长期开展政务报道、承接政务服务，在数字政务服务方面具有先天优势，应以整合数字政务服务为通路，深度参与政府治理。

智库媒体要助力建设一体化政务在线平台，推进所在地政府部门政务服务平台规范化、标准化、集约化建设和互联互通，完善、优化、迭代政务服务全流程。面对人工智能的发展趋势，要着力研发数字政务和社会治理智能化产品，开展智能、智慧政务互动，创新社会治理、加强政民互动、引导社会舆论，助力提升政府治理效率。比如，四川日报全媒体重点建设了网上群众服务平台，并开设了"民情"频道，每年处理信息上万条，落实问题近千次；搭建并

---

① 李辉、张志安：《基于平台的协作式治理：国家治理现代化转型的新格局》，《新闻与写作》2021 年第 4 期。

升级了"问政四川"平台，收到的网友留言 80% 以上获得了相关政府部门权威回复，畅通了政府和群众的沟通渠道。

第四，努力铺设数据大路。人工智能时代的到来，让数据、算力和算法成为新的"生产资料"，成为新基建的核心要素。

智库媒体深度融入国家治理体系，参与数字政务建设，重要前提和基础就是建好数据底座，铺设数据大路，形成强大的数据、算法生产力，这样才能满足国家治理现代化的需要。主流媒体要加快自身的数字化转型，建设大型数据库，加强数据储备、数据筛查、数据清洗等技术建设，打造主流媒体算法，精准进行主流舆论传播。要开发社会治理大数据，"构建多元社会信息的知识图谱，建设有效的智能风控和风险预警体系，开展舆情分析、热点追踪、社会预警，为社会治理提供科学决策支持"[①]。比如，四川日报全媒体立足打造智媒体，重点建设数据共享、智能融媒、社会治理三大平台。其中，数据共享平台由数据应用中心、公共资源中心、数据安全中心 3 个模块、10 个产品构成，积极整合政府部门的数据资源、公共数据资源，开展数字政务服务。

第五，前瞻性布局智慧新路。随着 5G 时代的到来，智慧城市必将成为下一个时代的生活场景。

智库媒体大多立足区域、立足城市，必须加快前瞻性布局，快速融入智慧城市建设的新路，既助力城市治理现代化，又为自身融合转型开拓更大空间。要抓早动快，参与各地智慧城市的顶层设计，整合资源取得建设权限，抢占发展先机；要提升能力，切入智慧城市"中台"建设，运用数据技术、智能技术等，共同打造"城

---

① 沈浩：《计算重塑媒介的延伸》，《新闻战线》微信公众号，2021 年 5 月 26 日。

市大脑";要沉进基层,立足解决广大群众生产生活难题,构建更多的智慧城市产品和产业场景,"全方位布局学有所教、病有所医、老有所养的智慧生活产品,协同促进社会大治理"[①],促进智能生活时代早日到来。

第三节 "思想 + 技术"是双翼

建设智库媒体,需要充分运用大数据与人工智能时代的优势,除了在思想上保持专业引领,还要在技术上充分赋能。与其他媒体智库相比,川观智库有独特的内部运行机制,同时在两大工具——思想 + 技术——的使用上有自己的鲜明特色,这两大工具也是智库媒体的两翼。

打造数据智库产品

突出思想的引领性。只有坚持马克思主义的世界观和方法论,以马克思主义中国化的最新成果为统领,智库才能针对发展中新出现的一系列理论和现实问题进行积极思考、深入研究,作出正确的回答,产生有价值的研究成果。川观智库强化思想和理论特色,是着眼长远的战略选择,有助于将理论研究、社会观察、问题剖析、咨政建言等统一到党的性质和宗旨、理想目标、政策方略上来,更好地为人民群众的幸福生活、为中国特色社会主义各项事业的高质量发展贡献智慧和力量,也有助于推动实现马克思主义的大

---

① 智慧:《国家治理视域下媒体融合发展的创新》,《青年记者》2021 年第 2 期。

众化。

突出技术的驱动性。在大数据时代，建设智库媒体除了要有思想的高度、深度、宽度，还必须充分运用新技术，尤其是加强数据运用能力，建立完善的覆盖数据采集、清洗、特征抽取、建模分析和数据可视化的流程，做强集用户数据库、政务信息数据库、企业发展数据库、内容标签智库图谱等于一体的数据系统，打造以"数据资源汇聚、数据应用引领"为标志的数据智库产品。川观智库拥有四川省较早成立的大数据技术团队，通过整合政务数据、商业平台数据及自采数据，为智库产品提供数据支撑，确保对于提的每一条建议都心中有"数"。川观智库强化对数字技术的应用，有助于实现定性分析与定量分析的有机结合，从而可以更好地从具体实践中发现一般规律，从特殊问题中探索普遍趋势，从微小事例中发现宏观态势，进而推出具有前瞻性的研究成果。

南都大数据研究院

国内媒体在转型智库型媒体的过程中，也充分运用了数据库支撑发展。2020年，南方都市报社再次推动组织架构调整升级，《南方都市报》党委会下设"五驾马车"，分别是编辑委员会、技术委员会、大数据研究院、运营委员会、行政委员会。新设技术委员会，下辖产品技术中心，力争实现技术驱动。可以看出，《南方都市报》一方面高度重视技术，设置了单独的技术委员会；另一方面充分认识到了大数据和人工智能等新技术的巨大潜力，创办了南都大数据研究院。

大数据研究院组建了技术团队，完成了部分基础设施建设，包括建立用户数据库、内容标签智库图谱、微信用户关系数据库、

"独角兽"企业声誉数据库、微博内容数据库、南都优选数据库等，为很多课题开发、活动组织提供了支撑；还搭建完成了稿件库、图片库、视频库，并整合传播效果数据，接入记者编辑考核系统，作为考核参考。大数据研究院第一年累计采集数据量就达到 10 亿规模，并搭建起新经济企业声誉数据库、微博内容数据库、南都优选数据库等 10 多个数据库。

2020 年，南都又稳步推进八大重点技术项目，分别是"安全 + 云服务"基础服务，"数据中台"能力超市，"内容智创平台、数据服务平台、机器写作平台" 3 个平台服务，"N 视频 App、南都新闻App、奥一网" 3 个产品服务。其中，数据中台是南都数字优先战略的基础设施，并围绕南都内容生产和大数据核心业务，逐步打通与集团中央数据库的链接，最终将全面融入南方智媒云；智创平台是媒体融合下内容生产、资源共享的技术支撑和管理平台，将实现多产品（网站、App 等）、多屏幕（PC、智能手机）、多媒体（图文、音视频、H5、互动游戏）管理。[①]

人民网"数据 + 民意 + 咨询"

人民网的新媒体智库建设则注重"数据 + 民意 + 咨询"相结合。经过长期探索，人民网新媒体智库逐渐从互联网信息增值服务、网络舆情等领域迈向"数据 + 民意 + 咨询"的新型智库，这也是实现跨越性发展的必由之路。

通过数据挖掘与合作，人民网建立了主流媒体与新媒体数据

---

① 郭全中：《基于大数据和人工智能技术的智库媒体转型——以《南方都市报》为例》，《新闻与写作》2021 年第 6 期。

库，覆盖各类报刊、网站、博客、论坛、微博、微信、客户端、留言板、视频等，打造了较为完整的信息传播链。

大量非结构化数据的抓取、聚类和语义分析都有技术门槛，需要专业机构追踪、解读和研判。各类互联网平台"大数据池"基本构成了当今中国社会的全息地图，从中可以了解中国人的思想和商业消费行为，可以在宏观数据规模上精准地把握社会脉搏，分析一座城市或一个地区的智慧程度，并预判发展形势。[①]

第四节　构建智库产品体系

主流媒体要实现智库化转型，建设智库型媒体，就必须着力构建起体系化的智库产品矩阵。在这方面四川日报全媒体全面建设川观智库，构建了"问""参""论""评"四大产品形态，联动内外部高端专家资源，提供具有媒体特色的调研分析、传播策划及执行的全链条解决方案。

智库媒体"1+N"机制

川观智库建立了"1+N"的全媒系统运行体。"1"即川观智库发展研究中心，它是川观智库运转的驱动和引擎。"N"即四川日报全媒体各中心牵头建立的若干智库单元，智库单元可由各中心单独组建，也可跨中心联合组建，还可以与四川日报全媒体外相关专业

---

① 刘鹏飞：《新型媒体智库发展模式与研究体系建设——以人民网新媒体智库为例》，《新闻与写作》2018 年第 6 期。

机构联合组建。"1+N"共同构成了川观智库建设运营的责任主体，在编委会的领导下分工协作，分类考核。

为推动川观智库"1+N"机制落地见效，持续健康发展，我们制定和印发了川观智库建设方案，根据市场需要和资源优势，创立了10个左右特色鲜明、分工明确的智库单元，初步形成了川观智库单元矩阵；建立并完善了"1+N"运行、考核、激励、分配等机制，驱动智库单元既相对独立地运转，又互为补充和支撑；对川观智库品牌和"问""参""论""评"产品体系进行了整体包装和推介等。同时对做强"1"、做实"+"、做大"N"提出了一揽子具体措施。已成立了川观金融智库、县域经济智库、健康智库、法治智库、文旅智库等多个垂直化的智库，为各领域发展深度赋能。

2022年3月，川观智库正式成立，开启了整体转型智库媒体的征程

"问"系列，是以高水平专家为牵引的智库产品。川观智库已邀请到包括中财办原副主任杨伟民、北京大学教授周其仁、中国社会科学院国家高端智库首席专家蔡昉等一大批国内优秀的专家，为成渝地区双城经济圈建设、县域经济发展、文旅融合发展、创新发展等重大课题把脉，并提供针对性对策和建议。

"参"系列，是满足目标对象通识或个性化信息需求的产品，包括舆情研判处置、行业竞争分析、专业技能培训等，助力提升工作效率和效果。四川日报全媒体的内参从2021年起进行了创新优化。方案中，我们的宗旨定位是"为领导同志掌握实际情况服务，为领导同志科学决策服务"。功能定位是"主要服务于省四大班子领导及省委、省政府主要职能部门的特殊新闻产品"。选题要求是"应体现重大性、时代性、典型性、前瞻性"。写作重点是"四个强化"，即"强化问题导向，突出调查性；强化典型解剖，突出创新性；强化舆情分析，突出苗头性；强化专题调研，突出对策性"。优化升级也取得了较好效果，比如，《后续帮扶不能"急刹车"，谨防"过渡期"脱贫群众出现过冬难题和返贫风险》《坝坝宴仍未禁绝》《茶馆麻将馆无防范——我省农村新冠疫情防控有漏洞》等多篇内参都得到了省委、省政府主要领导批示。此外，川观智库还开发了一个智识产品——《全球智库报告综述》，针对目标读者关注关心的前沿问题，通过对国内外政府和智库报告、学术论文、知名科学家、企业家专访等文献的观点进行综合，提炼有用内容，为政企决策提供参考，受到各方好评。川观智库还为省委办公厅等党政部门和企事业单位，提供舆情监测、走向研判及应对策略服务；为五粮液集团等企业提供政策风向研判、行业趋势分析、竞争对手观察等信息服务，同时针对相关单位的具体需求，开展丰富多样的专业培训。

"论"系列是满足经验交流分享需求的智库产品。川观智库主办或承办了一批研讨会、论坛、沙龙等，致力于将实践成果升华为理论和制度成果。比如，四川日报社联合遂宁市委、电子科技大学主办，川观智库等承办的"创新驱动1+1——贯彻习近平总书记创新发展重要论述深入推进创新驱动引领高质量发展"研讨会，邀请了国内外知名专家学者、地方政府和部门负责人等嘉宾交流，还与合作伙伴揭牌成立了三个"创新发展理论实践基地"。

"评"系列是满足政企单位对专项工作、活动和政策等绩效、竞争策略效果等进行评估评比的需求的智库产品，开展第三方评估评比，编制并发布指数报告，助力提升决策的科学性和有效性。如编制的《四川城市治理指数报告》，旨在通过数据把握城市发展脉搏，构建起由高质量发展指数、川渝协作度指数、数字政府完善度指数等共同组成的指数体系。

这四大产品系列，既定向服务目标用户，得到了各级决策层的积极回应，形成了一定的决策影响力，也有选择性地进行了公开发布，取得了不错的传播效果，形成了较大的社会影响力。

直面"专业性不足"的痛点

我们认为，与其他智库相比，智库媒体具有熟悉政策、贴近基层、资源整合能力强、传播经验丰富等优势。川观智库充分发挥了这些优势，将新闻产品与智库产品缝合，以新闻生产为基础，打造智库产品，又以智库产品反哺新闻生产，提高新闻产品的思想深度，形成了新闻生产与智库产品之间的良性互动，将媒体服务由单纯的信息传播向思想挖掘、战略研判、方案供给延伸，提供了高品质、专业化、特色型的知识服务，创造了新的社会价值，为党报转型探索了新路径、增添了新动能。

"专业性不足"一直是媒体智库产品的最大短板。尤其是和高校等机构的传统智库相比，智库媒体通常缺乏专业研究人员团队，缺乏成体系的研究框架和模式。川观智库在实践中突出全国视野，初步建立起由三大支撑体系构成的研究咨询专业力量，一定程度上弥补了专业的短板。

川观智库首席顾问体系。川观智库聘请了中国人民大学原校长刘伟，中国工程院院士、西北工业大学党委书记李言荣，中国科学院院士、武汉大学校长张平文，中国工程院院士、山东大学校长李术才，北京外国语大学校长杨丹，国务院发展研究中心原副主任、中国国际经济交流中心副理事长王一鸣，四川省委、省政府决策咨询委员会副主任王海林，四川省社科院党委书记高中伟等13位首席顾问，他们是川观智库最高层级的专家团队成员，主要在为智库战略发展方向把脉、重大政经课题研究、大型研讨活动推进等方面发挥作用。

研究员和特约研究员体系。自有研究员中的很大一部分是深耕各自报道领域多年的资深媒体记者和编辑，他们了解社会现实问题，具有扎实的一线调研能力和一定的理论素养，是川观智库开展日常研究的主要依托。特约研究员主要是省内外各领域的专家学者和部分政府官员。根据不同的研究主题，有针对性地邀请特约研究员参与。

合作伙伴和共建机构体系。川观智库已与国家工业信息安全发展研究中心、四川省经信厅、四川省地质调查研究院、毕马威中国等单位和企业建立常态化合作机制，这些伙伴和机构既是帮助媒体智库拓展认知边界的重要"外脑",也是媒体智库涉足陌生领域、开展跨学科交叉研究的底气。

当今世界正处于百年未有之大变局中,各类现实问题相互交织,十分复杂,传统智库习惯各自为战,缺少跨领域、跨学科、跨部门的协同。川观智库依托广联结的媒体优势,通过三大支撑体系的协同配合,能够有效拓展智库的认知边界,创新研究范式,强化对新问题、新现象、新态势的快速响应能力和对重难点问题的攻坚能力。这样的探索不仅有利于解决自身人才短板和专业性不足的问题,也有利于促进各方面信息有效流动,各方面智慧和资源充分聚集,为地方和行业面临的两难甚至多难的复杂现实问题,提供建设性、可操作的综合解决思路和方案。

第五节　重构全新商业模式

新型主流媒体在打造生态型平台媒体的过程中,要把商业模式的重构作为重要课题,寻找可持续发展的路径。在传统媒体时代,主流媒体的商业模式可以归结为"二次售卖",特别是市场化程度较高的都市报,依靠发行量形成影响力,从而吸引广告客户的投放。而这样的商业模式随着互联网特别是移动互联网时代的到来,很快就土崩瓦解了,也同时宣告了一个时代的过去,留下了黯然神伤的背影和一声叹息。然而,要重构商业模式,又何其容易?!

构建服务生态

重构商业模式的逻辑要回归到服务上来,这是智库媒体的重点，也是所有商业模式的不二法则。为谁服务？如何服务？怎样构建服务生态？这些问题都需要一一梳理，并提出解决之道。

首先是针对用户的服务。这是新型主流媒体基本的服务对象。就信息服务而言，我们已经实现了算法推荐服务，这是一步很大的跨越。特别是这几年，主流媒体在探索主流算法方面，也有长足的进步。例如，精准传播解决用户信息消费"痛点"，基于数据的挖掘和运用实现了个性化服务。同时，把政治方向、舆论导向、价值取向等维度加入算法推荐系统中，充分体现主流媒体的"主流算法"。在万物皆媒的时代，主流算法"连接一切"，服务用户。当然，除了推荐信息服务，对于用户的服务也体现在用户生产和传播信息上。在智能传播时代，用户既是信息的消费者，也是信息的生产者，还是信息的传播者。我们要为用户生产信息和传播信息提供机会和服务，通过激励举措来吸引用户参与到生产与传播中，让其成为整个生态中的一员。

其次是要提供多元化的创新服务。这些年，一些主流媒体客户端在创新服务方面新招频出。比如，在新冠疫情期间，北京日报客户端推出了北京数字学校"空中课堂"服务产品。北京市小学、初中和高中学生在北京日报客户端就可以参加中小学春季学期的课程学习。北京日报客户端还邀请了资深的优秀教师参与"空中课堂"的教学录制，市级课程资源采取"一课一包"的形式提供教案、PPT、学习任务单、作业和作业指导等丰富的学习资料，力求为学生提供优质的课堂教学资源和学习指导。再比如，随着近年来的"戏剧热"，用户对观看戏剧产生了浓厚兴趣。川观新闻就在 9.0 版本迭代中拓展了服务边界，上线了四川云·艺"数"平台，通过"每日云演出""云剧场""云新闻中心"三大板块，围绕观众、剧场、演员等需求，打造了集剧目展演、票务服务、交流互动等一体化的数字剧院服务平台，让更多用户感受戏剧、喜欢戏剧、体验戏剧现场的魅力。不仅如此，川观新闻还充分体现了地域特色，与四川本地文化嫁接，把优质川剧融入其中，取得了很好的效果。

在创新服务用户方面，南方＋客户端更是抓住用户的"硬核"刚需，打造了独具魅力的服务产品。南方＋客户端上线了"在＋求职"H5应用和专属南方号，进入就业领域，拓展了服务外延。主流媒体打造面向用户的就业求职服务产品，需要将政府资源、高校资源、市场资源充分整合，提供更具价值的岗位需求资讯，同时，还要找准定位，差异发展，充分发挥新媒体的传播优势，使信息传播更加精准有效，从而培养起用户对新媒体的认可与依赖。南方＋客户端的求职产品与市场上通用的求职信息类产品有严格的定位区别，南方＋客户端锁定在公务员、事业单位、重点企业的招考信息，将其作为"在＋求职"主打内容，并将"为广大用户一键提供全省公务员、企事业单位等权威招考资讯"作为产品定位，打造出品牌辨识度，构建起服务生态链[①]。

在创新服务产品方面，封面新闻推出的"云招考"堪称典型案例。2022年，封面新闻与四川省招生考试中心联合打造了全国首个公益智慧招考服务平台——"云招考"，面向全网考生家庭及社会用户提供免费的信息服务。上线后半年时间，"云招考"共计接入全国2408所高校，累计访问流量1800余万次。这项服务有以下几个特点。

---

① 尚黎阳辉、龚春辉：《"新闻＋服务"的外延拓展——以南方＋客户端"在＋求职"服务为例》，《南方传媒研究》2022年第6期。

一是权威机构授权发布，技术赋能破除信息壁垒。"云招考"由教育权威部门指导并提供资源支持，同时搭建了多种智能辅助工具，实现海量数据一键分析，考生一键输入分数，就能筛选出适合自己的学校和专业，并且可以模拟志愿填报，打通了考生服务"最后一公里"。

二是应用全新智媒技术"云端逛遍全国高校"。"云招考"大量应用 AI、VR、3D 建模等新型智媒技术，将高校环境通过 3D 建模进行呈现，用户一键登录，校园实景、特色专业、食宿环境、校园文化一目了然。

三是亿级传播生态赋能，联通招考宣传阵地。近一年"云招考"制作发布了近千条图文、短视频、直播等原创融媒作品，全网累计阅读量过亿，将招考工作的主要宣传阵地互相联通，大大提升了招考工作的覆盖面和影响力。

四是构建起"教育＋科技＋传媒"融合服务生态。"云招考"打造了国内首个兼具内容权威性、服务专业性、传播广泛性的综合招考平台，成为主流媒体探索数字化转型的重要试验。"云招考"也成为全国首个公益智慧招考服务平台，践行网上群众路线的教育服务样本。

封面新闻"云招考"平台向全网考生家庭及社会用户提供免费的信息服务

把握四个原则

我们从这些服务共享产品的打造中可以看到，任何一种服务产品都是建立在一个生态体系中，而服务产品本身的发展也离不开生态体的建立。总结起来，构建服务共享生态需要把握四个原则，并且要在这四个方面着力。

第一，主流媒体的内容传播力、影响力提升是服务共享生态建设的基础。服务共享生态的根本是"新闻+"，传播力和影响力是前提、是根基。主流媒体要强化新闻内容这个根本，充分发挥出新闻内容传播的优势，为后续"+"的延伸拓展提供基础保障。

第二，主流媒体要建立好资源整合机制，努力在"+"上做好文章，这是服务共享生态建设的关键。在做好新闻的基础上，怎么连接服务是一个整合机制问题，要积极建立适合主流媒体特点的利益连接机制，把各方的积极性充分调动起来，在"+"上不断创新求变，以产生更好的资源整合效果。

第三，主流媒体要在服务产品类型的选择上有所取舍，实现优势互补，共建共享关系，满足目标用户群的服务需求。面对纷繁复杂的服务产品，主流媒体要始终以内容传播为依托来选择服务产品，在内容的关联产业中寻求服务产品的延伸开发与生态建立。比如，面向政务系统的各种垂直行业，都是主流媒体可以提供服务的领域。

第四，主流媒体要以开放的心态来共同做大服务共享生态。要做好服务共享生态，就离不开各相关机构的共同发力。主流媒体要发挥连接功能，做好连接服务，不要扮演万能的角色，不要在自己并不擅长的服务领域着力。主流媒体不要以为能够"包打天下"，而是要以发挥特长和优势作为建立服务共享生态的前提，这样才能取得事半功倍的效果。

服务共享生态的核心是要积极构建新商业模式。若没有新的商业模式的建立，新型主流媒体就不可能持续健康地发展，这也是最为关键的一点。传统媒体的商业模式已经坍塌，新商业模式需要探索和尝试，"新闻＋"模式提供了一种可能的路径，但是仍然需要主流媒体积极践行并为之付出努力。这些年，主流媒体与相关部门和机构在这方面有了很多实践，也取得了积极的成果。但是纵观主流媒体在服务共享生态建设上的成绩，特别是在"新闻＋"服务模式的建立方面，还存在不小的差距，面临很多挑战，需要认真加以研究并切实解决。比如，缺乏用户思维，导致在服务用户方面流于形式，不能真正把握用户需求和用户心理，在用户体验和用户参与方面重视不够。再比如，如何在服务共享中处理好社会效益和经济效益的关系，特别是在新形势下的新举措仍然乏善可陈，以至于影响了市场的开拓和服务的延伸。

第六章

数据驱动：
智媒体的首位战略

进入 21 世纪，所有关系较量、博弈的背后都是科技的较量，大到国与国的较量，小到企业与企业的竞争，都是科技制胜。随着 5G 时代的到来，IPv6（下一代互联网）加速建设，各类传感器、机器人、自动驾驶汽车、虚拟现实等智能设备将重新定义信息技术相关产业，并推动车联网、物联网、智慧城市等加速迭代升级，第四次工业革命已经开始，数据驱动、技术引领的时代已经到来。

在人工智能时代，互联网平台建设、媒体运营的一个基本规律就是数据赋能，数据驱动。如同人民网党委书记、董事长叶蓁蓁所说，数据既是新生产要素，也是治国理政资源。数字经济蓬勃发展，数据成为新生产要素，成为世界各国高度重视、竞相开发的战略性资源，源源不断产生的各种数据，不仅催生了大数据产业，也创新了社会治理和公共决策机制，成为治国理政的重要资源。数据已经跟"枪杆子""笔杆子"一样，成为重要的执政资源。数据对于个体、企事业单位而言，除了资源属性，同时还具有资产属性乃至资本属性。对于国家而言，又具有公共属性，因此，党和国家须加强对数据行业的管理，促进数据行业健康、规范、持续发展。

怎样用数据为智媒体建设赋能，怎样用数据为我们的平台、产品、运营、内容生产、销售、团队赋能？这是主流媒体必须解决的一个重大课题。数据来源于用户的喜好、行为，以及他们消费信息的方式。数据对于我们非常重要，所以有一项重点工作就是数据库建设。它背后的逻辑是用户为本，发展更多的用户，用更多的用户行为数据来指导和支撑主流媒体的各方面运营。比如，要生产什么样的内容，哪些内容是用户喜欢看的，哪些内容是用户不喜欢看的，哪些内容是用户喜欢分享的，用户对哪些企业的广告信息体验是好的，等等。不能再像报纸时代，只知道身边的读者，但不知道读者的消费情况。所以，现在我们从一开始就要确立数据理念和导向，建立我们的用户数据库，用这些数据我们还可以干其他事情。在我们整个运营体系中，内容、销售还有做活动，都需要把用户数据结合起来，让数据赋能我们的发展，让数据跑动起来。刚开始可能会不习惯，但只要踏出了这一步，我们就迈向了一个很好的前进方向。

数据驱动是检验新型主流媒体成功与否的试金石。媒体融合转型是不是真融合、真转型，核心标尺就是数据驱动。在智能传播时代，互联网媒体运营的一个基本规律就是数据驱动，数据是发展人工智能的基础支撑。深度融合发展后，媒体机构本质上是互联网公司，是数据公司，是数据运营商。新型主流媒体要把数据驱动作为核心战略和首位战略，要把"数据驱动"作为头号工程，培养数据驱动文化，用数据驱动智媒体建设。

第一节　数据驱动战略

打造智媒体，大数据是基础，数据驱动是头号战略，也是核心战略。没有数据，就没有 AI，没有移动互联网平台的发展，没有智媒体，也没有生态型智媒体平台。

媒体深度融合发展到最后，核心和基础是数据的发展。要建设一流新型主流媒体，就要高度重视数据核心战略。为此，必须以数据驱动决策，必须使用数据和指标来指导媒体的目标、追求和计划等战略业务决策，力争让组织中的每个人都能形成数据思维，让数据驱动型决策成为常态。其中有一项重点工作，就是数据库建设。新型主流媒体必须建设和做强用户分析数据库、内容传播数据库、媒资数据库、客户管理数据库等，以大流程、大平台思维，构建基于数据库的生产流程，实现相关行为等数据的自动积存、自动汇聚、按权限调用和多维度挖掘利用。比如，要用数据分析驱动高效、高质的产品决策，就要建立更加完善的产品数据分析体系，把数据应用到产品设计、产品功能评估、数据埋点、产品实验、指标观测等每一个环节。

四川日报报业集团为从整体层面实现数据驱动，整合集团优势技术资源、数据资源、算法资源，举集团之力，全新迭代推出了技术竞争力强、技术赋能力优、技术安全性高的四川智媒云，探索打造数据驱动融合转型实践新样本。四川智媒云是四川日报报业集团技术新品牌，也是集团唯一的云技术品牌，通过集团旗下原有的"川观四川云""封面智媒云""期刊融媒云"三云相融，强力塑造以"135"为体系的一朵云，赋能"科技+传媒+服务"的党媒生

态体，强力推动智媒体建设迈上新台阶，努力塑造主流媒体新质生产力。

共塑一朵智媒云

2016 年，封面传媒正式推出"智媒云 1.0"，2019 年发布智媒云 3.0 版。智煤云至今已迭代至 5.0 版，成为基于智媒体的多行业解决方案、集成化创新引擎。2017 年，四川日报全媒体推出了"四川云·21183+N"融媒平台，在媒体融合赋能社会治理上作出了很好的探索。2020 年，川观"四川云"2.0 版本迭代发布，打造了媒体融合与社会治理新平台。2022 年，为服务集团党建期刊发展，期刊融媒云上线运行。

"技术性就是新媒体时代性的本质"，多年来四川日报报业集团坚持走自建技术团队、自研核心产品、自创技术品牌之路，建成了一支懂媒体的技术团队，研发了"AI+ 传媒"的智媒产品矩阵。在前期应用和探索中，我们通过三个云平台构建了三大数据库：用户行为数据库、内容传播数据库、内容媒资数据库，成为国内媒体融合发展的先行者。

为更加科学地推进媒体深度融合，解决技术平台分散部署、发展不均、重复建设的问题，四川日报报业集团进一步畅通协同机制，深入推进跨媒体、跨单位、跨业务协同，合力打造四川智媒云，整合"封面智媒云""川观四川云""期刊融媒云"三大平台解决方案，变三朵云为一朵云，建设统一技术中台，打造统一技术品牌，建强媒体大数据，加快探索形成主流媒体大模型能力，为建成一流新型主流媒体集团提供技术新引擎。

品牌一致。四川智媒云将成为四川日报报业集团统一的技术服务体系和技术品牌，实现技术与媒体融合战略的一致性，塑造主流媒体集团深入实施数字化转型、运用智媒技术提升舆论引导力的典型样本。

平台一体。四川智媒云沉淀了整个集团的数据资源、技术能力，实现了核心系统的共建、共享、共赢，并不断融合国际传播、垂直行业媒体等业务场景，力求提升集团技术核心竞争力。

生产协同。四川智媒云建设将充分整合更多业务部门资源，让技术与业务深度融合，实现平台再造、组织流程再造，不断探索垂类业务新模式。

技术集约。四川智媒云将大大解放技术生产力，实现核心系统的集约化开发、规模化生产、集中式运维，同时依托全媒体技术与传播认知实验室攻关前沿传媒技术，为共建智媒＋社会治理新生态提供澎湃的动能。

接口开放。四川智媒云建设将统一集团各类技术产品和服务的对外接口标准，更好地与天府融媒联合体实现一体化对接，一体化资源互通，为天府融媒联合体与省级平台共生、共融、共成长提供基础支撑。

共造三大中台

底座牢，大厦高。四川智媒云着力打造"金沙江"数据中台、"岷江"技术中台和"嘉陵江"混合云平台三大支撑底座。三江汇聚，数据奔涌，形成了媒体大模型的前进动力。

"金沙江"数据中台，旨在推动四川日报报业集团各平台内容数据、用户数据、传播数据"三打通"。建设统一数据资产平台，统一标准，统一管理，统一授权，按需分析，共享共建媒体特色的知识模型和媒体标签体系，最大化沉淀数据资产，最大化挖掘数据价值，以数据驱动传播增效、技术开发、产品迭代、用户运营、安全保护、收入增长、组织变革等工作。与此同时，还要培养数据驱动文化，支撑业务、支撑决策、支撑战略。

"岷江"技术中台，瞄准业务需要，建设能力可复用、松耦合、轻量化、集中化、易迭代的"技术中台"及相应的应用体系。同时，丰富技术与业务深度融合的示范应用场景，并不断拓展基于原有产品的延伸服务和增值服务，为媒体融合、社会治理等提供强力支撑。除此之外，还要降低研发成本、生产成本、管理成本，提高规模化生产效率，实现降本增效。

"嘉陵江"混合云平台，按照"统一规划、共享共建、集约高效"的原则，致力于打造安全、可靠、高效的混合云平台，从"资源、技术、安全、运维"全方位进行架构升级，并部署计算、存储、网络、容器、数据库等20多项云服务，形成安全可靠的云原生能力。同时不断提升自主算力，持续支撑业务的健康稳定发展。

三大中台

"金沙江"数据中台

"岷江"技术中台

"嘉陵江"混合云平台

共建五大矩阵

四川智媒云从融媒科技、智慧内容、社会治理、数字文传、国际传播五大方向，对应五大矩阵，为"贡嘎"——融媒科技矩阵、"峨眉"——智慧内容矩阵、"青城"——社会治理矩阵、"西岭"——数字文传矩阵、"纵目"——国际传播矩阵，规划产品和服务共计56类，形成了媒体大模型丰富的应用场景生态。

"贡嘎"——融媒科技矩阵包含智慧蜂巢、智媒审核、线索发现、绩效考核、智慧营销等12类产品和服务。瞄准行业技术痛点，将人工智能、大数据、5G、区块链等先进技术应用到了新闻业务全场景，形成了可升级、可输出、可开放且经济、实用、安全、有效的自主技术解决方案和开放体系，加速推动全媒业态数智化。

"峨眉"——智慧内容矩阵包含智能媒资、视频生成、数字人等12类产品和服务。重在以新兴技术赋能传媒主业，以技术创新、内容创新驱动表达方式创新和传播形态创新，以可感知、强交互、重体验为目标，做强泛内容生态下的智能传播产品，助力提升新型主流媒体的传播力、引导力、影响力和公信力。

"青城"——社会治理矩阵包含智慧党建、云上群众路线、川观内参等17类产品服务。主要利用党媒优势整合民生、科技、教育、宣传、社会服务等优质资源，系统创新全媒体治理解决方案，加快助力基层治理智慧化。

"西岭"——数字文传矩阵包含数字艺术空间、云上展览等6类产品和服务。以云上博览、沉浸式展览、文物活化展示、展馆数字化等为突破口，打造融合博览体系和文旅智能交互矩阵，深入布局数字文博和智慧文旅全产业链，全力拓展文化和科技融合的全新应用场景。

"纵目"——国际传播矩阵包含用户国际传播、智能线索获取、舆情态势感知等9类产品和服务。未来将通过跨界合作的方式共建技术平台、共研智能算法，为提升国际传播能力进行技术赋能、平台赋能、内容赋能，更加智能化、精准化、个性化地讲好中国故事，传播好中国声音。

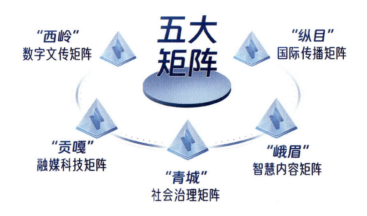

四川智媒云总体架构的开放性，是设计众多功能与产品的出发点。随着新兴技术的广泛应用，未来还将与周边智能系统持续对接，进一步提升智能互联网综合信息业务的能力，力求成为社会治理、城市管理智能体系中的重要传播和交互平台。

从ChatGPT强势来袭到Sora问世，相差不过一年。智能新物种的诞生越来越快，可谓快到令人瞠目结舌。发布四川智媒云，是川报集团数据驱动核心战略的体现，是起步构建媒体大模型的开端，今后还要不断迭代优化，以这一崭新平台承载我们奔向智能传播新世界的理想和期待。

第二节　数据驱动用户增长

数据驱动用户增长，是数据驱动战略的核心要义，也是新型主流媒体推进用户运营工程的核心手段。要实现数据驱动用户增长，就必须以用户为中心洞察数据，围绕用户获取、用户激活、用户留存、用户转化等进行数据分析，建立用户周期数据模型，搭建用户增长体系。

对此，新型主流媒体要用数据驱动用户运营，把数据与用户积分、送礼、秒杀、返佣等运营手段紧密结合起来，掌握用户运营的有效途径。要用数据驱动传播能力提升，深入分析内容传播数据库，研究用户阅读偏好、用户阅读规模、用户停留时长、用户互动习惯等，为内容生产与传播决策提供依据，解决用户获取信息的痛点，提供较佳的用户体验，进而推动用户增长。智能传播的本质是数据驱动，必须用数据驱动实现用户增长和传播增长的"双向奔赴"。

在生态型媒体建设中，数据驱动用户运营是关键所在，是基础建设部分，建设自主可控的生态型媒体的出发点和落脚点就是用户。可以说，用户是生态型媒体的命脉，也是主流媒体生存和发展的先决条件，是智媒体建设的重中之重。树立"用户至上"的理念，核心是要拥有自己的阵地，拥有自己的用户，这是一切工作的前提。没有了用户，你又为谁服务呢？没有了用户，你又怎么实现引导舆论呢？所以，我们说用户是生存之基，离开了用户，我们就成了无本之木、无源之水。

在传统媒体时代，我们提出了"读者至上"的理念。那个时候读者就是我们的衣食父母。但是，"读者"这个概念相较于"用户"而言却是十分模糊的。没有数据，更没有读者的画像，我们通常讲的"读者"是一个概念化的名词，并不清楚"读者"到底是谁。我们动辄号称发行量上百万，所影响的"读者"人数达几百万。在传统媒体大行其道的时代，拥有这样的"读者"也是十分必要的，就技术条件而言，"读者"也只能是一个模糊的群体。那个时候，我们也做读者调查，还委托第三方调查公司做读者数据调查，并在主流媒体上公布这样的调查结果，以彰显媒体的影响力。

而现在，我们常常会提及"用户"这个概念。用户理念是读者理念在互联网时代的进化，也是建设智媒体和构建自主可控的生态型媒体的立足点和出发点。主流媒体必须在数据驱动理念的前提下研究用户，不断加深对用户的认识与理解，并逐步渗透到内容生产、内容运营等方面，推动主流媒体走上融合转型的快车道。

首先要了解用户。用户是谁，用户在哪里，以及他们的特征和行为属性，是我们研究的第一步，这在传统媒体时代是通过读者调查的方式完成的。在互联网时代，我们通过大数据技术来给用户画像，描画出一个更加精准和个性化的用户形象。由此可见，用户画像是研究和了解用户的基础步骤。在收集了关于用户的数据之后，要对数据进行挖掘、提炼和分析，这决定了我们给不同的用户推送什么样的信息，以及在什么时候推送，还决定了我们采取什么样的营销策略。当然，除了自己进行用户数据收集外，我们还可以通过第三方数据统计工具来获取各类数据，从而得出某一阶段新闻内容的数据走势，为内容和经营提供价值判断，进而找到潜在的用户，更好地为用户提供信息服务。这也就是数据驱动用户增长的基本路径。

构建用户运营生态

如何构建用户运营生态呢？数据驱动是引擎。在此引擎驱动下，产品创新是基础，社群运营是核心，互动参与是抓手，热点话题是推力，资源整合是支撑，机制设计是保障。

数据驱动是用户运营生态建设的引擎。深刻地了解和掌握用户的需求，是用户运营生态建设的前提。传统媒体无法真正拥有用户，所谓的"读者规模"看不见也摸不着，无法产生即时沟通，用户的价值无法为我所用，媒体连接世界的作用无法真正体现。

智媒体能够找回那些"失联"的读者，并把读者转化为用户，将他们重新聚合在新媒体这样一个活跃的平台上。大数据技术能够让我们准确地把握用户的阅读兴趣偏好，能够分析用户的阅读行为，从而精准地为用户推送他所感兴趣的信息。我们依托移动新媒体建立自己的用户数据库，利用算法技术实现个性化的信息传播，提升用户黏性，寻找新的潜在用户，提高用户活跃度。所以，数据驱动用户数增长和日活率增长，是我们用户运营生态建设的动力源。

国外主流媒体以数据为引擎驱动用户增长也取得了较大进步。作为历史悠久的主流媒体，以往，用户对《金融时报》的印象是拥有一大批受过高等教育的"大龄"受众的媒体。如今，数字时代到来，为了收获下一代用户对于报纸品牌的价值认同，掌握更多的"未来用户"，《金融时报》研发了一系列工具，用于用户分享并讨论新闻内容。例如，自 2017 年起，《金融时报》制订了一项长期计划：让高校师生免费阅读该报。《金融时报》会在每周定期以邮件形式向注册网站账户的 2 万名高校教师发送新闻推送，其内容涵盖经济、政治、全球事务以及文化等各个领域。与报社达成合作意向的高校师生可以通过专属网页及移动端账户，绕过"付费墙"，免费获取网站内容。相较于报社，教师更了解学生需求，更容易找到报社与学生之间的共鸣点。因此，报社利用高校教师资源，在媒体与学生之间搭建起了信息沟通的桥梁。不仅如此，报社还在每周的推送中添加了建议提问项目，辅助教师规划学校课程。由此，《金融时报》笼络到了一大批年轻用户，帮助他们培养阅读习惯，使其成为付费订阅用户的潜在力量。[①]

产品创新是用户运营生态建设的基础。用户运营生态首先要建立在良好的产品基础之上，离开了产品创新，就不可能达成良好的生态效果。比如，如何针对用户来确定主流媒体的定位，如何适应用户来确定内容产品的特色，如何满足用户需求来确定话语表达方式，等等。当然，产品创新离不开移动化、社交化、视频化、故事化的传播趋势，必须围绕这个方向进行创新和突破。特别是在短视频成为流量密码的时代，产品创新就要不止于文图的表达，还要更多地在短视频生产与传播方面有更好的作为。我们可以看到，越来越多的主流媒体在短视频生产领域投入了更多的精力和资源，也取得了明显的进展和效果。可以说，凡是用户运营得好的主流媒体，无不是在产品创新上取得成功的媒体。产品创新是主流媒体在用户运营生态建设上的第一着力点，必须牢牢抓住不放松。

---

① 苑丽娟：《〈金融时报〉如何以数据驱动提升媒体竞争力》，《传媒》2020 年第 19 期。

社群运营是用户运营生态建设的核心。建立用户社群，应该分阶段来进行。基于用户规模和行为特征，可以分为拉新、激活、留存、转化四个阶段。在拉新阶段，重点是要建立各种入群的机会和入口，并把握入口关，确定社群风格和用户角色。比如，可以在客户端、各种账号上面推送社群链接，主播在各种节目、视频上录制内容邀请用户入群。需要注意的是，要根据用户阅读行为，精准筛选出对垂直领域内容具有高度兴趣的用户。比如，有的用户对时事新闻感兴趣，有的用户对体育新闻感兴趣，有的用户对社会热点感兴趣。确定用户的兴趣后，再在相关新闻推送的最后链接社群入口。在激活阶段，要即时用各种手段来激活用户，让用户在客户端内和账号里活跃起来，成为活跃用户，而不是"僵尸"用户。固定推送用户感兴趣的内容是激活用户的基本手段，也是每日需要高度关注的事情。同时再利用线上线下活动来激活用户，如各种答题活动、线下见面交流会，等等，来增强用户在社群里面的感情。在留存阶段，重要的是让用户感到长期使用媒体的价值，从而稳定地在客户端等媒体上留下来，并驻扎下来，变成忠诚的用户。对此，要积极听取用户的反馈意见，及时改进信息传播和用户运营策略，特别是要更多地提供生活服务，让用户黏性增强。在转化阶段，要不断提高用户的转化价值，包括转化为有利于媒体内容生产的生产力和转化为有利于媒体生存发展的消费力。对于前者，可以通过技术赋能，让用户参与到媒体的内容生产过程中，成为内容生产的一分子，形成良性互动和生产循环。关于后者，用户的消费力体现在知识付费和内容电商等方面，可以拓宽媒体的营利渠道。总之，通过社群运营，筑牢用户运营生态的基石，也成为用户运营的核心手段。

随时随地让用户互动参与

互动参与是用户运营生态建设的抓手。提升参与度，增强参与感，是用户运营的重要方法。

一是让用户参与活动策划。从基于媒体报道的活动策划到基于用户社群的活动策划，都可以邀请用户参与进来。既可以丰富活动本身的内容，向用户借智；又可以增强用户对活动本身的归属感，向用户借力。在参与过程中，可以采取投票的方式来解决分歧，这样也可以体现对用户参与的尊重。

二是让用户参与产品设计。媒体的一些产品的形象设计可以开放给用户参与，既可以设计成关于产品的一次很好的营销和推广活动，也可以让用户有更多的存在感和荣誉感。这样的参与往往会带来很多意想不到的效果，为媒体产品和服务带来增值。

三是让用户参与传播与测评。媒体的信息生产本身就有用户的参与，那么如何让用户参与到传播中来呢？激励用户积极传播，可采取积分兑现礼品和返现等策略。既要制定积分兑换规则，同时也要以现金方式予以鼓励，这是比较有效的办法。在移动互联网时代，让用户参与媒体产品的测评，是一件极其重要的事情。要针对不同的用户群体，制定不同的测评文章标准，并根据不同的测评文章制定不同的奖励办法。在移动社交时代，如何激励口碑传播也显得极其重要，比如，通过朋友圈发推文，或通过微博大 V 的带动，来实现更好的口碑效果。总之，互动参与已成为用户运营生态建设的重要一环，随时随地都要让用户参与进来，共同营造良好的运营生态。

川观新闻客户端 10.0 版在已经通过"川观答题"建立较强的

互动性的基础上，以公益运营为新的切口，进一步增强了用户活跃度与用户黏性。

推出"追光计划"公益平台。川观新闻构建了川观新闻端内学分转化为积分，捐赠积分支持公益项目、端外解锁公益项目的"新闻+"志愿服务体系，打通了用户积分和川观答题学分助力公益的通道，支持众筹解锁种树、义诊、爱心出行等公益项目。公益项目由用户众筹成功解锁后，由川观新闻及其公益伙伴在真实世界完成。我们将与四川省慈善联合总会进行战略合作，面向全省公益力量联合实施公益项目。通过整合社会资源，形成一条政府支持、党媒运作、企业参与、民众共治的党媒公益供给链，构建具有四川特色的党媒公益生态。

上线"攀登计划"会员体系。我们不断丰富用户权益，通过更多的运营活动，与用户一起成长。用户每一次阅读新闻、观看视频、发表评论等，参与川观答题、追光计划、积分兑换等活动，都可以获得成长值。川观新闻客户端还拥有专属勋章体系，展示在首页、出现在评论区，可供用户与更多人分享荣耀，解锁专属的用户权益。除此之外，客户端还通过"攀登计划"明星读者评选、"攀登计划"月度锦鲤活动，送出惊喜礼品，邀请用户参与线上线下活动。

新增"川观话题"互动产品。顺应移动互联网平台话题传播规律，川观新闻 10.0 将强化用户互动，改善用户投票和评论体验感，并新增"川观话题"产品。川观话题类文章，包含标题＋图文＋投票区＋评论区，投票支持选择性投票和 PK 型投票。此外还将围绕政经、民情、教卫、文旅等领域，开发更多垂类精品栏目与应用产品，增强本土生活服务和政务服务供给，争取成为广大群众工作、生活的好帮手。

切入热点话题开展用户运营

热点话题是用户运营生态建设的推力。热点新闻是用户最为关注的内容之一，用户运营生态必须借助热点话题来开展，才能达到吸引潜在用户、激活新用户、稳住老用户的目的。重大事件、热点事件、敏感事件都是开展用户运营的切入点，要针对不同的事件采取不同的用户运营策略。

一是设置热点话题。话题设置是把"双刃剑"，设置时机恰当的话，可以有利于热点事件传播。首先，可以在网站和客户端开设热点话题专题，集纳各方报道和言论，全景展示热点事件全貌，多元呈现热点事件观点，同时根据事件进展置顶处理。其次可以在微博设置话题，与网友进行互动讨论，引导事件走向良性发展。最后可以在客户端开启问答社区，引导用户参与话题讨论，回答用户感兴趣的问题，解疑释惑，精准传播。

二是运用原创报道深度参与热点事件追踪，这是主流媒体的优势所在。包括运用记者采访报道，还原热点事件始末，厘清事实真相，给用户一个清晰的事件脉络；在移动客户端设置调查题目，发动用户积极参与，助推热点事件持续受到关注；通过访谈名家和权威人士，或者通过用户向专家提问，解读事件原因和走向。

三是引导评论言论。热点事件发生后，网络舆论场往往是众声喧哗，事件真相还在路上的时候，谣言已经传遍全世界。这个时候，主流媒体除了需要就掌握的权威信息进行及时披露外，还要积极、及时地理性发声，撰写言论和评论，发表掷地有声的观点，或者直接邀请专家撰写文章，发表权威观点，引导用户积极、客观地看待事件。这能在很大程度上吸引用户的关注，起到用户运营的效果。

当然，如果对热点事件运用得不当，就会造成负面效果。不但不能吸引新用户、留住老用户，反而会让用户反感、给出差评，导致用户流失。

整合资源服务用户、连接用户

资源整合是用户运营生态建设的支撑。主流媒体必须依托互联网、借力互联网，实现问政于民、问计于民、问需于民，通过网络汇集民智、反映民意。同时，还要积极回应用户关切，提高政务服务效能。

由于历史积淀和独特地位，主流媒体都掌握着一些良好的党政资源，这就为用户运营和服务用户积累了资源优势。如何整合好、利用好这些优质资源，就成为用户运营生态建设的课题。

主流媒体整合资源，核心是更好地服务用户，真正连接起用户，找回丢失的用户。

一要利用党政资源，优化服务功能，走好网上群众路线。首先，利用好互联网渠道，打通与用户的联系，更好地服务用户，是用户运营工作的基本思路。比如，新型主流媒体开通问政栏目或者频道，及时发现并妥善回应用户关切，搭建政府职能部门与用户进行信息沟通、意见交流的桥梁。其次，利用权威信息获取优势，充分发挥服务属性，将用户关心的民生信息及时汇集到客户端等媒体，让相关媒体成为用户了解权威信息的窗口，并在重要节点采取推送的方式，方便用户第一时间掌握。

二要利用党政资源，设计好知识答题，帮助用户掌握大事要

川观答题致力于建设一个社交化的理论知识学习平台

事。主流媒体自主开发答题系统，利用党政资源优势，组织用户参与答题活动。答题活动的设计可以与主管部门联合，内容与当前的工作推进重点有机结合。同时还可以采取答题积分的方式，给予优秀者以激励。这些答题参与者都是主流媒体的精准用户，不仅参与了答题活动，对于阅读端内其他新闻信息的传播也大有帮助。在答题活动的设计方面，还可以游戏化思维，将答题活动变成一款沉浸式体验的游戏，设计答题参与规则，制定积分兑换时限，建立及时反馈激励机制。让用户在答题过程中产生社交场景，进一步增强用户黏性。

三要利用党政资源，多为用户办实事、办好事，解决民生困难。主流媒体要运用好资源为用户办实事，特别是用户反映的民生实事，要尽可能地帮助解决，以增强用户对主流媒体的信任感和依赖性。通过连接用户、连接部门、连接专家，让用户享受"一键式"系列民生服务。要怀揣一颗真诚的心，真心实意地为用户所想、急用户所需，这样才能强化用户连接，真正让用户成为活跃且忠诚的主流媒体的建设者。这既是主流媒体的职责，也是用户运营生态建设的最高境界。

总之，建设自主可控的生态型平台媒体的出发点和落脚点就是用户，没有用户就没有自主可控的平台媒体，就不可能完成引导舆论的职责，也就不可能构建起新型主流媒体。而用户运营生态建设是一个长期而艰巨的任务，需要坚持不懈、久久为功。特别是随着新技术和新平台的不断涌现，如何聚集用户和防止用户流失，成为主流媒体面临的一大严峻考验。在新的传播格局下，只有增强用户服务意识，提升用户体验，把数据驱动和资源整合两大"法宝"运用好，多维度创建用户连接，才能真正实现"用户至上"的目标。

第三节　数据驱动收入增长

传统媒体时代，收入的增长主要依赖媒体自身的影响力和营销力。智能传播时代，数据则成了助推收入增长新的抓手。智媒体要转变思维，善用数据，实行全要素服务、全链条运营，为客户解决营销痛点。要对广告主的数据洞察进行精确把握，利用数据助推广告销售转化，进而优化业务增长和收入能力。要以数据驱动经营活动，开展基于用户画像的精准站内、站外组合营销，把活动数据与站内数据打通，实现线上线下数据整合。要利用 AI（人工智能）技术辅助营销，运用机器写作发布消费领域文章，促进垂直消费频道建设，并将 AI 技术应用于线下活动中。同时，要用数据驱动智库建设和政企舆情等产品矩阵建设，拓宽收入来源和收入模式。

数据驱动实现百亿营收

进入移动互联网时代，尤其是算法推荐时代，营销的定义被改写。我们前面说过，媒体"二次销售"模式失灵，营销的逻辑转变为数据驱动营销，收入增长的逻辑也必须改变。互联网平台已经在这方面运用得滚瓜烂熟，微博的做法可供我们很好地借鉴。据时任微博广告大数据团队负责人彭冬介绍，2014 年微博上市，营收几千万元。但是到 2019 年，经过大概 5 年时间，营收已经到 100 多亿元了，增长非常快，这里面离不开数据驱动。

怎么利用数据驱动收入增长呢？彭冬介绍要做好以下四点。

一是挖掘详细的用户画像。微博对用户画像建立了非常详细、复杂的标签体系，其中包含人口统计类型指标，如年龄、性别、地域，这是基本的人口统计学指标。除此之外，还有兴趣类别类型指标、兴趣关键词类型指标、关注关系类型指标、预测类类型指标、互动行为类型指标等等。

接下来做商业化的应用。用户画像可以从两个维度来辅助商业化。首先是广告定向。商业化应用跟用户侧的推荐系统不一样，前者需要建立商业广告、广告主跟用户之间的连接。广告主会选择定向条件（用于圈定人群），比如，投放上海 20~30 岁的男性用户，这就是定向。广告系统的作用是根据广告主的定向寻找与之匹配的人群（即用户画像与广告定向的匹配），这里面包含精准的定向，也包含泛化的定向匹配。这个过程在广告系统里通常叫 Targeting 或者叫召回。其次是算法特征。在 CTR（点击通过率）预估上会引入画像，以此来提高 CTR 预估算法的能力。广告系统通过 Targeting 得到了与用户相关的一系列广告候选集，为了让流量价值最大化，保证广告主的广告投放效果最优，通常需要进行广告候选集合的排序，这个排序叫 Tanking。Tanking 的基本思路就是按照广告主出价和 CTR 的高低来进行（具体模型可以参考相关资料），因此 CTR 的预估就至关重要。用户画像在一定程度表征了某类用户对广告的喜好程度，在 CTR 预估尤其是基于深度学习（DNN、RNN 等）的预估模型中，通常会加入用户画像作为特征。

二是捕获即时兴趣。除了建立更加完善、丰富的用户体系之外，还要让数据动起来。数据放在那儿不动的话，就没有任何价值，故需要让它动起来。比如，微博建立了一套实时数仓模型，结合离线仓库的经验，使用了一些存储构建的体系，主要是为了数据分析，包括对 CTR 实时特征的捕捉。同时，在一定程度上也可以减少数据的重复计算。然后要捕获用户的即时兴趣，这非常关键。比如，用户刚刚阅读了关于汽车的文章，可能反映出用户对汽车比较感兴趣，这个数据要反馈到广告系统里面，需要有一套实时标签计算架构，捕获到用户的实时行为。引入实时行为对于点击率有33% 的提升，可见让数据动起来是非常有必要的。

三是做好数据挖掘。数据挖掘的范畴非常大，包括语音、图像的识别，文本、视频的挖掘，等等。在此举一个商业化里经常用到的例子。它的基本原理是在目标用户里面寻找相似用户，再将这些用户扩展到一定的体量。比如，广告主积累了购买过商品的 10 万转化用户，接下来看看这 10 万用户有什么特点，能不能扩展到 100 万客户。根据一个种子人群的特点来扩展一拨用户，这拨用户就是高转化的用户。

四是科学实验，这是数据驱动中最重要、最核心的部分之一。微博在产品设计和功能设计上经常会遇到一些不确定性问题，比如说要增加一个功能，这个按钮到底对产品有没有用处呢？效果是什么样子呢？应对这样的不确定性问题，需要有一套科学实验的体系来辅助决策，这时候就需要科学实验平台。比如，一个医疗网站加了一个使用说明的链接，有链接的按钮转化率居然提高了244%。因此，很多情况直观来讲很难判断最终的结果，因为我们很难判断用户的喜好到底是什么样的，需要通过非常科学的实验平台帮忙我们做判断。有了这个平台以后，我们就能更加科学地判断、做决策。这个平台主要是基于Google分层实验框架模型来做的，运用了大数据处理、实时流计算，包括存储引擎等技术。

　　数据分析是商业增长的基石，微博团队里有数据分析师，有的团队把数据分析师称为数据科学家。因为他们既要懂数据、懂数据模型，又要懂一些算法，还要懂一些统计学的原理。他们的主要职责是通过数据找到问题，再快速解决问题，从而提高增长率。

　　彭冬举了一个通过数据分析解决实际问题的案例。百威啤酒2019年在微博的"粉丝"数大概有400万，名称也比较有意思："一个不满18岁就不能关注的账号"。百威啤酒发了一篇图文广告，内容讲的是上海，发的微博非常有意思，把上海表现得非常魔幻。但即使这么有意境的博文，还是有人不喜欢（在微博右上角点叉，可以表达不感兴趣）。微博通过数据分析发现，一周有五次以上点不感兴趣的用户数大约占总用户数的4‰，曝光量是9‰（曝光量会影响到收入，曝光量越大，收入就会越多），但是负反馈量却占了46%，这是什么概念呢？就是有一群用户什么广告都不愿意看。

有了数据分析和结论之后，微博进行了对比实验，建立了一个Filter 机制（一种技术过滤机制），过滤了这群不感兴趣的用户，不让他们看广告。因为他们本身很反感广告，让他们看也没有用，对广告主来讲就是白投广告了。微博发现这样做的效果非常好。

通过这个例子我们发现，很多业务的增长没有想象中那么复杂，只需要进行数据分析，挖掘出数据里面有价值的东西，再做相应的策略和机制就好了。就像 Youtube 是允许跳过广告的。国内的视频广告，基本上一个有 2 分钟，但 Youtube 就敢让用户跳过。为什么会有这样的信心呢？它涉及的理论依据就是上文所提到的，有一群用户就是不喜欢广告，即使给他们推非常有意思的广告，他们也不看。对于这些用户，直接过滤掉就好了。数据是很有意思的，关键在于怎么发掘它的意义，并把它转化成业务，推动我们业务的增长。[①]

第一财经"数据 +"第二增长曲线

随着媒体转型的深入，主流媒体也在积极运用数据驱动收入增长。第一财经总编辑杨宇东介绍，第一财经关注到电商的崛起，一是带来了更多的商业营销及消费场景，二是产生了海量与商业相关的数据。如果能将财经媒体所收集的偏宏观、偏行业分析的经济数据和商业数据，与更好地服务商家和消费者相结合，就有可能孕育出一个巨大的蓝海市场。

---

① 彭冬：《大数据变现实践：微博百亿营收背后的数据挖掘技术》，在"2019 DAMS 中国数据智能管理峰会"现场演讲，https://baijiahao.baidu.com/s?id=1787 579266886900737&wfr=spider&for=pc。

第一财经对于"数据+"第二增长曲线的探索始于 2015 年，成立了第一财经商业数据中心（CBNData）。依托"数据+内容+营销+资源"的品牌优势，面向品牌企业输出行业研究、数据沉淀、信息聚合等产品及服务。CBNData 充分吸收中国最大财经媒体集团及全球最大互联网电商平台数据优势资源，此后在自有和跨界的数字资产方面持续沉淀，已经形成 10 亿容量的领域数据库、2000+ 新消费品牌资源库，向市场发布了超过 3000 份行业大数据报告，组织并落地超 300 场线下重磅行业峰会及行业论坛。目前商业"数据+"业务已几乎占第一财经营收结构的半壁江山。

2013 年，第一财经首创"新一线城市"概念，聚焦中国的城市化进程，用大数据手段长期跟踪和评估中国城市全方位、多维度的发展，并于 2015 年组建了新一线城市研究所，以第一财经旗下城市数据研究机构的身份，于每年春季发布《新一线城市商业魅力排行榜》。

该榜单的数据源包括新一线城市研究所自建的城市商业、产业数据库和 20 余家互联网公司及数据机构的城市大数据，连续对中国 337 个地级及以上城市展开多维度数据指标的纯客观监测，迄今已连续发布 9 年。历经多年城市榜单与专项研究积累，新一线城市研究所已转型成为一家综合型城市大数据服务商，专注围绕城市治理与数字化转型的业务场景提供各类解决方案。

不同于一般意义上的城市统计数据，"新一线城市数据"更加聚焦城市的营商环境、产业发展和消费形态，赋能经济社会发展以及老百姓的经济生活，这和商业消费数据的积累是相辅相成的。但数据本身体量太大，很难商业化，更多的是以研究咨询的方式开展智库业务。

城市数据业务面临的挑战是怎样从人力密集型的策略咨询专项服务走向相对标准化的系统服务，做大商业体量。2020 年新一线城市研究所推出了 SaaS 服务——知城数据平台，集合 10 亿 + 跨领域数据库，提供一站式城市数据查询与研究应用平台服务。

在"数据 +"的赛道上，以数据为原点，以服务为触点，第一财经正在持续向数据科技赋能产业及行业经济的方向迭代，从最初的数据驱动型业务，向能力驱动型、服务驱动型、AI 驱动型智库业务形态转型。[①]

数据驱动收入增长，对主流媒体来说，是一项比研发智能技术、生产智慧内容、建设智库媒体更不容易的工作，但也是必须攻克的一道难关，否则很难实现长远发展。

第四节　培养数据驱动文化

在数据驱动一切的时代，智媒体建设各项工作都要靠数据驱动。所以数据驱动不仅是产品技术团队的事情，更是内容生产团队、销售团队、运营团队、行政团队的事情，他们与产品技术团队不是协同合作，更不是各自为政，而是要共融共生，从相加迈向相融。

数据要成为生产和销售的核心资源，所有团队都要往这个方向努力，都要相信数据的力量，相信数据决定了未来增长的空间。没

---

① 《杨宇东总编辑：第一财经媒体深融的"时代增长基因"探索之路》，https://baijiahao.baidu.com/s?id=1780633119358851377&wfr=spider&for=pc。

有数据驱动，我们的未来将寸步难行。要通过制度、机制和行为方式的改变，以润物细无声的方式，帮助全体员工理解、接受、运用数据驱动，培养数据驱动文化。

数据驱动文化的培养要全流程、全链条落实，组织架构体系、工作流程、绩效考核等都必须落实数据驱动。所有人都要学会运用数据做好工作，相信数据能驱动工作。

数据驱动组织变革

内部组织架构的变革，是新型主流媒体面临的难点与痛点。新型主流媒体必须顺应趋势，变革组织架构，建立数据增长型组织。要打破传统的职能型部门架构，优化内部资源，组建依托数据的增长型团队，真正把数据作为团队的考核指标，让团队相信数据驱动，掌握数据驱动，推动管理从职能型组织向数据增长型组织进化，实现组织文化的自我革命和进化涅槃。在这个方面，主流媒体与互联网平台还有很大差距，还有很长的路要走。

郭全中教授认为，智媒体的核心是利用人工智能技术实现信息与用户需求的智能化匹配，实现数量可观的用户沉淀，并通过适当的业务场景实现商业价值变现来形成商业闭环。在人工智能中，大数据是"燃料"，算法是"灵魂"，而场景是商业价值变现的途径。由于媒体尤其是传媒集团旗下，既有电视、广播、报纸、杂志等传统媒体资源，也有网站、客户端等新媒体资源，要真正搭建智媒体并实现智能化转型，就需要打造智能化的中台，以更好地响应用户需求，转型的重点是数据中台、业务中台和技术中台。

智能技术平台大多成功建设了中台，国内最早进行中台实践且最为成功的公司之一是阿里巴巴，它关于中台的理念来源于

Supercell 公司的启示。

阿里巴巴对组织结构进行了彻底改造和重构，建设了整合阿里产品技术和数据能力的强大中台，组建了"大中台、小前台"的组织和业务体制，成效显著。阿里巴巴的中台分为六类，即业务中台（如用户中心等）、数据中台（提供数据分析能力）、算法中台（提供算法能力）、技术中台（提供自建系统部分的技术支撑能力）、研发中台（提供自建系统部分的管理和技术实践支撑能力）、组织中台（为项目提供投资管理、风险管理、资源调度等）。

字节跳动采取"大中台、小前台"逻辑。字节跳动内部没有按业务线划分的事业部，只有技术部、用户增长部和商业化部这三个核心职能部门，大部分产品核心的三个环节——拉新、留存和变现，都接入相应的中台部门，由后者提供支持。算法平台组为每个产品线提供基础的算法推荐技术，用户增长部负责用户留存，商业化部主要负责变现。

腾讯也正在大力推进中台建设。腾讯通过成立技术委员会来加强技术共享和协同，并设立了"开源协同"和"自研上云"项目组来推动技术的整合、产品的开源与云端化。同时，向企业与开发者开放数据中台和技术中台。数据中台包括用户中台、内容中台、应用中台等；技术中台包括通信中台、AI 中台、安全中台等。例如，用户中台指的是一整套囊括了用户增长、用户沟通、用户数据保护、会员管理等方面的客户管理工具；内容中台则是以企鹅号为中心，为合作伙伴和内容创作者提供高效的内容生产工具。[①]

---

① 郭全中：《智媒体发展三大新趋势》，《新闻战线》2019 年第 23 期。

数据驱动机制变革

在数据驱动战略实施进程中，所有人都要学会运用数据赋能工作，相信数据能驱动工作。要通过机制和制度变革，推动全体员工理解、接受、运用数据驱动，培养数据驱动文化，提升组织管理效益。

就拿川观新闻来说，通过内部应用、外部共享，双轮驱动实现了数据能效最大化。通过内部数据应用，驱动业务提质增效是基础。例如，在智能编辑部建设中的传播反馈环节，川观新闻早已实现数据反哺业务。每周和每月，专业数据增长产品经理都会基于前文提到的用户数据系统，生成"3+1"型数据报告，即用户增长、用户消费、用户互动三大用户数据加内容传播这一大内容数据。

基于数据报告，川观新闻还形成了数据"会诊"制度，由技术部门、内容部门、运营部门联合召开数据解读专题会，总结反思数据反映出来的问题，以促进对内容部门和运营部门的优化。这些数据还会同步在融媒体中心物理空间的大屏上进行可视化展示，以供领导和各部门及时查看。

除了数据报告这样着眼于"面"的分析，川观新闻同样看重"点"的情况。我们对每一条稿子的传播情况都进行数据画像，绘制数据雷达。"雷达"对每一条稿件的全维度数据进行实时跟踪。从基础阅读量到用户转赞评，从全网转载量到稿件传播路径图，所有数据动态更新，在后台均可进行可视化呈现，以供编辑和记者随时掌握稿件情况。

要建立数据驱动文化，就要用好数据驱动考核的杠杆。考核是指挥棒，要以此为杠杆，按照移动优先、打造智媒体的目标，建立完善的用数据说话的绩效考核机制。要树立以端为主的考核导向，建立以互联网传播为主考核产品质效、以移动端贡献为主考核履职成效的新型目标考评体系。比如，川观新闻主要围绕移动新媒体的内容和运营数据，配置采编稿分、孵化资金等资金性资源；运用数据手段加强对重点产品的打造的考核，设立 OKR+KPI 考核指标，建立产品的升级和退出机制，加大对重点产品的激励力度。在考核手段上，要加强数据化考核，逐步形成以 AI 机器打分为主、人工校正为辅的考评模型，强化传播效果导向和结果导向。

在智能化发展趋势下，数据成为重要的生产资料和治理资源。主流媒体转型打造智媒体，必须坚决推进数据驱动文化变革，从而推动媒体真正实现转型。

第七章

"123456"
智媒体管理文化

树牢一种理念

聚焦两项任务

掌握三种法则

塑造四种能力

紧盯五大重点

建强六根支柱

组织文化是一个机构核心竞争力的内在体现。现代企业竞争的最高阶段是文化的竞争，从生命周期和永续动力来看，如果缺少了文化和精神之魂，就不可能走远。建设智媒体必须高度重视文化铸魂，适应主流媒体系统性变革与互联网发展趋势推进文化迭代，以文化凝聚团队、坚定信念，向着长远目标孜孜以求，不懈奋进。

文化不是在墙上的，不是虚无缥缈的，是落实在我们的行动规范上的，奖励惩罚、制度机制、活动品牌都是文化的体现。

为什么一定要有仪式感？仪式本身既是工作的一部分，也是文化的一种构成。文化是包罗万象的，培训、会议、提出的各种要求等都是文化的一种。文化建设在每一天、每一项工作中都有体现。若没有文化，我们就是一盘散沙，凝聚不起力量。顺境的时候还体现不出来，逆境、困境中文化就显得尤为重要了。要在逆境中不掉队、困境中奋起，就需要我们的文化，我们要倍加重视团队的一言一行、倍加重视制度建设、倍加重视价值取向。我们提倡什么、反对什么，要旗帜鲜明，不要含含糊糊，不要模棱两可。

管理文化生态如何构建？应该包含哪些主要内容？可以总结为"123456"管理创新方法论，具体如下。

"1"就是树牢一种理念：管理的核心要义和终极价值是激发和调动员工的积极性、创造性；

"2"就是聚焦两项任务：发展和安全；

"3"就是掌握三种法则：方向正确、以人为本、小步快跑；

"4"就是塑造四种能力：政治能力、统筹能力、应变能力、推进能力；

"5"就是紧盯五大重点：流程再造、制度创新、考核优化、能力培育、党建引领；

"6"就是建强六根支柱：愿景使命、战略规划、组织架构、激励机制、安防体系、文化精神。

第一节　树牢一种理念

一直以来，主流媒体在管理创新方面很欠缺，这成为影响转型发展的重要因素。在传统媒体时代，管理粗放的问题就备受诟病，在行政管理、编务管理、营销管理、品牌管理、人力管理、财务管理等方面存在理念落后、重视不够、人才缺乏等老大难问题。

管理要把"以人为本"理念贯穿始终。

在智能传播时代，生态型平台媒体要以管理创新生态建设为基础保障，在"以人为本"的价值理念引领下，把管理的核心要义和终极价值，调整到激发和调动员工的积极性和创造性上来。这是一个重大的管理理念创新，也是一次艰难的管理转型。我们知道，要真正做到这一点，何其难也！"以人为本"的管理生态建设要依赖整个业界的集体转型，这就是现代企业家的管理理念，也是市场化经营者的管理理念。我们从计划经济过渡到社会主义市场经济，经济发展突飞猛进，但是有些观念还停留在计划经济时代。管理理念的落后，直接导致了媒体领域生产力的落后，直接影响了媒体行业转型发展的迟缓。所以，管理创新生态建设是媒体发展的基础性工程，必须认真重视，把管理创新提高到应有的地位。

"以人为本"是把人的因素放在首位的管理思想，主张以人为中心进行管理活动。比如，华为作为一家全球知名的信息通信技术解决方案提供商，一直将人才视为公司最宝贵的资源。华为深知人才是企业发展的源泉和动力，因此致力于培养以人为本的企业文化。在以人为本的基础上，又突出"以奋斗者为本"的理念，员工是华为最为宝贵的财富，华为尽力做到"内外公平"，为员工提供富有竞争力的薪酬。除了物质，精神方面的重要性也是不容忽略的，华为的精神激励主要从荣誉和职位两个维度出发。在荣誉激励方面，华为曾专门成立过荣誉部，负责对员工进行考核、奖评。在职位激励方面，华为的晋升机制也十分完善且具有吸引力。相比于资历，华为的晋升更看重能力，只要员工有能力，就有被提升的机会。精神激励充分考虑了员工发展的内在因素，为员工提供了真正的动力之源。从物质和精神上给予必要的支持和激励，有利于进一步提升员工的工作热情，为华为建设一支团结、高效、艰苦奋斗的团队提供了保障，也对华为"狼性文化"的形成发挥了重要作用。

我们确立管理创新的核心要义和终极价值，就是激发和调动员工的积极性和创造性。这样的理念切中了管理的本质：以人为本。管理，不是为了管理而管理，而是为了促进人的全面发展，让员工与单位同成长、共发展，从而形成一个良性的互动式循环。只有坚守这样的理念，才可能实现可持续发展，才能打造基业长青的媒体。带着这样的理念，我们才能在制度与机制的科学构建、用人与育人资源的投入、眼前利益与长远利益的平衡等方面，作出清醒的判断和正确的决策。

直击人的全面发展，聚焦积极性的调动，是管理的一种最高境界。如何落实"以人为本"理念呢？一要增强媒体的竞争力，把媒体发展好，用美好的事业留住人。二要增强媒体的吸引力，用感情的魅力粘住人。三要增强媒体的文化软实力，用向上的精神凝聚人。四要增强媒体的向心力，用真诚的团结善待人。做到了这些，

"以人为本"的管理理念就能落到实处，发挥不可估量的作用。

要重视人才，善于发现、发挥骨干领军人才的传帮带作用。在这方面，四川日报报业集团高度重视人才培养和团队建设，建立了双通道发展机制。在传统管理通道之外，重点打造业务通道，设置了集团特聘首席和青年首席、单位首席、一般专业人员 3 个层级、若干等级的岗位体系，涵盖多个专业序列，并配套考核、激励、晋升、退出等措施，上下有序、进出有据，为优秀年轻干部人才提供多样化职业选择。比如，集团成立了张守帅工作室，由集团特聘首席记者张守帅牵头，整合四川日报社、封面新闻、《四川党的建设》杂志等 3 家单位的 6 名首席记者和骨干记者组成，集聚了文字、摄影、摄像等采编领域的精兵强将，在重大报道中探索出了"版主制""生产小队长制"，让"听得见炮火"的人指挥一线作战。工作室除了承担报社一些重大报道外，还拥有相当的"自主权"，年度目标、"自选动作"、孵化项目等，都由创新工作室成员共同确定。

第二节　聚焦两项任务

发展和安全，始终是媒体的两项任务，任何时候都不可偏离。

发展，就是围绕传播力和影响力的不断提升，围绕媒体深度融合重点工作，围绕社会效益和经济效益的良性循环，促进主流媒体走上高质量发展之路。

安全，就是防止出现舆论导向的偏差和重大差错，以确保正确的政治方向、舆论导向和价值取向。

可以说，发展和安全就是媒体每天都要面对的重要任务。发展和安全是相伴相生的，没有发展就谈不上安全，没有安全也就无所谓发展。

主流媒体要正确理解发展和安全的关系，把发展作为第一任务，把安全时刻抓在手上，在"踩油门"的同时不要忘记"踩刹车"。

保持正确发展方向

发展一直是媒体生存壮大的永恒主题。改革开放以来，国内主流媒体以市场化为手段，在坚持社会效益为先的前提下，积极提升经济效益，推动实现"两效"统一的发展，创新拓展了媒体的发展内涵、发展方式、发展路径、发展模式，成就了全国主流媒体繁荣发展的局面。可以说，如何更好地实现发展一直是媒体人尤其是媒体领军人思考和推进的主要工作。然而，自移动互联网诞生以来尤其是智能手机快速发展以来，主流媒体的发展就遇到了严峻挑战，发展的逻辑不一样了，传统的发展模式不灵了。所以，过去十多年来，推动媒体融合发展就成了国内主流媒体的大主题、大课题。在中央的顶层设计下，从中央到地方的各家媒体纷纷推进创新性实践和探索，取得了较为丰硕的成果。本书探讨的智媒体理论与实践也是发展的探索。在这里，主要想谈谈发展方向的问题，因为方向决定出路，方向决定命运。

回头看过去十来年，无论是报业，还是广播、电视等传统媒体，很清晰的一条脉络是，传统的发展道路肯定是越走越窄了，如果按以往的方式去走，肯定是走不通了。那么往哪里走呢？只能是向网上走。如今读者在网上，用户在网上，人民群众在网上，我们就必须向网上走。只有更全面、更彻底地推进主流媒体互联网化，并向人工智能时代尽可能谋划得更远一些，才能走得更远，才能影响更广，也才能发展得更好。

我们正处在一个从"万物互联"向"万物智联"转变的时代。截至 2024 年 7 月末，我国基础电信企业发展移动物联网终端用户数达 25.47 亿户，占移动终端连接数的比重达到 59%，移动网络"物超人"步伐持续扩大，数字化浪潮持续澎湃。主流媒体要想取得可持续发展，就必须加快推进数字化转型、网络化生存、智能化革命，持续建设融"智能技术、智慧内容、智库服务"为一体的智媒体，大力培育传媒新质生产力和新型发展质态，这样才能走出主流媒体高质量发展的新路子。

坚决筑牢安全底线

"中国共产党从政治、组织和思想等方面领导国家生活的各个方面，经过多年实践，中国党政系统在制定和实施重大决策的方式和步骤方面，已经形成了一整套相对稳定的程序和自成系统的做法。中国当前媒体融合政策也是在这样一套决策体系中形成的。新闻政策是反映政策主体的意志，因此要体现政党和国家对新闻领域的明确态度，新闻政策主体的意志、想法以及试图达到的目标体现在政策制定、政策方案选择和政策实施过程中。在这个过程体系中，意识形态安全扮演着重要的角色，发挥了核心影响力。"

"从执政党对意识形态工作的重视，到互联网管理的加强，从意识形态安全相关法律制度的构建，到党管媒体原则的强化，当前高度重视意识形态安全的政治生态，构成了推动传统媒体和新兴媒体融合发展政策选择的政治环境基础。在这样一个政治生态环境中产生、推行和发展的媒体融合政策，必然带着深刻的意识形态烙印。以《意见》（指《关于加快推进媒体深度融合发展的意见》）为核心的当前中国推动传统媒体和新兴媒体融合发展的政策体系，集中于一个核心价值目标：通过改革与创新媒体管理，确保官方意识形态的主导地位。意识形态安全考量是这一政策体系中始终贯穿的一条价值红线。"[①]

主流媒体在以移动互联网为中心不断融合发展的同时，面临的安全责任也随之由传统介质转到了网上，防范网络意识形态安全风险就成了重要责任。全媒体的发展助推了主流信息的高效传播，同时也带来了新的网络意识形态安全风险，增加了网络意识形态安全风险防控难度，这就要求我们必须全方位提升安全工作等级。

要加强安全观念。与传统媒体时代不同，智能传播时代的信息安全挑战既有人工生成的内容，也有机器生成的内容，尤其是机器生成的内容，基本能够以假乱真。主流媒体作为把关人，必须提升防范意识形态风险的敏感性；要不断强化坚持正确导向的意识，不能被网络带节奏，不能跟随错误导向；要时刻绷紧安全这根弦，遇到热点事件要保持新闻人的理性、客观、冷静，让子弹先飞一会儿，在此过程中要以专业的新闻标准去生产主流内容，引导舆论。

要提升安全能力。面向智能传播时代，要把提升智能安全审核能力作为重要的工作。尤其是面对机器生成技术应用越来越普遍的外部环境，主流媒体要进一步加强自主研发和引进先进技术，自主培养和引进专业人才，提升对虚假、错误信息的识别能力，防范社交机器人的攻击。同时，也要提升编辑把关团队识别、防范、审核有害信息的能力。

---

① 陈昌凤、杨依军：《意识形态安全与党管媒体原则——中国媒体融合政策之形成与体系建构》，《现代传播》2015 年第 11 期。

要筑牢安全制度。严格执行各类安全审核把关制度，不断适应全媒体发展形势，优化并完善审稿流程和机制。在重要时间节点和重大主题宣传中，总编辑靠前指挥，从严规范新闻传播秩序，确保内容采编规范严谨。同时，针对 AIGC 参与内容生产，出台数字记者管理办法等管理制度，确保机器在人的主导下生产、传播内容。

第三节　掌握三种法则

管理要掌握三种法则，这是重要的管理方法论。

首先是方向正确。要把握好方向，不能犯原则性甚至是颠覆性错误，这是主流媒体发展的前提。在对人类社会发展趋势的把握上，要有预判性和前瞻性眼光，要契合时代的发展，特别是要敏锐把握日新月异的科技进步给信息传播带来的挑战和机遇，早作安排和布局。这样在新时代的列车呼啸而过的时候，才不至于被动观望，以致败下阵来。同时要对互联网传播规律有深刻的洞见和观察，要敏锐感知互联网生态变革，捕捉用户行为和心理，跟踪互联网演进路线，在重大投入决策上不能违背发展规律。

其次是价值牵引。价值牵引并不是虚谈，而是需要实实在在贯彻到具体的工作中，也就是每一天的行为规范中。换句话说，价值牵引不是空洞的理念，不是口号要求，而是凝结成的制度、流程、机制，是可以细化操作的规章。主流媒体倡导什么，坚持什么；摒弃什么，反对什么，要有一个清晰的边界，有个底线。要用主流价值来引领主流媒体的发展，要用主流文化来滋养主流媒体的壮大。价值牵引也属于文化的范畴，我们能够走多远，最终决战于文化的力量，决胜于精神的支撑，决定于信念的召唤。

最后是小步快跑。这是个心态问题，它决定了主流媒体前行的姿态。主流媒体的转型发展不能急于求成，不要期待弯道超车，而是要有长期主义的坚持和深耕，就是要瞄准主业赛道，一步一步地往前走，一锤一锤地往下敲。这考验的是主流媒体人的雄心和耐心，检验的是主流媒体人的心态和心智。要转变观念，非一朝一夕之功；要改变惯性，非一时半刻之为。新型主流媒体建设也好，自主可控平台打造也罢，不是轻轻松松就可以建成的，要拿出久久为功的韧劲和不达目的不罢休的恒心，才有可能抵达胜利的彼岸。

华为提出，公司发展的基本逻辑是，方向要大致正确，组织必须充满活力。如何理解这句话，方向不能完全正确吗？华为提的方向是指产业方向和技术方向，技术发展快速迭代，产业替代层出不穷，即使是行业龙头，也是暂时的，无法完全准确预测未来的方向，所以方向只能是大致正确。正是因为没有办法在方向上完全正确，组织才必须充满活力，确保战略的执行以及纠偏，才能走向成功。

面向未来智能化的社会，会出现更大的不确定性。混沌理论指出，任何微小的反应都可能引起整个系统的巨大变化。对于企业来说，制定战略很重要，但在不断变化中推动战略执行更为重要。

马化腾把腾讯的渐进式创新，解释为"小步快跑，试错迭代"。我们在实际工作中也是如此，当你因为一件事情不够完美而裹足不前的时候，你可以试着告诉自己，小步，迭代，先完成再完美。不做，你永远没有发言权，更谈不上什么完美。每一个看上去微小的改善，其实都是一次创新，都是一次迭代，叠加在一起，就是一个大创举。坚信每一个微小都独具力量。

主流媒体在建设智媒体的进程中，由于自身互联网技术基础的薄弱，以及难以投入巨大的资金开展智能技术研发、运营，就不能求全责备，只能沿着人工智能发展的方向，不断向前探索，不断迭代产品，不断推进战略并执行，以小步快跑推进智媒体发展行稳致远。四川日报报业集团在平台建设上，无论是川观新闻客户端还是封面新闻客户端，都秉承每月小迭代、每年大迭代的理念，不断完善功能和用户体验；在技术研发上，近年来不断优化智能采编、审核、传播等技术，积小胜为大胜，才有了国内报业较为领先的技术实力。当然，这些还远远不够，还要瞄准智媒体发展和新技术进化方向，不断创新、锐意探索，向更高更远的目标努力。

第四节　塑造四种能力

加快建设智媒体，核心能力培育是关键。

第一是政治建设能力。这是第一位的能力，也是打造智媒体的前提。政治能力说到底就是始终以马克思主义新闻观为指引，在新闻报道中把握政治方向的能力，在大是大非面前站稳立场的能力，在热点敏感事件面前表达出正确观点的能力。坚持正确的政治方向，是政治能力的首位。除此之外，政治能力还包括筑牢理想信念的能力，这是塑造队伍精神和魂魄的重要手段。

第二是统筹推进能力。这是把握业务方向的能力，是打造智媒体的关键。在智媒体建设的进程中，到底需要统筹什么？为什么统筹能力那么重要？建设智媒体是一项全新的事业，需要统筹技术研发与内容创新，需要统筹用户运营与销售拓展，需要统筹智库服务与能力提升，等等。其中的关键是需要统筹舆论引导与持续发展的良性互动。

第三是数据驱动能力。智媒体建设的基础工程就是实现增长技术支撑之上的数据驱动，也是重要标志。可以说，整个媒体融合转型就是一场数字化革命，数字化革命的本质就是数据驱动。数据驱动什么？数据驱动发展！发展的两大经济指标是用户和营收，就是要达成数据驱动用户增长和营收增长，也就是实现社会效益和经济效益的良性互动增长，最终培养数据驱动文化。

第四是创新应变能力。毫无疑问，我们来到了一个变动不居的时代，变是这个世界永恒的主题。引领这样一个时代变动的最大变量就是技术，特别是生成式人工智能技术。智媒体又是以技术驱动为先导的，所以，智媒体建设就处于这样一个不断变化的过程中。这就需要我们具备洞察技术发展演变趋势的能力，及时跟进创新，应对环境变化带来的挑战，不断跟上时代的潮流。

在这四种能力中，前三种在本书其余章节均有所论述，本节不作赘述。这里重点强调一下，创新应变能力需要创新体制、机制的支撑。

近年来美国人工智能公司 OpenAI 推出的 ChatGPT 风靡全球。ChatGPT 不仅能更好地理解人类的问题和指令，流畅地进行多轮对话，还在越来越多领域显示出解决各种通用问题的能力。许多人相信，ChatGPT 不仅是新一代聊天机器人的突破，也将为信息产业带来巨大变革。

ChatGPT 的爆火，是"创新生态体系产出的结果，拆解这个生态有几个关键步骤，有创新性的机制，企业走了一条不寻常的道路，聚集了一批理想主义的技术天才，大公司进行了投入和资源整合。我们现在面临的一个困境是没有这样的生态，可以支撑创新层出不穷。但要看到，美国形成这样的创新体系也花了很长时间。美国是三个体系叠加到一起产生的化学反应：第一个是研究型大学，有相对的独立性，有一批科学家在做探索性的工作；第二个是使命导向的如联邦实验室体系，以国家使命去驱动前沿研究；第三个是硅谷，基于创新创业和风险投资的商业生态，三者之间有密切的互动，才支撑了美国从科研到产业化创新的循环，先有从 0 到 1 的突破，再有人承接去做从 1 到 2 的工作。另外，资本市场起了放大器的作用，支撑了从 2 到 N 的阶段。可见，基础研究、商业投资和政府支持要有良性的互动，建立起从创新到价值的完整链条"①。

回归到主流媒体的创新上，我们可以看到，一直以来，媒体报道形态的创新、内容形式的创新较多，但平台产品的创新、技术研发的创新、运营模式的创新还远远不够。媒体内部创新文化、创新机制的突破，也需要打开视野、放飞想象、加大整合，建立完善系统性创新的体制和机制。

第五节　紧盯五大重点

管理要抓住关键环节，提升改造。

第一是流程再造。流程管理是企业管理的重要法则，目的是建

---

① 《对话梁正：为什么 ChatGPT 创新没发生在中国？》，《经济观察报》2023 年 3 月 27 日。

立企业的目标和规范管理，主要涉及运行规则、沟通渠道、流程责任、流程质量、流程控制、流程安全。可以说，离开了流程管理，企业的正常运转将不复存在。智媒体建设是对传统媒体的一次全新改革，流程再造就是其中重要的改革环节。要适应技术变革对内容生产与传播提出的新需求，大胆变革内容生产和传播各环节的流程，确保整个运行流程与技术和内容相协调、同步调。

第二是制度创新。制度是规范管理的重要保障，制度要与时俱进，及时总结和提炼生产过程中的经验、做法，以及问题短板，形成制度文本，并把它上升为共同遵守的行为规则。智媒体建设是一个崭新的课题，必须高度重视制度的创新与突破，积极鼓励实践中的超前行为。比如，如何落实移动优先策略，如何推行视频转型工程，如何确保智库媒体落地生根，等等。这些非常重要而又现实的课题，在传统媒体时代都是没有涉及的，必须通过制度创新来落实。

第三是考核优化。考核既是重要的指挥棒，又是一种完整的制度体系。优化考核可以说是一件牵一发而动全身的事情，必须认真对待，系统考量。智媒体需要强化技术驱动的力量，就要改革传统考核体系，增加智能技术在赋能生产和运营中的基础性功能考核。在内容方面，需要创新话语表达，内容要更加适合网络传播，适合年轻人阅读，还要促进视频内容的生产与传播。而作为专业媒体机构，还需要内容有深度、有思想、有独家见解，这些都需要调整考核方向，不断优化不同指标的考核权重。这是一个不断调试和优化的动态过程，需要根据团队的情况，反复磨合，彼此适应，双向奔赴。

第四是能力培养。在这样一个剧烈变革的时代，与规律和要求相比，我们的能力的不适应总是大于适应，能力培养就永远在路上了。智能技术的发展日新月异，倒逼我们要一刻不停地关注前沿技术变化，研究新技术给信息生产与传播带来的挑战和机遇。由于新的传播方式是颠覆性的，革命性的，也是前所未有的，因此，从某种意义上讲，我们需要培养全新的能力，以适应这样一场媒体革命：深层次的信息传播革命。不是修修补补，不是添枝加叶，而是要整体且系统地培养能力。虽然我们依然需要继续做好传统媒体，但是，互联网已经成为我们的主战场和主阵地，大规模地迁移队伍到全新的赛道上去也是不争的事实，也已经成为今天主流媒体的真实图景。可以说，从观念转变到内容生产，从用户运营到渠道销售，从技术支撑到制度文化，都需要我们重新培育一种新的能力，才能适应变局，求得生存和发展。

第五是党建引领。智媒体是党的意识形态工作的重要阵地，必须时刻把握政治方向，把牢意识形态这根弦，用党的创新理论武装头脑，引领新闻舆论工作始终沿着正确的轨道前行。智媒体建设要把党建工作融入其中，推动智媒体建设取得又好又快的成效。特别是智慧内容的生产与传播，要以正确的舆论引导人，坚守初心使命，坚定理想信念，坚持以人民为中心的工作导向，掌握意识形态工作主导权、主动权。要坚持走好网上群众路线，发扬斗争精神，主动回应群众的关切，积极开展网络舆论斗争。

第六节　建强六根支柱

支柱强、根基稳，才能立于不败之地。智媒体建设，必须注重那些看上去容易忽视的内容，尤其是那些隐藏在水面以下的、精神层面的内容，往往决定着企业能走多远。在智媒体建设的初期，就要建强六根支柱，把它列入重要议程，和技术、内容、团队建设同步推进。这是生态型智媒体建设的重要支撑力。

愿景和使命

智媒体必须具备愿景使命，这是其职责定位的核心，既是时代烙印，也是标签符号。我们甚至可以说，没有愿景和使命的媒体就不是媒体，更谈不上智媒体。

愿景就是智媒体未来所能达到的一种理想状态，解决的是"去哪里"的问题。愿景就是智媒体的理想，面向未来，超越现实。

使命就是智媒体以何种形态或身份来实现目标、达成理想，解决"为什么去"的问题。我们通常讲，身上背负了什么样的使命，这里的"使命"说的就是身份问题。

一个提出愿景和使命并努力实现的智媒体才是值得尊敬和期许的媒体，也只有这样的媒体才可能基业长青。正如《基业长青》作者柯林斯提道："一个企业从优秀到卓越，最重要的标志是提出超越利润的终极追求。"这就是愿景的力量。就业界目前的情况来看，有完整且成熟的愿景和使命的媒体很少很少，这不能不说是媒体的一大缺失和遗憾。智媒体要补上这个不可或缺的环节，使之成为健康发展的重要驱动力量。

战略规划

这是对智媒体全局、总体、长远发展的谋划，事关未来目标和重大事项的制定。我们国家每五年都要制定国民经济和社会发展五年规划纲要，简称"五年规划"。一般来说，每个组织也会有一个相对长远的规划。

对于智媒体而言，制定战略规划，一要有战略眼光。就是要从宏观上、全局上考虑问题，全面把握事物发展的大方向和总目标。媒体行业的发展与时代进步和国家兴盛紧密相连，智媒体就是时代和国家发展的记录者、见证者和推动者，所以，智媒体的战略规划要与时代和国家发展同向、同调、同步。

二要有预见性。就是要看准发展趋势，摸准行业规律，找到前行方向。智媒体发展也是不断演进的一个动态过程，要有前瞻性和未来感。当然，战略眼光主要来源于对技术和市场的深刻洞见，来源于对信息传播方式的变革和用户消费方式的变迁的精准把脉。要做到这一点相当不容易，需要与时俱进，需要不断地解放思想。

三要有战略解码。没有战略解码，战略规划就是一纸空文。战略解码就是要把战略规划的长远目标和短期可以实现的重点任务紧密关联起来，再进一步讲，就是要把战略规划层层分解为全体员工可理解、可执行、可考核的具体任务和可量化指标。也就是说，要围绕战略规划来确定每个部门、每个团队的KPI，并与绩效和激励挂钩，形成战略规划、战略解码、战略执行的系统闭环。

组织架构

组织架构不是一成不变的，更不能一劳永逸，智媒体的组织架构要随着业务的变化和拓展及时进行调整和优化。在坚持党管媒体和正确导向的前提下，智媒体的组织架构要最大化地适应用户和市场以及科技进步带来的挑战和机遇，要有效支撑业务拓展和健康运行。智媒体的组织架构设计要遵循以下几个原则。

一是扁平化。在智媒体内部，从效率角度来看，层级不要太多，一般以三个层级为宜，即决策层、管理层和执行层。这样的层级设计，有利于信息的及时传导和工作效率的提高，减少层级过多造成的信息传递衰减和效率低下。

二是协同化。组织架构要充分考虑智媒体生产协同作战的现实需求。智媒体的生产与传播，要求多工种之间的协作越来越密切，各部门之间的配合越来越多，这就要求组织架构设计要有协同功能，要有弹性空间，要和机制设计匹配。

三是对等化。组织架构要和智媒体生产的现实需要对等，要对准业务增长的口径，匹配业务发展所需的资源。只有赋予组织架构明确的责权利，明晰组织架构的边界幅度，完整定义组织架构的始末脉络，才能发挥组织架构在智媒体运行中的中枢作用。

四是柔性化。组织架构的柔性指标是指在应对内外部环境变化时，要能够及时有效地作出调整和优化，要具有灵活、机动、可延展的特征。同时，日常工作可以通过行政力量来推进，呈现出来的方式是纵向资源聚合；重点工作可以通过项目推进，跨部门、跨单元地调动资源，呈现出来的方式是横向资源整合。

激励机制

激励是工作推进中"万能的钥匙"，必须认真研究智媒体激励机制的设计。当然，激励分成物质和精神两种形式。就物质层面而言，绩效挂钩是激励机制最重要的制度，是第一位的制度设计。绩效挂钩的方法很多，对于用什么指标来挂钩，必须依据智媒体的核心业务和关键业务的开展来确定。

对于传统媒体来说，内容生产、广告经营、印刷发行等就是主要业务，但是对于智媒体而言，这就远远不够了，内容生产和广告经营只是其中的一小部分，除此之外，还有技术、产品、用户、品牌等多个业务环节，特别是智媒技术和用户运营，都是新的陌生的核心业务，必须放到战略高度来对待和重视。这就要求在激励机制的设计上要系统重构，而不是简单相加。还有智库服务，也是智媒体的重要业务单元，必须通过激励机制的设计来强化新型智库媒体的建设。

就精神层面而言，要适应"90后""00后"这一年轻群体追求精神满足的时代特征，不断满足他们多元多样的精神诉求。这一代年轻人十分注重个性化的价值追求，渴望平等的交流沟通、直接的利益表达，以及期待广阔的成长空间和多样的展示机会。要积极正视年轻群体的精神成长，助力他们在智媒体建设中建功立业。

安防体系

智媒体建设必须注重安全防护体系工作的同步推进，要把技术防护和人工防护有机地结合起来，建立"三审三校"等机制流程和制度体系，构筑起一道信息生产与传播的安全防护网。

在技防方面，就是要不断研发安全防护新技术，建立起"三横五纵"立体防护体系，以确保安全和效率。一是要在横向上建立起立体防护体系，包括以安全合规为基本要求建设信息系统、加强主动防御和安全研发管理、提高攻击成本强化拦截反制等"三横"防护体系；二是要在纵向上建立起包括边界安全防护、系统运行防护、办公计算环境防护、终端安全防护、内容安全防护等五个安全方向的"五纵"安全防护措施。

在人防方面，就是要培养一支训练有素的把关能力强的编辑队伍，要培育一支铜墙铁壁般的保障力量。编辑队伍经过多年训练，在重要环节和关键时刻，能够超越机器本身，完成机器无法完成的任务，发挥"定海神针"的作用。我们说，安防体系建设最重要、最可靠的还是把关人，不仅是因为这样一支队伍可以抵挡外来的"入侵"，还在于技防本身也是由人在研发和控制。所以，不管是技防还是人防，归根到底还是人，还是这样一支技术和编辑团队。

文化精神

文化精神决定着智媒体建设能走多远，决定着智媒体能否健康持续地发展。尽管文化和精神并非实体，但它们通过理念、信念、机制、制度以及行为规范等，流淌在智媒体运行过程中，固化于团队整体意识中，对智媒体发展有着不可比拟的推动作用，在关键时刻发挥着决定性作用。

智媒体究竟要塑造什么样的文化和精神呢？由于每个团队的发展脉络、历史沉淀、团队结构等有着很大的差别，不可能统一地提出文化精神的表述，但是可以凝练成一些共性的文化精神内核，主要包括以下这些内容。

一是信念坚定，就是要培育新闻理想和家国情怀。时代在变，环境也在变，唯一不变的是媒体人对新闻事业的执着，保持对国家和民族复兴伟业的初心。热爱是战胜一切挑战的法宝，热爱可抵岁月漫长。

二是创新求变，就是要始终保持好奇心。媒体人要走在时代前沿，敏锐地把握世界变迁，捕捉社会进步的力量，在改变自己的同

四川日报社举办"龙行龘龘迎新春年会"

时推动人类文明发展。我们要清醒地看到，唯有不断地创新才能不掉队、不落伍，要把创新基因根植于智媒体文化中。

三是拼搏奋斗，就是要提倡团队努力向上。一切成功都是勤奋拼搏的结果，没有努力付出就不可能有收获。躺平只能被淘汰，奋斗才会有未来。这些看似简单的道理却容易被忽视，因此需要反复强化并融入文化精神中，以保持团队的旺盛战斗力。

四是协同制胜，就是强调团结协作精神。智媒体建设特别需要团队成员的相互配合、相互协作，这和传统媒体成员习惯单打独斗不一样。要克服各自为政、单枪匹马的惯性思维，要有甘愿打配合、甘愿成为配角的牺牲精神，以追求团队的整体胜利为傲。这四点内容是文化精神中较为重要的方面，是确保智媒体守正出奇、健康运行的强大力量。

以上这六根支柱都是智媒体生产与传播业务的关键支撑，它们是智媒体的根基，决定了智媒体的前行方向和发展速度。只要这六根支柱真正"立"起来了，就能够确保智媒体建设始终走在正确、健康的良性轨道上，就会屹立于不败之地。

第八章

团队能力：
智媒体的核心支撑

政治建设
是首要能力

内容创新
是硬核能力

技术引领
是决定能力

国际传播
是综合能力

运营服务
是支撑能力

当前，新闻战线正在加快推进媒体深度融合发展。在此进程中，科学技术加速演进，人类信息进入了智能传播时代，意识形态领域复杂严峻。为了顺应新趋势、适应新要求，担当新使命、占领新阵地，新型主流媒体必须适应智能传播时代的要求和规律，加快建构和形成智媒能力。

不论是迈向大模型时代，还是面向以智能传播为主的融合转型新潮流，人是一切的核心。我们要加大全媒体人才队伍的培养力度；要告别传统文图生产，大步迈向数字化生产；要加快自身能力水平的迭代，在互联网技术运用、视频生产、用户运营等方面都具备较高的知识技能，具备全时空的报道能力，转型成为"内容＋技术"人才，在打造"内容＋技术"新团队的进程中不掉队、不落伍。

不论是打造智媒体，还是生产新技术内容，落脚点都是新技术，驱动力也是新技术。要加强学习和培训，掌握人工智能、5G传输、数据挖掘、全息投影、可穿戴设备等前沿技术的动态，并把新技术应用到内容、运营、管理工作中；要不断优化、完善全媒人才提能制度，积极关心、掌握、应用新技术，植入技术的灵魂、基因和思维，为深度推进融合转型和打造一流智媒体提供保障。

第一节　政治建设是首要能力

政治建设能力是新型主流媒体第一位的能力。提高政治建设能力，要善于把握政治大局，不断提高政治判断力、政治领悟力、政治执行力，确保新闻舆论工作始终沿着正确的政治方向前行。

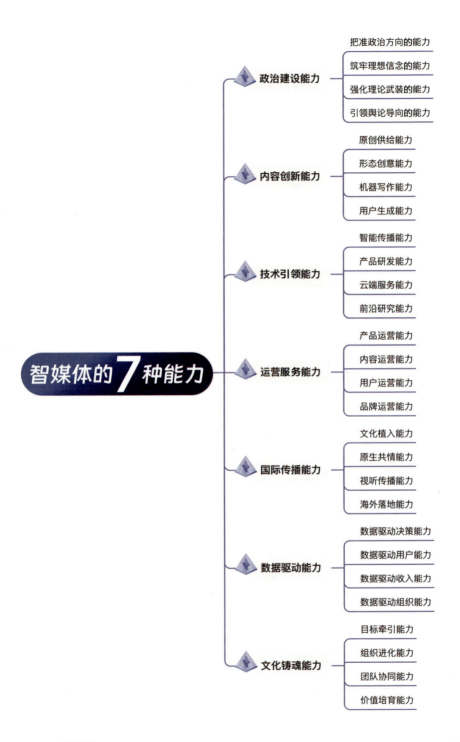

智媒体的 **7** 种能力

- **政治建设能力**
  - 把准政治方向的能力
  - 筑牢理想信念的能力
  - 强化理论武装的能力
  - 引领舆论导向的能力
- **内容创新能力**
  - 原创供给能力
  - 形态创意能力
  - 机器写作能力
  - 用户生成能力
- **技术引领能力**
  - 智能传播能力
  - 产品研发能力
  - 云端服务能力
  - 前沿研究能力
- **运营服务能力**
  - 产品运营能力
  - 内容运营能力
  - 用户运营能力
  - 品牌运营能力
- **国际传播能力**
  - 文化植入能力
  - 原生共情能力
  - 视听传播能力
  - 海外落地能力
- **数据驱动能力**
  - 数据驱动决策能力
  - 数据驱动用户能力
  - 数据驱动收入能力
  - 数据驱动组织能力
- **文化铸魂能力**
  - 目标牵引能力
  - 组织进化能力
  - 团队协同能力
  - 价值培育能力

把准政治方向的能力

面对复杂严峻的舆论生态，新型主流媒体必须牢牢坚持党性原则，把坚持正确的政治方向摆在第一位，作为生存发展的命脉。一要始终高举伟大旗帜，把学习宣传贯彻习近平新时代中国特色社会主义思想作为首要政治任务，持之以恒地推动领袖报道出新出彩。二要时刻树牢政治意识，站稳政治立场，增强政治敏锐度，严守政治纪律，善于从政治上分析、把握新闻舆论领域的新动态、新现象，做到眼睛亮、见事早、行动快，切实维护意识形态安全。三要不断增强大局意识，紧紧围绕中心、服务大局讲好中国故事，围绕第二个百年奋斗目标鼓劲加油，围绕党的基本理论、基本路线、基本方略、方针政策做大音量，做到胸中有全局、笔底有波澜。

筑牢理想信念的能力

始终保持高远理想和信念，是政治建设能力的根基。无论传播载体和介质如何变化，新型主流媒体都必须把坚定理想信念作为根本守则，以党的事业和高远追求作为自身前进路上的最高追求，固本培元、筑牢根基，真正做到理想信念不滑坡、精神支柱不坍塌。筑牢理想信念，要厚植人民情怀，心中始终装着群众，坚持人民至上，以人民为中心，为人民报道；要走好新时代党的群众路线，用心、用情投入，发挥媒体优势为民办实事；要切实践行"走转改"，锻造优良作风，好作风才有好文风，好作风才能出精品；要把理想信念和新闻追求有机统一起来，培养造就一支政治坚定、业务精湛、作风优良、党和人民放心的新闻舆论工作队伍，在新征程谱写新篇章，在新时代再作新贡献。

强化理论武装的能力

重视理论武装是我们党的优良传统和政治优势，新型主流媒体加强政治建设，必须把理论武装作为先导能力。首要的是系统学习习近平新时代中国特色社会主义思想，领会其精髓，掌握其要义。其次是要做好党的创新理论宣传、阐释和传播，让党的创新理论"飞入寻常百姓家"。然后是要讲好新故事，把抽象理论具象化，把理论阐释故事化，讲好理论诞生背后的故事，挖掘理论落地推动发展的故事，以故事提升理论宣传的传播力、影响力。再次是要用足新平台，尤其要把互联网传播平台作为主要阵地，做到人民群众在哪里，党的创新理论传播阵地就在哪里，把握互联网理论传播规律。最后是要善于新表达，传播上多运用金句暖语等提升易读性，解读上多运用网言网语提升亲和力，尤其是面向年轻群体的传播，要多运用新颖的形式丰富传播形态。

引领舆论导向的能力

舆论导向事关扩大主流价值影响力版图。要想引领舆论导向，前提是要不断提升传播能力，其中的关键是要不断提升主旋律题材的传播效果，坚持团结稳定鼓劲，以正面宣传为主，不断改进并提升正面宣传话语体系。要始终用主流价值引领社会舆论，始终让新闻报道符合社会主义核心价值观，始终让新闻报道保持昂扬向上的基调，为互联网提供源源不断的信息清流。移动互联网环境下，网络舆论复杂多变、风险点多，面对热点、敏感舆情，要敏锐判断舆论风险，把握网络舆论传播规律，既要主动引导，又要科学引导，做到既能引导舆情走向，又不卷进舆情旋涡。要敢于斗争，善于斗争，发挥主流媒体在重大热点、关键节点的舆论引导作用。

第二节　内容创新是硬核能力

全媒体时代，内容依然为王，好内容依然是稀缺资源。内容创新能力是决定新型主流媒体优势的能力，需要投入重兵、集结力量、整合资源，在坚持强化通过调查研究生产专业和原创高质量内容的同时，努力生产适应时代和用户需求的新内容，即以数字技术为支撑的多形态融合、多技术创新的全媒体内容。

原创供给能力

在"人人都有麦克风"的时代，独家内容变得稀缺而艰难，原创生产也需要重新定义。新型主流媒体要在海量内容中提升影响力，就需要进一步强化和提升专业能力，以内容供给侧改革的思路，大力推动原创生产革新。要提升原创供给能力，一要保持高质量生产优势，发挥媒体专家式的深度挖掘、深度解读优势，保持强大的深度内容采写能力、原创内容生产能力、深刻思想解读能力、精品故事讲述能力。其中，调查研究能力是基础，要不断夯实和提升。二要领会并运用调查研究的新要求、新思维、新方法，构建强化调研风气的长效机制和制度，推动媒体人坚持深入基层一线掌握最真实的民情、省情、国情，并针对重要、敏感舆情，通过调查进行证实或"证伪"。三要掌握"新手艺"，加快适应大数据时代，着力生产原创数据新闻，加强数据挖掘、数据可视化生产，打造数据流内容产品。

形态创意能力

智能传播时代，内容形态的进化是颠覆性的，新型主流媒体要充分利用新技术为优质内容赋能，让内容产品更超前、更时尚、更年轻、更有科技感。一要不断加强技术形态创意，让直播、VR、AR、3D 建模等视频内容形态成为常态，让竖屏内容、H5 创新更加普遍，同时要加快探索基于 5G 环境的场景交互、高清移动直播等内容创新应用。二要积极试水元宇宙内容的生产与传播，创作更多虚实结合、全息化呈现的内容，要更加重视营造现场环境氛围，使用户有身临其境之感，给用户带来多样化、更震撼的体验。三要不断加强表达形态的创新，面向"Z 世代"，积极运用"二次元"表达，多尝试用动漫、游戏等"Z 世代"所熟悉的形式消解题材的沉重感，多尝试更具时尚感的 UI 界面设计，实现可互动、可分享、可体验，让内容传播打破"次元壁"。

机器写作能力

机器写作是智能传播时代的必然趋势，是内容创新的组成部分，是新型主流媒体能力建设的重要构成。未来，随着算法技术的不断成熟，机器写作即将取代目前媒体上简单化、程序化的内容。所有模式化、有数据采集来源的内容，都可能被机器写作代替。新型主流媒体要大力加强机器写作能力建设，以此解放生产力，让人去采写更有深度、更复杂、更专业的高质量原创内容。同时要大力加强人机协作能力建设，在采访、写作、编辑、审核、风控等各环节用机器为人提供辅助，加快实现人机一体化高效协作。比如，用机器自动抓取信息，协助人高效地进行信息聚合；用技术手段实现新闻自动关联，提升内容链接能力；用智媒审核云加强对敏感信息的过滤、筛查，提升把关效率。

用户生成能力

用户生成内容已经成为移动互联网时代的基本特征，可谓"无用户，不内容"。开门办报、群众办报一直是我们党开展新闻传播工作的重要法宝。新型主流媒体走好全媒体时代群众路线，坚持以人民为中心的工作导向，坚持贴近群众服务群众，创新实践党的群众路线，大兴"开门办报"之风，把党的优良传统和新技术、新手段结合起来，强化媒体与受众的连接，以开放平台吸引广大用户参与信息生产传播，生产群众更喜爱的内容，建构群众离不开的渠道。新型主流媒体必须加快推进"开门办报"，建设建强用户号、政务号等 UGC、PGC 生产渠道，以开放平台吸引广大用户参与信息生产传播。这样既可以增强用户黏性，又可以提升平台影响力。除此之外，还要创新搭建服务群众的民生互动频道或栏目，让群众有可反映问题、可开展问政的渠道，从而提升平台活跃度和用户参与度。

第三节　技术引领是决定能力

基于 5G 的大数据、人工智能、云计算、区块链、物联网等互联网新技术正在加速改变社会。这是一个算力和算法主导的时代，更是各种技术力量交互叠加的时代，技术发展呈现出前所未有的加速度。新型主流媒体必须插上新技术的翅膀，以"智能＋智慧＋智库"的智媒体为重点，以新技术的研发和应用为核心，打造新型传播平台。

智能传播能力

人工智能等数字科技的赋能，使媒体内容的生产由单纯人力所为或人使用机器进行，演变为了在算法等人工智能技术的辅助下进行，进而出现了以深度学习、虚拟现实为代表的生成合成类算法，用于制作文本、图像、音频、视频、虚拟场景以及数据类内容。新型主流媒体必须把智能传播能力作为面向未来的战略发展能力，加快布局、加快建设。智能传播全流程都深受算法机制机理、模型、数据和应用等影响，新型主流媒体要把算法建构能力作为通向未来的底层逻辑和核心支撑。尤其要加快主流媒体算法研发，利用自然语言处理、知识图谱等技术，从算法架构、标签体系、应用场景等方面提出一站式解决方案，打破"信息茧房"壁垒，既要满足用户个性化需求，又要体现主流价值导向，探索算法应用于主流信息传播的新路径。

产品研发能力

与传统媒体主要专注内容采编和经营不同，新型主流媒体必须拥有产品研发能力，这是智能传播时代媒体生存发展的"新基建"。无论是客户端的开发、数据中台的建构，还是智能编辑部的建设、移动采编系统的开发等，都需要按照互联网产品发展的逻辑，构建强大的产品研发能力。这是主力军全面挺进主战场的必备能力，否则就如同在现代高科技战场上使用"冷兵器"，只能被动挨打。增强产品研发能力，还要自觉地对产品进行迭代升级，这对互联网产品来讲是非常重要的。新型主流媒体打造的资讯产品和技术产品要争取每个月迭代一次，小步快跑。只有不断迭代优化、不断提升用户体验，才能赢得更多用户的青睐。

云端服务能力

大数据时代云平台建设的快速进展，让我们来到了"云端服务生态"之中。当前，覆盖产业链上下游和跨行业融合的数字化生态体系，已经形成强大的产业风口，云端服务产业近年来也实现快速发展。具体到媒体行业"上云"，AI能力是核心，云计算是基础，目的是打造全场景智能媒体解决方案，建设智能编辑部，更好地提升新闻信息生产与传播实效。新型主流媒体要依托技术支撑，坚定数字化转型和"上云、用数、赋智"的发展方向，不断研发适应新场景的云端服务产品，进军云端服务市场，如云展会、云博览、云招考等。与之对应，新型主流媒体必须注重安全保障能力建设，既要运用智媒技术开展内容安全审核，又要加强网络安全和信息化基础设施建设，以确保新型传播阵地安全、可靠。

前沿研究能力

进入智能传播时代以来，传统媒体被动落后的重要原因，就是缺乏技术研发能力，缺乏对前沿技术的研究。新型主流媒体要改变这种"跟跑"局面，就必须面向未来研发新的技术产品，从"跟跑"变成"并跑"，甚至"领跑"。重点是面向智能传播领域，积极找准人工智能、大数据、云计算、区块链、元宇宙等基础技术与信息传播的结合点，促进前瞻性、基础性、应用性技术融通研用，推出一批受用户喜欢、市场认可的新型信息技术产品和品牌。目前各地媒体的基础技术能力还较弱，要在前沿研究上有所作为，就必须把合作共享作为重要途径，通过持续不断的开放合作，立足国家战略高位谋划建设信息技术实验室，努力推动自主技术研发与创新。

第四节　运营服务是支撑能力

对互联网平台而言，无运营不产品，无运营不传播。运营的核心目的只有一个：让平台活得更好、更久。运营保障能力是智能传播时代媒体必须具备的一种新能力，是深度融合转型必须过的一道坎儿。新型主流媒体必须综合运用多种运营手段，努力提升产品质量、用户规模和市场竞争力。

产品运营能力

迈向互联网主阵地，新型主流媒体需要对自身的移动互联网产品不断进行迭代，这非常考验媒体的产品运营能力。要实现产品创新常态化，就要针对市场竞品，结合自身市场定位和目标用户需求，不断完善并升级产品功能，持续解决产品 bug，满足用户对产品的需求，引领用户对产品的体验，提升用户对产品的口碑。新型主流媒体一要实现产品运营数据化，真正建立并完善符合互联网要求的产品数据库，对相关产品数据进行实时跟踪，常态化、制度化分析研究，并针对出现的问题提出合理的解决方案。二要实现产品运营市场化，密切关注市场新动向，整合市场资源，实现要素最优组合。产品运营工作是新型主流媒体面临的新课题和新挑战，必须补齐短板，及时引进和培养专业的产品运营人才，提升产品运营专业性。

内容运营能力

在海量传播时代，好内容也需要加强运营才能"出圈"。采编发工作只是传播环节的前半段，内容运营能力决定传播效果，决定用户黏性，决定站内用户活跃度。新型主流媒体一要制定内容运营标准，围绕目标用户群体持续策划、生产符合用户画像的精品报道，击中用户信息需求痛点，给用户带来高价值的内容。二要提升内容运营效率，不断提升算法推荐的精准性，减少用户获取信息的时间成本。三要开展内容运营互动，建立站内内容评论、转发、点赞等互动、积分机制，促使用户积极参与站内互动。四要完善内容运营渠道，搭建社群运营、平台运营等多样化渠道，多渠道分发提升传播效果。五要用好互联网内容运营的各种激励手段，按互联网的规则进行运营，有效提升内容传播力。

品牌运营能力

新型主流媒体打造的新型传播平台多为新品牌，要下大力气推进品牌运营，提升品牌知名度。一要明确品牌定位，塑造核心品牌特色，创新品牌标识，提升品牌识别性；二要强化品牌策划，发挥媒体优势做好内容推广的同时，持续推出以品牌为核心的一系列综合性策划，讲故事、蹭热点、做公益，在用户心中塑造强烈的品牌印象；三要加强品牌推广，除了自身媒体资源，还要整合运用社交媒体、户外媒体、分众媒体等，用好一切可以用的资源，全方位提升品牌影响力。新型主流媒体还可以把智库运营作为品牌运营的重要手段，持续搭建符合自身定位和优势的媒体智库，既可以智库服务深度融入国家治理体系，助推国家治理体系现代化，又可以通过

四川日报全媒体每年举办的新型主流媒体天府年会已成为重要的品牌活动

智库专家的影响力，助推品牌美誉度提升。

用户运营能力

新型主流媒体的用户量级与规模，是衡量影响力的重要指标，必须树立"用户至上"的理念，把用户运营作为提升影响力的必然路径。一要不遗余力地开展用户拉新，广泛运用预装机、搜索引擎优化、社群互动、活动策划等各种手段推动新用户增长，实现用户"开源"。二要把线上线下的互动活动作为用户运营的重要抓手，发挥深耕本地多年的资源优势，发挥区域媒体政经枢纽的作用，策划并开展多样化的活动，让线上和线下结合、政府和企业参与，助推实现用户增长。三要不遗余力地强化用户留存，在互联网流量红利进入"存量"时代的现实情况下，把用户留存作为提升活跃度和影响力的核心运营手段，通过各种运营手段建立用户运营体系，促进用户留存、活跃、转化，实现用户"节流"。

第五节　国际传播是综合能力

新型主流媒体的"新"不只是传播平台之新、传播内容之新、传播技术之新，还要把传播空间之新作为重要构成。新型主流媒体要努力走在国际传播前沿，提升国际传播能力，积极整合各类资源，突出差异化、分众化、社交化、在地化对外传播，传播中国声音，讲好中国故事，深度融入国际传播格局"一盘棋"。

文化植入能力

中华优秀文化享誉世界，天然具有高传播力。新型主流媒体要加强国际传播，就要提升文化植入能力。一要深入挖掘历史文化积淀。全国各地都有着深厚的历史、文化、名人资源，要系统、深入地梳理几千年来的文化典籍、名人典故、考古典藏，向世界阐释推介。二要精心讲好历史文化故事，以故事化作为开展文化植入的重要途径，以真实历史为依托，客观、准确、形象地展示中华优秀文化故事，用精彩动人的历史文化经典提升文化传播说服力。三要贴近百姓文化切口，捕捉有趣、有人情味、与国外民众有共性的小故事，寻找共情、直面矛盾、润物无声，展现对人类命运的关切，充分捕捉人性的闪光点，提升国际传播的接受度。

同时，也要规避跨文化语境中的文化差异干扰，将历史流传下来的风俗习惯放到国外语境下重新审视，避免引起文化误读和美誉度损失。

原生共情能力

国之交在于民相亲，民相亲在于心相通。新型主流媒体要对外讲好中国故事，就需要换位思考，需要走好国际传播的"群众路线"，打好"原生牌"，实现国际传播的"议题共振"与"话语共情"。一要聚合一批原生传播群体，发现、整合、引导国内正能量原生KOL内容生产者参与国际传播，联系国内外熟悉、了解、认可中国发展进步的外国人，以普通人的原生观察视角、话语表达方式，讲述他们看到的客观真实、生动鲜活、美好向上的中国。二要用好各类原生国际传播渠道，着力提升社交运营能力，在做优主平台、拓展主渠道、做强主账号的同时，在国外社交媒体多推出小而美、精而准的细分传播账号，积极搭建社交媒体国际传播矩阵，扩大社交国际传播"朋友圈"，尤其是要提升在年轻群体中的影响力，构建国际传播新范式。

视听传播能力

文字是苍白的，影像是鲜活的。视听传播具有跨地域、跨文化、跨民族的特点，可以迅速传播国内经济社会发展进步的真实现状，在国际话语权竞争中显示出独特优势。新型主流媒体推进国际传播要以视听内容为主，推进国际传播从文图时代进化到视听时代。要把视频传播作为国际传播的主要手段，针对不同区域、不同国家、不同受众的传播心理和传播需求，从文化、美食、城市、生活等角度切入，生产一批精准传播的精品视频故事，以视频打动人、感染人、说服人。要积极创新视频传播形式，通过 VR、AR、MR 等新的视频产品形态，建构和展现立体、多样、有新意的中国，让国外用户在沉浸式、可交互的传播中感受中国成就。要着力提升视听生产能力，推动团队具备较高的内容拍摄、剪辑和新技术视频制作水平，引领国际视频传播趋势。

海外落地能力

新型主流媒体推进国际传播，要增强市场拓展能力，扩展国际传播新空间。要提升在地布局能力，着力提升国际传播的在地化，扎实推进国际传播的海外落地战略，逐步实现机构在地化、人员在地化、内容在地化，增强对当地受众的吸引力，打破东西方文化差异和意识形态差异带来的阻隔，通过"一国一策"提高传播效率，增强传播实效。要加快出海，必须有市场意识，在以"我"为主努力培育合格的国际传播市场主体的同时，积极与国际传播机构、民间组织进行合作，快速运用市场力量缩短自我培育周期，快速实现传播的广泛覆盖。要着力推动国际传播媒体体制机制改革，成立国有控股的外向型文化传播企业，积极开展社会融资，整合国内外资本资源、媒体资源，构建多元化传播主体，为开拓市场聚集多方力量。

双赛道双循环双驱动

全国各省份主流媒体已加快挺进国际传播主战场，成立国际传播中心，开展对外传播工作。地方国际传播中心应如何充分提升国际传播效能？构建国内国际双赛道双循环双驱动的大传播模式是科学可行的路径选择。

截至2024年5月底，全国省、市、县三级组建的以"国际传播中心"为名的媒体机构已有近80个，其中省级国际传播中心接近全覆盖。面对成立时间短、资金资源弱、团队人员少等现实困难，地方国际传播中心需要立足实际、扩大视野、创新模式，最大限度整合所在媒体集团的力量乃至区域内的资源，从整合渠道、聚合资源、联合团队等方面入手，推进国内国际双赛道双循环双驱动大传播，快速开创国际传播新局面。

整合优势传播渠道。地方国际传播中心开展对外传播，既要建设自身的特色产品矩阵，也要整合本集团乃至本区域内的优势传播渠道。四川日报报业集团于2021年年底启动建设四川国际传播中心，为快速做强做大，于2023年对集团内的四川国际传播中心和《看四川》杂志社进行了整合，成立了新的四川国际传播中心。四川国际传播中心的政策资源、平台资源、外宣资源与《看四川》的市州资源、媒介资源、垂类资源形成了有效互补，实现了1+1>2的效果。同时，集团整合四川日报全媒体、四川党的建设、封面新闻等媒体的国内国际传播渠道，为四川国际传播中心提供支持。由四川国际传播中心主导运维的四川国际传播矩阵，已建成6个多语种网站、近百个海外社交媒体账号、1个国际传播技术平台、1个国际传播小程序、3份国际传播期刊，覆盖海外用户超过2000万，海外传播量破50亿，全球影响力持续增长。

聚合优势内容资源。"相比于中央主体，地方主体熟悉本地，更能探测和把握本地文化语境中的亮点、热点和潜在爆点。这种天然优势有利于其以更鲜活生动的方式讲故事，为'可信、可爱、可敬的中国形象'提供细节注脚"①。地方国际传播中心要整合所在集团媒体的内容资源,从重大主题策划和本地化小切口两方面的整合传播着手,发掘可用于国际传播的内容素材,实现国内国际内容的双循环生产和传播。作为全国省级党报集团"第一方阵",四川日报报业集团媒体用户覆盖超 3.6 亿,源源不断的新闻选题和原创精品成为国际传播内容的宝库。两年多来,四川国际传播中心稳步接入集团全媒体系和平台,从选题联动到采编协同,从 AI 技术共享到智慧媒资管理,以国际传播探索媒体融合新突破。重大主题策划联动,2022 年北京冬奥会期间,四川国际传播中心携手四川日报报业集团下辖的媒体直播团队,推出了《我和冰墩墩有个约会》冬奥会城市观光英文直播活动,获组委会新闻发言人全网推介;2024 年 4 月,携手四川日报新媒体推出了旅韩大熊猫"福宝"回国直播,吸引了 20 万 + 韩国网友涌入直播间刷屏留言,拉动海外账号直接涨粉超 50 万。本地化小切口方面,四川国际传播中心以中华美食川菜为纽带,整合了川观新闻、封面新闻优势资源,先后推出了"川菜遇见米其林""川菜遇见总领事""川菜遇见留学生""川菜遇见中国节""川菜遇见街头美食"等系列策划。其中主打"川菜遇见街头美食"的野生视频栏目 *You Look Yummy* 开设一年多来,海外社交平台播放量超过 4000 万,YouTube 上单条最高播放量超过 400 万。

联合优势人才团队。地方国际传播中心大多成立于近几年,面临专业人才少、年轻人员多等现实困难,要在短时间内提升国际传

---

① 周庆安、李慧韬:《国际传播的地方实践与区域创新研究——以今日广东国际传播中心(GDToday)为例》,《南方传媒研究》2023 年第 6 期。

播影响力，就必须联合所在媒体集团内外的优势人才参与生产传播，实现国内传播与国外传播两支团队的"双驱动"。2022年，四川日报报业集团建立了国际传播联席会议机制，牵引集团内川观新闻、封面新闻、藏地阳光全媒体、四川文传等7家国际传播相关单位超过120人的专业人才队伍投入国际传播领域；创新"媒体+"合作机制，打通了中央、省、市、县各层级，报端网号各平台，内宣外宣各主体之间的协作通道。同时，还创新打破组织边界，邀请13位国际传播领域的资深专家和领军人士，组建了四川国际传播专家委员会，邀请科幻、环保、艺术等不同领域的青年专家建设了国际传播青年专家工作室；与清华大学、复旦大学、北京师范大学以及在川知名高校签约共建国际传播后备人才培养基地和实践实习基地，组建四川国际传播高校年会；牵手中国外文局当代中国与世界研究院等智库机构，探索面向市县、行业、品牌的国际传播智库服务等。整合各大出海企业及网红大V等民间力量，以国际教育、语言合作、媒体合作、人文交流等为突破口，开展形式多样的"海外大V行""走读四川"等活动，凝心聚力，打好国际传播的"人民战争"。

地方国际传播中心着力构建国内国际双赛道双循环双驱动的大传播模式，要实现跨部门、跨单位乃至跨集团、跨区域整合资源，就必须创新"国内国际一体"的大传播机制，形成集约高效、融通中外的中国话语和中国叙事体系。

以大型策划为抓手。大型新闻策划、活动策划既是推进内容创新、提升报道传播力和影响力的重要载体，也是跨部门、跨单位整合资源、整合团队的有力途径。地方主流媒体和国际传播中心要在开展大型新闻策划时提前谋划、周密安排、分工协作，充分兼顾国际传播元素，生产适合对外传播的内容，一体生产、多次传播，实现传播效能最大化。

2022 年 9 月 5 日四川泸定发生 6.8 级地震后，四川日报报业集团整合内宣外宣力量组成前方报道组，联合生产的双语视频《背着2 岁幼童，消防员攀越百米滑坡带》，获华春莹海外社交平台转发。2023 年第三届"一带一路"国际合作高峰论坛前夕，四川日报全媒体推出了《丝路花正开——"一带一路"十周年全球调研行》系列报道。一个半月时间里，四川日报全媒体和四川国际传播中心派出 17 名记者组成的报道组兵分 4 路，深入亚洲、欧洲、非洲、大洋洲的 11 个国家和地区寻找丝路新故事，边走边采边发，做到了调查记者与双语记者联合出击、报纸报道与融媒报道交相辉映、国内传播与国际传播同频共振，全网传播超 1.3 亿，充分实现了国内国际传播"双循环"。《全球寻找"四川密码"》系列双语 Vlog 视频获中国驻孟加拉等国使馆点赞收藏，并在重要外交活动中推介；由四川国际传播中心出版发行的《"一带一路"报道（中英文）》还精心策划推出了《恰逢其十》特刊，亮相第三届"一带一路"国际合作高峰论坛，获外国媒体和与会嘉宾肯定。

以拳头产品为核心。在移动互联网时代，社交媒体重塑了信息传播和人类交往方式。地方国际传播中心必须适应社交传播规律，树立产品思维，以移动化、视频化、社交化为主攻方向，整合各方面媒体资源，全力打造符合目标用户需求的重磅产品，不断推出正能量、大流量内容精品。

2023 年 6 月 30 日，由四川日报报业集团打造、四川国际传播中心具体实施的《灵感中国 Inspiration》国际传播品牌栏目上线。栏目以视频化、年轻态的表达方式，聚焦古蜀文化、旅游地理、川

《灵感中国 Inspiration》栏目推出旅韩大熊猫"福宝"回国直播，引发超 20 万 +
韩国网友刷屏留言

菜美食、动漫网游、国潮中医等文化外宣名片，打造了"灵感中国"
国际传播旗舰级视频平台矩阵。栏目以他者视角讲述中国故事，持
续不断邀请海外大 V 来华联合生产，目前近一半内容由外籍主播、
海外相关大 V 深度参与策划、出镜及分发，以国际化的视角和语言
讲述；已形成"1+5"的灵感中国国际传播账号矩阵，即 1 个《灵
感中国 Inspiration》机构号和 5 个聚焦文旅、美食等领域的垂类账
号，打造了一批定位清晰、受众明确、特色鲜明的海外个人 IP 及
内容 IP。上线一年，《灵感中国 Inspiration》自有账号矩阵海外"粉
丝"量已突破 120 万，入驻平台的合作账号海外"粉丝"量突破
1100 万，获美联社、彭博社等 400 余家主流媒体新闻网站转发，3
次登上推特全球热门榜，总曝光量超 51 亿。

以创新机制为牵引。推进地方国际传播工作必须加强统筹谋
划，立足大外宣的视野，注重所在媒体集团顶层设计，加强制度创
新，建立完善的合力开展国际传播的工作机制，推进国内国际传播

的融合协作。

为探索和优化国际传播的跨部门联合生产机制，四川日报报业集团以《灵感中国 Inspiration》为样板，整合集团多年来在采编、运营等方面积累的核心资源优势，以内宣赋能外宣，创新构建了"一个品牌、多点生产"联动运行模式。集团总编辑牵头负责，从四川国际传播中心、川观新闻、封面新闻、藏地阳光全媒体等11个单位（部门）抽调精锐力量组建了工作专班。核心制作团队和内容运营团队，由国内和海外的新媒体记者、编辑共同组成，使产出的原创精品既能内外兼顾，又能里外开花。为确保内容常态化生产，专班定期召开选题策划会和拉片培训会，严格落实选题、分工、排期。为提升专班工作积极性，集团设置了专门资金用以激励，根据稿件质量、传播效果等实施奖惩。通过跨建制的机制创新，保证了《灵感中国 Inspiration》原创视频每日更新、传播实效大幅提升。更重要的是，探索出一套国际传播视频生产与流量运营的标准化作业流程，培养了一批懂国际传播的全媒编导人才和内容运营人才。

以先进技术为支撑。随着人工智能技术的快速发展，人类已进入智能传播时代。"当前全球信息传播主要由传统大众传播、网络传播、社交传播和智能传播等四大机制交汇而成"，"ChatGPT、Sora 的爆发，标志着数据和算法驱动的智能传播正式确立主流地位，也意味着人类信息传播的又一次范式转变"。"随着 AI 算力迈过临界点，并且还在加速迭代，智能传播将很快超越前三种传播机制，成为当今世界的主导性信息传播机制。"[①]地方国际传播中心要

---

① 方兴东、何可、谢永琪：《Sora 冲击波与国际传播新秩序——智能传播下国际传播新生态、新逻辑和新趋势》，《对外传播》2024 年第 4 期。

努力运用人工智能技术驱动国际传播，积极推进 AIGC 生产，创新内容产品形式，提升内容生产效率；持续迭代算法技术，提升精准传播效率。

四川国际传播中心顺应人工智能发展趋势，发挥集团智媒体优势，加强前瞻性技术研究和应用，自建国际传播核心技术团队、自研拳头技术产品、自创特色技术品牌，用智媒技术赋能国际传播。2022 年起，依托全媒体技术与传播认知实验室，联合知名高校和科研机构，加快建设以智能算法为核心的"纵目云"国际传播智能技术平台，以 AI 技术赋能国际传播内容生产、传播、反馈的全流程，为提升国际传播能力进行技术赋能、平台赋能、内容赋能。目前已开发引入智能勘误、媒资管理、舆情监控、效果评估等功能模块，开发了 Panda Guide 小程序、塔拉藏文翻译平台等产品，并积极探索符合国际传播规律的 AIGC 应用场景。同时，将数字人等率先应用到了国际传播实践中，推出了 AI 栏目《WeChat 开摆》等，探索生成式人工智能的国际传播。通过自建国际传播核心技术团队、自研拳头技术产品、自创特色技术品牌，以技术赋能地方、行业国际传播。

不能眉毛胡子一把抓

构建国内国际双赛道双循环双驱动的大传播模式，不能眉毛胡子一把抓，而是要抓住不同国家和地区受众的关注点，在内容生产、话语表达方式和叙事体系上实现"国内国际有别"。

坚持用户思维。中西方在社会制度、传播环境、思想观念等方面存在巨大差异，导致受众信息需求也有所不同。地方国际传播中心要牢固树立用户思维，根据不同国家、不同目标受众群体的需求，主动适应对象国文化传统与思维方式，一国一策、一地一策，更有针对性、更加精准地打造产品、生产内容。四川国际传播中心明确以"立足西南丝绸之路，服务四川开放战略"为定位，以"地域上向南向西，领域上主打文化和发展，场域上移动优先、在地运营"为战略，锁定年轻态群体，以"Z世代"人群为主要目标用户，瞄准他们打造产品，生产内容。2023年，四川国际传播中心与中国头部出海手游《原神》深度合作，将三星堆文化融入热门游戏场景，推出一系列原创宣传视频、日英等多语种文物动画视频、数字化文创产品，吸引了多名中国驻外使节下场联动，邀请所在国网友参与互动抽奖活动，海外流量突破3亿，全网曝光量超10亿。

坚持差异表达。传播对象不同，导致国内、国际受众的话语表达方式有着显著差异。创新开展国际传播，要坚持话语体系差异化，着力改变"宏观叙事"的传统模式，使用去宣传化的"柔性"表达，提升传播内容的亲和力、共情感，实现国际传播的"议题共振"与"话语共情"。四川国际传播中心创新对外话语体系，持续跨界发掘三星堆、大熊猫等外宣名片的潜力，以网游、网文及涂鸦、非遗等"亚文化""酷文化"元素精准影响海外"Z世代"。三星堆新一轮考古大发现期间，四川国际传播中心携手四川日报新媒体原创推出的《我怎么这么好看》（*How Fly Am I*）音乐MV，获欧美流行音乐风向标——美国BillBoard（中文名为"公告牌"）排行榜——转发推荐。2023年成都大运会期间，四川国际传播中心联合四川博物院推出双语创意动画《成都大运会"中国文物代表队"》、联合峨眉派武术继承人推出精品视频《武侠真的存在吗？》等作品，用具有冲击力的视觉语言、高标准的影音质量、娱乐化的叙事逻辑，引发"Z世代"用户共情共鸣。

坚持故事引领。一个故事胜过一打道理。"正如国务院新闻办公室原主任赵启正所言，舆论斗争拼的就是讲故事，'讲中国真实的事情，讲中国的制度、国情、内外政策、历史、文化，最重要的是讲好今天的中国，讲好今天中国的鲜活故事'。"[①] 国际传播必须坚持以故事为本，以小切口讲述中国文化故事、生活故事、城市故事、生态故事等，要更加注重展现细节和百姓真实的想法，让外国网友感受到真挚的情感，从而提升国际传播效果。为向世界讲好中国生态文明建设故事，四川国际传播中心于2023年11月推出了《与国家公园同行——野牦牛》双语纪录片。拍摄团队前往当时正在创建的若尔盖国家公园，围绕土生土长却有着"西海岸"口音的知名博主——@Wild牦牛——的个人故事与思考，走近黄河护河队、当地藏族同胞等，聚焦发展中产生的个体疑惑与矛盾，展现中国国家公园建设的生动故事。该片推出后，海外传播量超过500万，包括CNBCNews等超百家外媒刊播，获中国外文局主办的2023"讲好中国故事"创意传播国际大赛特等奖。2024年5月18日，在国际博物馆日到来之际，四川国际传播中心策划出品的《中国有三苏（*China's Got Three Sus*）》微纪录片在中心海内外矩阵全球首播，第一集全网传播量超1000万，引发海外"苏粉"热烈讨论。该纪录片共8集，从人物传奇故事出发，利用海外叙事手法、古装情景再现、蒙太奇虚实结合等方式，用国际视角在世界范围讲述"三苏"故事。来自韩国的网友李景顺留言评论："非常新颖的叙事方式，我是苏东坡的'粉丝'，我将持续关注。"

---

① 李风:《探析舆论战态势下的中国国际传播策略转变》,《国际传播》2024年第1期。

坚持开放生产。移动互联网时代传播的重要特征就是开放，开放式生产是丰富内容、加强互动、提升影响的重要途径。要把开放生产尤其是面对外国人开放生产内容作为重要抓手，积极组织国外大 V 和网红参与选题内容传播，以"他者叙事"提升国际传播亲和力、感染力和说服力。四川国际传播中心一方面积极探索引入外籍员工，进一步提升团队的国际化水平；另一方面，加快构建外籍传播官队伍，与关注四川的外国人、在川的外国人尤其是目标定位国家的外国人建立常态化内容合作机制，团结知华友华人士，提升内容的视觉贴近性、话语贴近性、心理贴近性，增强跨文化叙事能力。目前已聚合海外 740 余名大 V，并不断邀请海外网红来川；在全球发展了 20 位"巴蜀文化推荐官"、近百名国际拍客，为开放生产提供有力支持。两年来，四川国际传播中心还以大熊猫为纽带，先后推出 8 季"Call Your Panda"全球社交联动活动，先后吸引了10 余家海外动物园、10 名全球大熊猫文化推广大使、上百个生态环保垂类大 V、机构官方账号及百万海外网友参与，全网传播量破亿。

后 记

不断进化的
智媒体

新闻事件的真实性

新的媒介形态演进路径

媒介形态的依存关系

新闻生产传播组织的位置与价值

随着 AI 大模型技术的持续发展，人工智能技术为新闻生产传播赋智就成为现实的选择。可以说，主流媒体建设智媒体既是当前解决传播力、影响力问题的有效途径，也是面向未来实现数字化转型升级的有力举措。在主流媒体新闻传播领域，人和机器共同完成新闻信息生产与传播，已经变成生动的实践和常态化的场景，而这也极大地解放了新闻工作者，极大地提高了生产传播的效率。

技术是人性的影子，大模型就是类人脑。生成式人工智能时代，也是机器互联网时代。在这样的时代，人将回归到人应有的状态，将和机器完成新一轮的分工和重组，以达成资源利用的集约化。人机协同和人类之间的协同一样，变得越来越重要，也越来越密切。在新闻生产传播工作中，如果离开了机器，就如同我们在现实生活中离开了手机一样寸步难行。

生成式人工智能时代，新闻传媒行业该何去何从？新闻生产传播将呈现怎样一幅图景？未来的智媒体又会朝着哪个方向演进？

这几年，我们强烈地感受到人工智能技术发展的提速是前所未有的。一般认为，2020 年是大模型元年，这一年 OpenAI 推出了具有划时代意义的 GPT-3 语言大模型，而这一模型的诞生标志着 AI 文本生成进入了一个崭新阶段。2023 年，全球就进入大模型竞赛的新阶段，中国则掀起了"百模大战"，各大企业纷纷入局大模型这个炙手可热的人工智能新赛道。还有大批企业则不甘落后，宣布进入行业垂类模型。大模型如雨后春笋般生长，令人眼花缭乱，应接不暇。

就新闻生产传播领域而言，生成式人工智能带来的挑战和冲击也是巨大的，或许其颠覆性的影响现在还无法完全估计。而面向未来的智媒体，有几个棘手的问题需要提上日程来进行关注：其一，新闻事件的真实性；其二，新的媒介形态演进的路径；其三，媒介形态存在的相互关系；其四，新闻生产传播的组织方式。

一、新闻事件的真实性

任何事物都有其两面性，是一个矛盾的统一体。生成式人工智能也不例外，它在给新闻传播行业带来便利和效率的同时，也为新闻事实的制假打开了方便之门。

现在，网络空间治理的一个重要内容就是虚假新闻的泛滥。互联网不是虚假新闻的制造者，也不应该是虚假新闻的集散地。互联网技术的发展客观上也为虚假新闻的制造提供了便利的条件，尤其是在生成式人工智能时代，文本生成和图像生成越来越智能化和机器化，越来越快速和逼真，人类社会必须重视。

虚假信息蔓延

在突发事件发生后，网络上往往充斥着鱼龙混杂的信息，让人们真假难辨，不知所措。当真相还在穿鞋，谣言已经行走天下。谣言和虚假信息比事实和真相传播得更快，对人们眼球的吸引力更强，对真相的杀伤力就更凶猛。而在这样的舆论场中，人们对虚假信息的消费往往充满了热情，也被其消耗了宝贵的注意力，这有损社会构建基本的信任。

不仅如此，在现代战争中，舆论战争往往和军事战争是交织在一起的。国家为了自身的利益，为了配合军事战争，也发动了网络战争，以争取人心。这样的利益之争带来的网络虚假信息，大量地在互联网上蔓延，对网络空间造成了极大的伤害。我们可以看到，随着大量的社交机器人的产生，发布在互联网上的垃圾信息、黄色信息、有毒信息，严重污染了互联网上的空气，用"乌烟瘴气"来形容一点也不为过。

还有很多集团或者机构，甚至个体，为了自身利益炮制虚假新闻，以获取网络流量来获得商业利益，或者为了达到某种目的而试图掩盖事件的真相。在人人都是麦克风、人人都是传声筒的互联网空间，这些集团、机构或者个体，都极力地放大虚假信息的声量，无序地制造了影响事件真实性的信息，打击了互联网平台的公信力，摧毁了人们对互联网空间的认知，也增加了网络治理的难度。

新闻真实性难以核查令人担忧

如何核查新闻事件的真实性？如何确保每天提供的新闻是可信的？如何让人们安全放心地消费新闻？

首先，要立足于运用法治思维来治理虚假新闻的泛滥。网络不是法外之地。网络空间和现实空间一样，人们的言行也需要符合规范，不能触及法律底线。政府部门要通过加大立法力度和健全网络制度，来维护网络空间事实的基本面貌。在这方面，我们已经在努力地发挥法治的作用了，网络空间也逐渐清朗起来。但是，我们也应该看到，中国的网络空间也会受到世界互联网的影响，加强国际网络治理的精诚合作，共同营造网络命运共同体也成为共识和一致行动。

其次，要发挥主流媒体在虚假新闻治理中的澄清和辟谣功能。主流媒体的职责和使命就是为公众提供真实可靠的信息，要针对网络舆论进行调查取证，还给新闻事件一个真相。及时有针对性地进行新闻调查是主流媒体的常规操作，也是议程设置的一部分。那些扑朔迷离的新闻事件往往容易迷惑公众，导致事件的真相沉入水底。这个时候主流媒体需要挺身而出，下深水区打捞真相。寻找真相之后还要利用自己的渠道努力去传播真相，因为真相的滞后性导致人们忽略了对事件真实性的继续追问，人们还停留在第一次对事件的错误认识中。面对真相的缺失，主流媒体还要敢于发声，大胆进行观点输出，对新闻事件进行评论，以引导公众舆论朝向真实和健康的方向发展。

最后，要坚持长期主义，持续建设向善的网络文化和网络主体。网络空间虚假新闻的治理非一时之功，要坚持长期主义、久久为功，不要急功近利、竭泽而渔，这样的治理方式往往会徒劳无功。要树立善治理念和向善的网络空间文化，把网络文化作为治理的核心，形成网民行为的追求准则。随着人们网络素养的逐步提升，文明上网蔚然成风，故意制造虚假新闻的发生概率就会显著下降。这也可以解释为网络在发挥自身的净化功能和过滤作用。

综上，依靠政府部门的法治思维和法治手段，借助主流媒体对新闻真相的调查，培育文明向善的网络文化和素养，网络空间的虚假新闻现象一定会被有效遏制。

二、新的媒介形态演进路径

我们发现，人类社会赖以依存的媒介形态一直在演进中，从未停止，就如同人类社会本身的进化一样。

我们总是处在一个不断前进又不断调和、跳跃起伏又平静安澜的状态中，那些螺旋式上升而又看起来可能会回到原点的事物，就嵌在我们的日常生活里。事物的本质似乎还停留在过往的经历中，而呼啸的时代列车提醒我们，那些一去不复返的不只是我们表面所能感知的状态，还有表达的方式和用于承载的介质本身。

媒介一直处在升维中

就我们现存的认知来看，世界上最早的大众传播的介质就是纸张，通过书写和印刷来传播信息。不管它最早是用于抄录宫廷的官方信息还是用于在江湖中记录商品交换的信息，客观上纸张都发挥了信息传播的功能，而且直到今天还在发挥这样的告知和记录功能。由于出现的时间最早，我们可以把纸张称作第一媒介。它也包括书籍、报纸和杂志。

第二媒介就是无线电波，通过发送声音信号来传播信息。很显然，无线电波传播的最大特点就是速度非常快。收音机出现以后，广播就成为大众媒体，听众能够接收并听取节目内容。

第三媒介就是电视，它通过电子信号传输音频和视频内容。电视结合了图像和声音，提供了更加直观和生动的视听体验，一度影响十分广泛。

第四媒介就是互联网，它通过网络集成了多媒介功能，既可以承载文图内容，也可以承载音视频内容，具有时效性强和互动及时的特点。这里需要特别提及的是移动互联网，在智能手机出现之后，智能媒介就如同人体的延伸，成为人体的一部分不可分割了。可以说，智能媒介对其他媒介形成了事实上的降维打击。

未来媒介将如何演进？

未来，随着人工智能技术的发展，媒介又将如何演进呢？

第一种就是智能体的广泛应用。2024 年被认为是智能体元年。所谓智能体，就是一个能够感知环境、接收信息并迅速作出判断和完成特定任务的系统或者实体。在生成式人工智能时代智能体已经显示出蓬勃旺盛的生命力，以各种形式涌现出来。智能体既可以是一个计算机程序，也可以是一个实体，甚至可以是智能机器人。它包含认知、记忆、思考、行动四大能力，核心是具备学习和决策能力，可以有效地对媒体行业的新闻生产传播和广告营销赋智。智能体可以帮助媒体在传播实效和营销效果方面作出分析和思考，帮助媒体实现更有效力的决策。

第二种就是可穿戴设备的流行。生成式人工智能的快速发展，为可穿戴设备市场注入了强劲动力和活力。智能可穿戴设备包括智能手表、智能手环、智能眼镜等，它们在通信和娱乐互动等方面表现出了较高的应用价值，受到了市场的追捧。文图、视频和音频内容都可以通过可穿戴设备来承载。特别是随着物联网技术的发展，智能可穿戴设备的应用场景将会迎来巨大的市场机会。

第三种就是物联网的兴盛。物联网集通信技术、传感技术、数据处理和分析技术、安全和隐私保护技术于一身，能够实现物与物、人与物之间的信息交流和处理。对于媒体而言，物联网和人工智能技术嫁接，智能家居和智能可穿戴设备将会大显身手，应用前景十分光明。信息传播将会无时不在，也无处不在，真正实现全息传播、全域传播的图景，信息传播的新环境、新生态将会产生，完全颠覆人们获取信息的方式。即将到来的 6G 时代，我们将见证"万物智联"的新世界，迎来物理世界与虚拟世界的交互融合。在泛在连接的新时代，大众媒介将无处不在、无时不在。

三、媒介形态的依存关系

科技的力量在向前奔流，媒介形态在不停演进，新的媒介在不断地诞生，信息传播的生态也将随之改变，人们就在这个不停变换的媒介世界里努力地适应这种变化。报纸、广播、电视、互联网、未来媒介，可以说，没有一种媒介可以一统天下、独领风骚。而新的媒介是否可以完全替代旧的媒介呢？至少到目前为止，我们还不能完全这样下结论。那么，媒介演进是否遵从优胜劣汰的自然发展规律呢？媒介之间又是按照什么规则进行重新组合呢？媒介融合是否顺应降维打击的趋势呢？

我们对目前四种基本的大众媒介的优劣进行分析，可以看出一些端倪。

报纸就是视觉媒介或者阅读媒介，它的保存性很强，很适合深度报道的刊载，具有较强的文化传承功能；报纸的缺点也很明显，时效性和互动性很差。

广播是听觉媒介，它的时效性很强，覆盖面广，包括偏远的广大农村地区；广播的缺点是选择性较弱，保存性也较弱。

电视是视听合一的媒介，对现场、形象、过程的再现有较强功能，时效性也较强；电视的缺点是选择性较弱，互动性也较差。

互联网是多媒体的媒介，既有文图也有视听，时效性、保存性、选择性、互动性都很强；互联网的缺点是可控性较差。

未来媒介是否会集各种媒介的优点于一身呢？这当然需要时间和实践来检验。但是，我们总体上应该认识到，媒介的演进就是一个从低级到高级的过程，"物竞天择"的自然淘汰规则也是媒介生存的法则。媒介形态存在的相互关系有以下两种情形。

场景匹配

全球科技领域资深记者罗伯特·斯考伯最先提出了有别于传统媒体时代的"场景"概念，其在《即将到来的场景时代：移动、传感、数据和未来隐私》中大胆而犀利地预言："在未来25年，场景时代即将到来。"书中指出，移动设备、社交媒体、大数据、传感器和定位系统是移动互联网的"场景五力"，其所营造的内容场景将帮助每个个体获得前所未有的在场感。而运用到现实的媒介消费领域，"场景理论"需要匹配三要素：人、情景和连接。我们可以发现，人们接收信息和进行娱乐的过程中，这些活动都是在不同的场景中得以实现的。

媒介的使用依然遵从场景匹配的基本原则，即在不同的场景中使用不同的媒介来接收信息、分享娱乐、交流体验。我们常常会看到这样的大众媒介使用场景：在办公室里看报纸，在散步时听广播，在足球比赛时看电视，在阅读新闻时刷手机。这样的媒介消费场景是由不同媒介的不同特质所决定的，也是媒介在市场竞争中不断演进的结果，顺应了用户选择和媒介偏好。

相互依存

我们发现，媒介消费的依存关系还存在主流媒介和次流媒介共存的现象，在短时期内还难以消失。以报纸为例，这种古老的媒介历经技术变革的多次冲击而不倒，它在媒介家族中应该称得上是"恐龙"级别了。但是今天报纸在特定场景依然扮演着不可替代的角色，在一些国家和地区还占据着主导地位。又比如广播，在偏远的农村地区，在突发公共事件到来时，它还在发挥着不可低估的信息告知功能，为造福人类作贡献。

　　一个有趣的现象是，随着移动互联网的发展，传统的媒介功能也在不断适应环境而发生改变。以传统广播为例，它已经进化为移动智能音频，成为人们随身携带的必备品，成为汽车等交通工具的必备品。媒介功能的这种进化，也表明了媒介之间共存所具备的基础条件以及焕发的生命力。

　　这也说明大众媒介本身所具有的生命性、独立性和依存性，形成了一个媒介有机体，诠释了大众传播媒介的持续生存能力，构成了大众传播媒介的生态演化基础。

四、新闻生产传播组织的位置与价值

　　在人工智能时代，新闻生产传播的组织形式会不会发生改变呢？改变的方向是什么？很显然，这既涉及我们的组织生产，也涉及我们的管理体制。这看上去是一个敏感话题，受到的关注度也很高。但是，科技推动社会进步，这是大趋势、大逻辑，我们不应该回避。

　　事实上，随着技术的发展，特别是移动智能互联网的出现，新闻生产传播的组织方式已经发生了很大的改变。我们今天常见的四类媒体形态的背后就是新闻生产传播的四种组织方式：第一类是主流媒体，第二类是商业平台，第三类是政务新媒体，第四类是自媒体。

　　在移动互联网时代，个体既是新闻信息的消费者，也是新闻信息的生产者和传播者，个人用户生产了大量的内容。个体生产者是一种自组织生产传播模式，这种模式展现出极强的活力和生命力。

新闻生产传播的生态版图大致就是由这四类力量在构筑，而它们之间有竞争也有合作，相互依存，相互影响。这样一个版图，是中国互联网历经 30 年发展而引发的传媒变局形成的，并非一日之变。特别是在 2010 年左右进入的移动互联网时代，这样的变化更加快速和剧烈，其对新闻生产传播影响的深刻性不言而喻，从某种意义上讲，达到了颠覆传统模式的程度。

随着生成式人工智能的飞速发展，新闻生产传播的组织方式又将走向何方？这是一个"烧脑"的话题。我们可以分析新闻生产传播的四种组织方式可能发生的演变趋势，来洞悉一二。

主流媒体将更趋集中化

主流媒体的新闻生产传播将更趋集中化，更加显现其地位、作用的重要性。集中化体现在集团化作战层面，主流媒体集团的规模更大、实力更强，将会诞生更多的具有世界影响力的媒体集团。重要性则体现在主流媒体的原创价值上，这些原创内容恰好是机器没有办法生产的，可以凸显主流媒体在场感和观点引领作用。现场、故事、思想在生成式人工智能时代愈加稀有和珍贵。而这也许是当今世界迫切需要的。未来世界将期待主流媒体在保持有所不为的同时，也更加积极地有所作为。

在未来，主流媒体需要找准自己的位置，凸显自己的价值所在。我认为，主流媒体的位置和价值体现在以下十个方面：1. 位置在基层一线的末梢，价值就是记录。2. 位置在突发事件的现场，价值就是抵达。3. 位置在议程设置的舞台，价值就是判断。4. 位置在网络舆论的旋涡，价值就是引导。5. 位置在公平缺失的角落，价值就是监督。6. 位置在群众关切的领域，价值就是服务。7. 位置在国际传播的赛道，价值就是塑造。8. 位置在社会治理的场域，价值就是连接。9. 位置在技术赋能的前沿，价值就是创新。10. 位置在资源整合的市场，价值就是创造。

新的商业平台会出现

商业平台的新闻生产传播将持续出现分化，新的商业平台会出现。不可否认，商业平台在互联网时代的新闻生产传播有着重要作用，其平台的信息流通渠道和庞大的用户群体往往决定着舆论的走势。主流媒体也在商业平台上开设了媒体账号，借助平台渠道实现原创内容的放大传播。商业平台也借助主流媒体的原创内容丰富了平台的内容，吸引用户消费。从这个角度看，主流媒体和商业平台是互相成就的。

我们看到，商业平台在新闻生产传播中的角色定位也在持续地发生变化，出现了部分商业平台在舆论场的影响力减弱的趋势，或者在竞争中出现了分化和定位的改变。这样的变化既是新技术的倒逼，也是用户和市场的选择，符合事物发展的规律。同时，我们也认为，随着生成式人工智能的迭代发展，新的商业平台将涌现，新的能够代表用户意愿的"黑马"会出现，可能不会出现在现有的竞争格局中，而是会产生于新的市场机会，甚至是在那些原本认为不太可能出现的商业竞争赛道上。这就是市场规律的推陈出新，也是优胜劣汰法则的不断体现。作为用户，也作为观察者，我们乐见其成。

政务新媒体趋向规模减小和专业提升

政务新媒体会保持总体平衡，并逐渐趋向规模减小和专业提升。在移动互联网时代，政务新媒体如雨后春笋般生长，一夜之间成为新闻生产传播领域的重要阵地。由于其发布的内容大多涉及国计民生，对公众的吸引力也很强，再加上自身机构的权威性，赢得了用户的青睐。在一片繁荣之后，政务新媒体也迎来了盘整期和提升期。在新技术不断涌现的背景下，政务新媒体对信息的简单发布已经无法满足公众的需求和期待了，对政务信息的解读和梳理变得更加迫切和急需。由于运维成本的增加和专业度的要求，一些政务新媒体将自身委托给专业媒体机构代运维，一些政务新媒体开始减少在商业平台开设的账号，缩减开支和规模，转而提升专业水平，提升信息发布的质量。

自媒体加速变化

自媒体的新闻生产传播在动态发展中波动起伏，呈现加速变化的趋势。自媒体有很大的自主性和不确定性，对外部环境的依存度很高，新闻生产传播的自组织特性决定了其脆弱性，也决定了其公信力存疑。自媒体的市场化属性很强，它对市场变化高度敏感，因此，自媒体需要更强的适应力和竞争力，这也使得它呈现出加速变化的特点。但是，自媒体活力旺盛，生命力也很顽强，自我修复功能强大，是新闻生产传播生态圈一支不可或缺的参与力量。

图书在版编目（CIP）数据

智媒体论 / 李鹏著 . -- 北京：东方出版社，2025. 7.
ISBN 978-7-5207-4491-1

Ⅰ . G206.2

中国国家版本馆 CIP 数据核字第 2025VK4161 号

智媒体论

ZHI MEITI LUN

作　　者：李　鹏
责任编辑：袁　园
出　　版：东方出版社
发　　行：人民东方出版传媒有限公司
地　　址：北京市东城区朝阳门内大街 166 号
邮　　编：100010
印　　刷：鸿博昊天科技有限公司
版　　次：2025 年 7 月第 1 版
印　　次：2025 年 7 月第 1 次印刷
开　　本：880 毫米 ×1230 毫米　1/16
印　　张：19.75
字　　数：228 千字
书　　号：ISBN 978-7-5207-4491-1
定　　价：75.00 元
发行电话：（010）85924663　 85924644　 85924641